Markus Preiß
Angezählt

Markus Preiß

ANGEZÄHLT

Warum ein schwaches Deutschland
Europa schadet

dtv

© 2024 dtv Verlagsgesellschaft mbH & Co. KG, München
Umschlaggestaltung: hißmann, heilmann, hamburg
unter Verwendung eines Fotos von Benjamin Brolet
Satz: Fotosatz Amann, Memmingen
Gesetzt aus der Minion
Druck und Bindung: CPI books GmbH, Leck
Printed in Germany · ISBN 978-3-423-26389-4

You're too brave.
Nothing ever happens to the brave.

Ernest Hemingway,
A Farewell To Arms

Inhalt

EINLEITUNG

Ich weiß nicht, warum Annalena Baerbock immer diesen Zettel dabeihat. Ein kleines Papier, Größe etwa A5, oft einmal gefaltet. Eng beschrieben ist er meistens. Die Außenministerin klammert sich daran, wenn sie in Brüssel vor unseren Kameras steht. Die Ukraine darf nicht alleingelassen werden. Die Mullahs in Teheran müssen mit neuen Sanktionen rechnen. Immer wieder blinzelt Baerbock an sich selbst herunter, um zu erahnen, was da handschriftlich in ihren Notizen steht. Um bloß nichts zu vergessen. Schon gar nicht den Hinweis auf das wirklich gute Treffen mit den Kolleginnen aus Frankreich oder Belgien zur feministischen Außenpolitik. Sie wirkt unsicher, weil sie besonders sicher wirken will. Manchmal fast wie eine Schülerin, die ein Gedicht aufsagen muss. Wenn es gar nicht anders geht, wenn der Redefluss langsam stockt oder sich besonders überschlägt, weil sie selbst nicht mehr weiß, was in ihrem Statement gleich folgen sollte, versucht sie, so unauffällig wie möglich auf ihren Zettel zu schauen. Nur ein Blinzeln nach unten, das hoffentlich keiner sieht. Und das jeder sieht. Genau das vermittelt den Eindruck, sie sei ziemlich nervös vor den Kameras – auch nach vielen Monaten im Amt. »Gemeinsam« ist das Wort, das ihr immer wieder Zeit verschafft, wenn sie bei ihrem Auftritt einen kleinen Hänger hat. Wie andere ein »ähm« fügt sie gern ein »gemeinsam« als rhetorische Hängebrücke in ihre Sätze. »Gemeinsam« ist immer gut. Entschlossen und durchdacht. Doch bei dem Versuch, ohne hinzuschauen das zu sagen, was sie sich aufgeschrieben hat, liegt Baerbock regelmäßig sprachlich daneben. Sei es mit einem völlig verdrehten Namenskürzel einer internationalen Organisation. Oder aber mit einem größeren sprachlichen Versehen: Das schlägt dem Fass die Krone aus. Doch Annalena Baerbock kann auch anders. Ganz anders. Immer dann, wenn die Türen verschlossen sind. In sogenannten Hintergrundgesprächen blüht die Außenministerin förmlich auf. Sie zeigt, dass sie ihre Themen kennt. Sie spricht frei, engagiert, oft witzig, selbstironisch. Wenn Journalisten sie hart befragen, kontert sie mit ebenso harten Gegenargumenten. Ihre Lieblingsthemen verteidigt sie, auch wenn ihre Pressesprecher schon lange drängeln, man müsse zum nächsten Termin. Dann schlägt sie die Beine noch mal übereinander, die Augen funkeln, sie rutscht auf ihrem Stuhl nach vorn. Nein, nein. Noch ein Wort zum hybriden Kriegsverbrechertribunal, das sie für die Verfolgung russischer Gräueltaten in der Ukraine vorgeschlagen hat. Es bleibt natürlich nicht bei einem Wort. Die Pressesprecher werden ungeduldig. Baerbock spricht weiter, ist Feuer und Flamme. In solchen Runden erlebt man eine andere Annalena Baerbock. Man versteht, wie Deutschlands Chefdiplomatin denkt. Man erfährt mehr über die größeren Linien. Die Hintergründe. Die Kämpfe, die sie täglich ausficht – in der Berliner Koalition, mit den europäischen Kollegen, bei Treffen auf der ganzen Welt. Man spürt, wo politische Prioritäten sind, wirkliche Leidenschaften. Manchmal schimmert sogar durch, wo sie verletzt ist. Und man fragt sich: Warum spricht sie nicht immer so? Warum wirft sie nicht endlich ihren Zettel weg?

Über die Jahre habe ich Hunderte solcher Hintergrundgespräche erlebt. Mit Außenministern, mit Kanzlern und Präsidenten, mit Generälen, Staatssekretären, Wirtschaftsbossen und Wissenschaftlern. Mit britischen Spitzenbeamten, seriös bis in die Haarspitzen, die plötzlich die Brexit-Kapriolen von Boris Johnson als Regierungslinie vertreten müssen. Und die illoyal wären, wenn sie öffentlich an der Genialität des Herrn in Downing Street zweifelten. Ich habe Mediziner erlebt, die während der Corona-Krise mit Tränen in den Augen einen ungeschönten Blick auf die desaströsen Zustände in manchen Krankenhäusern gaben. Und darauf, wie wenig vorausschauende Planung es in unseren vermeintlich so modernen europäischen Ländern gibt. Ich habe Botschafter getroffen, die auspackten. Darüber, wie sehr ihr Land mit der EU spielt. Wie man in ihrer Hauptstadt versucht, »Geld zu melken«. Und Brüssel obendrauf noch als Sündenbock nutzt, für die Probleme, die man selbst daheim nicht gelöst bekommt.

»Hintergründe« sind ein Traum für Journalisten, die die Welt besser verstehen wollen. Die begreifen wollen, wie Dinge zusammenhängen. Sehen, wo Politiker nervös werden. Worauf sie besonders hinweisen wollen – und umgekehrt, wovon sie gern ablenken. Hintergründe sind ein Albtraum für Journalisten, die eine Schlagzeile brauchen. Die jedes dieser Treffen sofort verwerten müssen. Denn egal wie die Hintergründe genannt werden (in Brüssel spricht man oft von »off the record« – deutsch: nicht zum Aufnehmen, nicht fürs Protokoll – oder »deep background«), eines ist immer Bedingung: Wer genau der Gesprächspartner war, der mit mir gesprochen hat, wird nicht offengelegt. Auf keinen Fall der Name. Meist nur ganz allgemein die Funktion. Das sind dann die berühmten »EU-Diplomaten«. Manchmal nicht mal die Funktion. »Eine deutsche Kanzlerin« wäre leicht zu identifizieren. Und manchmal bitten die Quellen, wie wir Journalisten die Gesprächspartner nennen, auch darum, dass man das Gesagte gar nicht verwendet. Einfach, weil der Kreis derjenigen, die zum Beispiel an einer Entscheidung beteiligt waren, so klein ist, dass eine Berichterstattung den Gesprächspartner intern, in seiner Regierung, in seiner Behörde, in seiner Firma, sofort verdächtig machen würde. All diese Schichten der Vertraulichkeit schützen die Gesprächspartner, die in ihrer Funktion eigentlich gar nicht öffentlich sprechen dürften – und wenn, dann auf keinen Fall so offen und schonungslos. Ohne »Hintergrund« bleibt es also langweilig, der

Gesprächspartner übervorsichtig, das Gesagte politisch-weichgespült wie oft der Text auf Baerbocks Sprechzettel. Ich habe diese Hintergrundgespräche immer förmlich aufgesaugt. Diskretion ist eine zentrale Voraussetzung für den Zugang zu brisanten Informationen, selbst wenn es einem noch so sehr unter den Nägeln brennt und man nicht sofort in der *Tagesschau* berichten kann, was man soeben erfahren hat. Natürlich ist auch bei »Hintergründen« höchste Vorsicht angesagt: Denn kaum jemand spricht völlig freimütig und ohne eigene Interessen. Dennoch lohnt es sich, aufmerksam zuzuhören. Über die Jahre wächst nämlich aus all diesen Eindrücken und Fakten etwas deutlich Wertvolleres. Das Gefühl, halbwegs zu verstehen, was in der EU oder auch in der Bundesregierung passiert. Die Motive der Handelnden besser zu kennen. Zu merken, wo Politiker empfindlich sind, worüber sie ungern reden, wovon sie ablenken wollen. Das hilft, nicht oder zumindest weniger oft reinzufallen auf Inszenierungen, etwa wenn ein Politiker plötzlich »auf eigenen Wunsch« einen neuen Posten besetzt. Einschätzen zu können, ob an der Eilmeldung, wegen der die Kollegen aus Hamburg gerade aufgeregt am Telefon sind, etwas dran sein kann. Und die Stärke, sich gelegentlich mal richtig in den Wind stellen zu können. In manchen Momenten etwas völlig anderes zu berichten als fast alle Konkurrenten. Weil man genau weiß, dass man an einzelnen Punkten einen tieferen Einblick hat.

Was ich aus den Hintergrundinformationen mache, sind vor allem redaktionelle Entscheidungen: Wo müssen mein Team und ich genauer hinschauen? Welchem Narrativ sollten wir mit größter Vorsicht begegnen? Welcher vertrauliche Hinweis kann durch eigene Recherche zu einer Geschichte werden, die man dann doch veröffentlichen kann? Und ich nutze die Informationen für hintergründige Liveschalten. Vor allem die *Tagesthemen* sind daran immer interessiert. Ich fasse zusammen, was ich weiß – ohne die Anonymität der Quellen zu gefährden. Das ist für mich ein fairer

Deal. Ich kann zwar nicht immer Ross und Reiter nennen, muss manchmal etwas schwammiger sein, als ich es selber möchte. Aber ich kann unsere Zuschauer hintergründig informieren, komme etwas näher an das heran, was wirklich passiert, ohne dabei das Vertrauen zu brechen, dass mir meine Gesprächspartner entgegengebracht haben. Dass sorgfältig und fürsorglich mit den Informationen umgegangen wird, merken die Quellen natürlich genau. Und öffnen sich im Idealfall noch weiter. In den jahrelangen Brexit-Verhandlungen tat das etwa einer der Unterhändler. Wenn der Londoner Boulevard einen »Durchbruch« meldete, reichte oft eine SMS von mir – in dem Fall direkt an den Verhandlungstisch. »True?«, fragte ich. Zehn Sekunden später die Antwort: »No.« Noch ein paar weitere Telefonate, dann war die Richtung meiner Liveschalten aus Brüssel endgültig klar. Auch wenn der Moderator im Fernsehstudio immer weiterbohrte: »Der *Observer* meldet aber ...« – den wirklichen Brexit-Durchbruch gab es erst Jahre später.

Tausende Gespräche. Hunderte Reisen. Viele, viele Gipfel. Brüssel ist unter Journalisten dafür bekannt, dass sie Spitzenpolitikern hier besonders nahe kommen können. Bei jedem Europäischen Rat befragen mein Team oder ich persönlich den französischen Präsidenten, den deutschen Kanzler, den Präsidenten aus Litauen, die Ministerpräsidentin aus Estland, die Chefin der EU-Kommission. Alles ist möglich. Als Reporter bei der NATO ist es nicht ausgeschlossen, seine Fragen direkt an Donald Trump oder Joe Biden zu richten. Das ist ein Privileg, von dem Korrespondenten andernorts nur träumen können. In Washington, Paris oder Moskau ist es selbst für große ausländische Medien wie die ARD keinesfalls ausgemacht, dass man mit dem jeweiligen Staatsoberhaupt jemals auch nur ein Wort wechseln wird.

Das ist der Zauber von Brüssel. Einer Stadt, die oft als grau wahrgenommen wird. Als Inbegriff der Bürokratie, mit dem Flair staubiger Verwaltungsakte, wo man sich um aus der Zeit gefallene

Dinge wie Karottenkategorien und Butterberge kümmert. Wo man immer noch eine weitere nervige Regelung in petto hat, die Mittelständlern in Bamberg oder Warendorf das Leben verkompliziert. Doch diese Stadt und die EU, für die »Brüssel« zum Synonym geworden ist, haben sich radikal verändert. Brüssel ist Europas heimliche Hauptstadt geworden. Und ich hatte in meinem Journalistenleben das Glück, bei diesen Veränderungen, bei dieser politischen Gewichtszunahme, dabei zu sein.

»Ich habe Brüssel immer als großen, grauen Moloch wahrgenommen«, sagte Anfang 2006 einer meiner Vorgänger in dieser Stadt, der WDR-Kollege Jürgen Thebrath. Na prima, dachte ich. Gerade hatte mein damaliger Chefredakteur Jörg Schönenborn in der morgendlichen Stehkonferenz verkündet, dass ich demnächst als EU-Korrespondent berichten würde. »Also ich fand's klasse«, widersprach Markus Schmidt, ein anderer Ex-Brüssel-Korrespondent in der Runde. Natürlich bin ich in den nächsten Tagen lieber mit ihm mittagessen gegangen, um mich auf die neue Aufgabe vorzubereiten: mit gerade mal 28 Jahren, als einer der jüngsten Fernsehkorrespondenten, den die ARD je ins Ausland schickte.

Doch die Ambivalenz gegenüber dem »grauen Moloch« lebte auch in mir selbst. Moskau. Nairobi. Notfalls Amerika. Das waren die Ziele, von denen ich träumte. Von Reportagen, von Begegnungen mit Tschuktschen und Inguscheten, von wilden, epischen Landschaften, von staubigen Steppen und tiefgefrorener Tundra. Von Autopannen mitten in der Wildnis wie bei Gerd Ruge, Fritz Pleitgen oder Klaus Bednarz. Brüssel stand ganz, ganz hinten auf meiner Liste vom Traum als Auslandskorrespondent. Genau genommen stand es gar nicht drauf. Staatssekretären und Beamten zu begegnen erschien mir längst nicht so verlockend wie eine Reise zu den Warlords im Kaukasus. Dass auch die Brüsseler Geschöpfe ein ziemlich exotisches, aufregendes Völkchen formen, das man ebenfalls mit einer gewissen ethnologischen Brille beobachten kann, begriff ich erst später. Und genau deshalb wollte ich nach meiner Junior-Zeit von 2006 bis 2011 (nach fünf Jahren ist in der Regel Schluss für Auslandskorrespondenten) schnell wieder zurück nach Brüssel. Die Leitung des ARD-Europastudios zu übernehmen war in den Jahren vor 2016 mein großes berufliches Ziel. Brüssel war plötzlich und leidenschaftlich ganz nach vorne gerückt auf meiner Liste. Babylon Brüssel fasziniert: Souveräne Franzosen. Elegante Italiener. Schüchterne Polen. Und unauffällige bis langweilige Deutsche. Menschen, die sechs Sprachen sprechen. Das tägliche EU-Experiment, aus unterschiedlichen Kulturen und Mentalitäten einen Dschungel von Paragrafen zu machen, ist ein kleines Wunder. Zudem hat Brüssel in den letzten knapp 20 Jahren unglaublich an Bedeutung gewonnen. 2004 erweiterte sich die EU von 15 auf gleich 25 Länder. Estland trat bei, Lettland, Litauen, Polen, Tschechien, die Slowakei, Ungarn, Slowenien, Zypern und Malta. Dieser Schritt sollte den Westen Europas zunächst viel Geld kosten. Hunderte Milliarden Euro flossen den neuen Mitgliedern zu. Aber die Integration von Mittel- und Osteuropa war auch ein Grundstein für den fast schon beispiellosen wirtschaftlichen Aufschwung, den Deutschland in den Folgejahren nahm. Die EU-Erweiterung vergrößerte die Werkbank deutscher Firmen. Mit gut ausgebildeten Arbeitskräften und niedrigeren Kosten in Ungarn oder der Slowakei. Es waren also keinesfalls nur deutscher Fleiß und Ordnungsliebe, die unser Land in den letzten 20 Jahren wieder zu einem Wirtschaftsriesen gemacht haben. Dazu später mehr.

Kurze Zeit nach der Osterweiterung betrat eine Frau die Brüsseler Bühne, die zu einer großen Figur der europäischen oder zumindest der EU-Geschichte werden sollte. 2007 kämpfte die noch neue Kanzlerin Angela Merkel, gerade ein Jahr im Amt, um modernere Arbeitsweisen und für eine bessere Entscheidungsfindung in der vergrößerten Gemeinschaft. Den pathetischen Verfassungsvertrag hatten Niederländer und Franzosen zuvor 2004 in Volksentscheidungen abgelehnt. Es musste etwas anderes, Nüchterneres her. Die Aufgabe fiel den Deutschen und den Portugiesen zu, die 2007 die EU-Ratspräsidentschaft innehatten, eine alle sechs Monate in fester Reihenfolge zwischen den Mitgliedsstaaten weiterwandernde Chefrolle. Und Deutschland und Portugal lieferten. 2007 stand der Vertrag von Lissabon: Deutschland hatte den diplomatischen Punch geliefert, Portugal die Kulisse. Von »Verfassung«, wie es noch einige Jahre zuvor angedacht war, fand sich in dem Text allerdings nichts mehr. Alles, was auch nur an einen Bundesstaat erinnern könnte, was Emotionen hervorrufen, was Konkurrenz zu Nationalstaaten schaffen könnte, wurde in diesem Vertrag gestrichen: keine offizielle EU-Flagge. Kein Wort von Beethovens Neunter als Hymne. Alles schön sachlich. Dazu Verabredungen, öfter mit Mehrheit zu entscheiden – etwa in Fragen der Wirtschafts- oder Agrarpolitik. Und: zwei neue Jobs. Die neu geschaffene Position des EU-Ratspräsidenten sollte die EU-Gipfel professionalisieren. Die Effizienz der europäischen Machtmaschine sollte nicht davon abhängen, wie gut der zufällig amtierende Vorsitzende aus dem Land der Ratspräsidentschaft die Treffen der Staats- und Regierungschefs konzipierte und führte. Und der neue Hohe Beauftragte für die Außen- und Sicherheitspolitik war der Versuch der EU, mit einem Gesicht und mit einer Stimme in der Welt aufzutreten. Der Gipfel in der portugiesischen Hauptstadt Lissabon am 18. und 19. Oktober 2007 ist mir noch in guter Erinnerung. Das Gefühl, dass dort etwas Historisches passiert sei, beseelte viele.

Die politische Gewichtszunahme der EU ging rasant weiter: Die Banken- und die anschließende Eurokrise in den Jahren 2007 bis 2011 – und dann in Verlängerung bis 2016 – machten nicht nur den Bewohnern des Planeten Brüssel deutlich, wie sehr der Kontinent durch den Euro und den Binnenmarkt wirtschaftlich verflochten war. Jede nationale Entscheidung, jedes Schuldenmachen, jedes Sparen hatte Auswirkungen auf alle.

Es folgten 2015 und 2016 die Millionen Flüchtlinge, die vor

allem aus dem Bürgerkriegsland Syrien, aber auch aus Afghanistan, dem Irak, Eritrea ungebremst, unkontrolliert, unversorgt, unvorbereitet zu uns kamen. Auch hier wurde deutlich: Nationale Politik wie Angela Merkels »Wir schaffen das!« kann ganz Europa verändern. Umgekehrt kann selbst konsequenteste nationale Politik wirkungslos bleiben: Ein striktes Schließen seiner Häfen für Flüchtlinge entschärft die Lage für Italien längst nicht mehr. »Europa wird in Krisen geschmiedet. Und es wird die Summe der zur Bewältigung dieser Krisen verabschiedeten Lösungen sein.« Gesagt hat das der Franzose Jean Monnet, einer der Gründerväter der EU. Wenn er recht hat, dann müsste es rasant vorwärtsgehen mit der Entwicklung der Gemeinschaft. Eine einzige Zukunftsschmiede, in der die Funken nur so fliegen. Wie von einem riesigen Blasebalg werden immer neue Probleme und Krisen in die europäische Glut geblasen. Krisen gehen Europa offenbar nicht aus. Den Beben der Finanz-, Euro- und Flüchtlingskrisen folgten in schnellem Rhythmus die Brexit-Entscheidung der Briten und die Wahl Donald Trumps zum US-Präsidenten 2016. Das Corona-Virus legte sodann 2020 die nationalen Egoismen schonungslos offen. Als es vermeintlich um Leben und Tod ging, behielt das zunächst kaum betroffene Deutschland seine Atemschutzmasken zurück, die in Bergamo so dringend gebraucht wurden.

Diese Krisen und das anschließende Hämmern und Schmieden habe ich aus nächster Nähe erlebt. Die dramatischen Momente, die Helden und Verlierer, die paradoxen Lösungen. »Don't ask me to explain the inexplicable«, sagte mir ein EU-Beamter nach jener Nacht, als der vermeintliche Ausweg im Brexit-Streit formuliert wurde. »Bitten Sie mich nicht, das Unerklärliche zu erklären.« Ich hatte ihn danach gefragt, ob er meine erste Einschätzung teile, nach der vollkommen widersprüchliche Dinge im Brexit-Vertrag stünden. Oder dieser Moment: »Es ist wie ein Boxkampf. Blaue Ecke: Ungarn. Rote Ecke: der Holländer. Ich weiß nicht, warum er mich so hasst«, schimpft Ungarns Ministerpräsident einige Monate später in unser Mikrofon. Er ist bei einem Spaziergang im Brüsseler Parc Léopold unterwegs, als man schon seit Tagen bei einem der längsten Gipfeltreffen der EU-Geschichte um viele Hundert Milliarden Euro Corona-Hilfen streitet. Der böse Mann in Orbáns imaginärer roter Ecke ist der niederländische Regierungschef Mark Rutte. Der pocht zum Ärger Orbáns – und natürlich zur Selbstprofilierung als harter Hund – extrem auf Sparsamkeit. Und noch schlimmer für Orbán: Er besteht darauf, dass man schon ein Rechtsstaat sein müsse, wenn man so viel Geld von der EU wolle. Zwei Tage später treffen wir Orbán wieder. Satt und auftrumpfend:»Manche wollten uns hier ja …, nun ja … ich würde nicht sagen: erniedrigen. Aber doch: belehren«, erklärt er, diesmal in der Botschaft Polens. Um dann schmunzelnd fortzufahren:»Aber wir haben es nicht nur geschafft, ein schönes Päckchen Geld zu bekommen. Wir haben auch den Stolz unserer Nation gerettet.«

Brüssel ist immer mehr der Schauplatz für die großen politischen Kämpfe auf unserem Kontinent. Und fast immer ist Deutschland der zentrale Akteur. Mit mehr als 80 Millionen Einwohnern ist das nicht überraschend. Doch die meisten Einwohner in der EU hatte Deutschland schon immer. Seine politische Dominanz aber ist erst seit etwa 15 Jahren so ausgeprägt. In der Euro-Krise polterte Wolfgang Schäuble von»isch over« und beschied seinem Finanzministerkollegen aus Griechenland wie einem Lehrling:»Just do it!« Brennende Deutschlandfahnen in Athen und Transparente, die die Bundeskanzlerin mit Hitlerbärtchen zeigten, waren die Folge. Die Flüchtlinge kamen 2015 aus Sicht vieler Europäer nur deshalb in so großer Zahl zu uns, weil Deutschland berauscht war von seiner»Willkommenskultur«. Hinter den Kulissen begegneten mir viele Beamte mit Kopfschütteln.»Ihr seid doch die, die Griechenland immer die Regeln gepredigt haben. Und jetzt setzt Berlin eigenmächtig die Asylregeln und de facto das Dublin-Abkommen außer Kraft.«»Viel Spaß, das alles in Deutschland zu bewältigen«, war noch der freundlichste Sarkasmus, den ich zu hören bekam.

Während der Brexit-Verhandlungen fühlte ich mich als deutscher Korrespondent zeitweise wie eine Mischung aus Spionage-Asset und Botschafter meines Landes. Immer wieder gab es Einladungen von britischer Seite, Gespräche, Diskussionen, Abendessen und auch zweimal eine »Tea-Time«: »Was will Merkel?«, versuchten die Briten, von mir zu erfahren. Wie hart wird Deutschland den Ausschluss Großbritanniens aus dem Binnenmarkt forcieren? Kann das wirklich im Interesse von VW und Siemens sein? Für die Briten war klar: Deutschland macht in der EU die Ansagen.

Am Morgen des 24. Februar 2022 aber sieht die Welt noch einmal ganz anders aus. Russland hat die Ukraine überfallen. »Wir erleben eine Zeitenwende«, sagt der gerade erst drei Monate amtierende Bundeskanzler Olaf Scholz wenige Tage später im Bundestag. Als Beschreibung der Lage würden das sicher viele in der EU unterschreiben. Aber für kaum ein Land stimmt das Wort von der Zeitenwende so konkret, so vielschichtig, so fundamental wie für Deutschland.

Denn Litauen erlebt keine Zeitenwende, weil es sich schon länger in genau jener Zeit wähnte, in der es Russland einen Krieg zutraut. Auch Polen hatte diese neue Zeit lange vorausgesehen, viele US-Soldaten ins Land geholt, um genau für diese Lage Washington möglichst stark an sich zu binden. Polen hatte die Deutschen zudem eindringlich gewarnt – vor dem Bau einer zweiten Nordstream-Pipelineröhre. »Wir erleben eine Zeitenwende« mag für Europa insgesamt stimmen. Aus historischer Perspektive. Als Überschrift. Doch von vielen Politikern höre ich, korrekter wäre: »Ihr erlebt eine Zeitenwende. Ihr Deutschen!«

Die russischen Luftschläge treffen in diesen Tagen und Wochen nicht nur Wohnhäuser in Kiew und Hochöfen in Mariupol. Sie treffen auch das Rückgrat der Bundesrepublik. Die Versorgung mit Energie in einem der größten Industriestaaten der Erde steht plötzlich infrage. Genauso die über Jahrzehnte so bequeme wie beruhigende Vorstellung, man könne überall Geschäfte machen – und tue damit Gutes. Die russischen Granaten treffen die internationale Ordnung, die Regeln und Gesetze des weltweiten Miteinanders, die den deutschen Wohlstand ermöglichen und für die wir selbst nie härter kämpfen mussten als vor einem internationalen Gericht. Die Panzer mit dem »Z« treffen auch die deutsche Selbstgefälligkeit, es besser zu wissen als andere. Abgeklärter zu sein, smarter, und nicht so schreckhaft. Der Kaiser hat keine Kleider an. Wie es im Märchen die Kinder erkennen, sieht das beim Blick auf Deutschland am 24. Februar 2022 jeder in Europa.

Jetzt muss der Kaiser sich neu kleiden. Deutschland ist gezwungen, sich zu ändern – und ist schon dabei. Doch wenn sich die zentrale Kraft der EU so fundamental wandelt, wird das Folgen für Europa haben. Genau darum soll es in diesem Buch gehen. Ich versuche einen Blick hinter die Kulissen von Pressekonferenzen und öffentlichen Statements zu geben. Meinen Blick auf das wichtigste Land für den Zusammenhalt des politischen Europas: die Bundesrepublik. Und darauf, wie dieses Land derzeit herausgefordert wird. Lange haben wir Deutschen aus einer entspannten Position auf die verschrobenen Briten geschaut, die sturen Griechen, die chaotischen Italiener, die undankbaren Ungarn. Nun steht Deutschland angezählt da: wirtschaftlich, militärisch, finanziell, innen- und außenpolitisch.

Kapitel 1

PARADIES

Bergamo

Das passiert nicht oft. »Mach, so lange du willst. Die Zeit spielt keine Rolle. Hauptsache, du zeigst das.« Normalerweise ist das Schreiben und Schneiden eines Films für die *Tagesschau* um 20 Uhr ein Feilschen um jede Sekunde. Viele Korrespondenten in Deutschland oder aus dem Ausland möchten jeden Tag einen Platz in Deutschlands wichtigster Nachrichtensendung ergattern. Und 15 Minuten Sendezeit von 20 Uhr bis 20:15 Uhr sind schnell vergeben. Eine Minute und 30 Sekunden. Eine Minute, 45 Sekunden. Wenn es ganz gut läuft: zwei Minuten. Die Kürze der Beiträge und die hohe Konkurrenz um einen der üblicherweise fünf bis sechs Plätze für Filmberichte sind der Preis dafür, bis zu 13 Millionen Zuschauer zu erreichen. Das Team von ARD-aktuell, angesiedelt beim NDR in Hamburg, weiß um seine Macht. Die Kolleginnen und Kollegen entscheiden, welches Thema es in die Sendung schafft, von wem und in welcher Länge.

Doch heute Abend habe ich die Macht. Wir sitzen an diesem Samstag, dem 21. März 2020, schon seit dem Nachmittag an einem Bericht. Darüber, wie sich die EU auf das geheimnisvolle Corona-Virus einstellt, das zuerst in China aufgetaucht ist. Wie die Schuldenregeln vorübergehend außer Kraft gesetzt werden können. Wie den Staaten finanziell so ziemlich alles erlaubt wird, um die

Wirtschaft in Gang zu halten. Wichtige, grundsätzliche Entscheidungen. Aber auch alles sehr technisch, alles noch etwas unkonkret. Plötzlich tauchen Bilder aus Italien auf. Dunkelgrüne Armeefahrzeuge mit riesigen Reifen. Sie wirken gewaltig, wie eindringende Roboter auf den Landstraßen Norditaliens. In der Region Bergamo ist das Militär angefordert worden, um all der Leichen Herr zu werden. In einer gespenstischen Prozession bringen die Fahrzeuge die Särge in die Krematorien. 800 Menschen, so sagen es die lokalen Behörden, sind in den letzten 24 Stunden an und mit Corona gestorben. 800 Menschen an einem Tag. Es sind Bilder, die mich schockieren. Und die unbedingt gleich in der Sendung gezeigt werden sollen.»Es ist ernst. Nehmen Sie es ernst«, hatte Angela Merkel gerade über das Corona-Virus gesagt. Mir ist das spätestens beim Anblick dieser Bilder an diesem Abend klar. Und den Redakteuren der *Tagesschau* auch.»Bau das ein. Zeig das. Vergiss den Rest.«

Mein Bericht über die EU-Politik sah kurze Zeit später ganz anders aus – und er war fast drei Minuten lang. Nicht nur die ungewöhnliche Länge dieses Beitrags zeigte: Es war etwas Einschneidendes passiert an diesem Tag. Die Bilder aus Bergamo machten die abstrakte Erkenntnis, dass Corona eine virologische Herausforderung für ganz Europa sein könnte, endgültig zu einer ganz unangenehmen Emotion. Zu Angst, Sorge. Nicht im Kopf. Sondern tief im Bauch.

Umso überraschender diese Worte:»Es wird so sein wie immer. In Italien wird es chaotisch laufen, in Tschechien wird man die Sache so lange wie möglich ignorieren. Deutschland ist wie gewohnt schnell und gut organisiert. Und am Ende stehen die Deutschen wirtschaftlich sogar besser da als vorher. Auf jeden Fall besser als die anderen.« Mit diesen Worten prophezeit mir kurz darauf ein Diplomat in Brüssel, wie er sich den Verlauf der Corona-Pandemie in der EU vorstellt. Wie er denn darauf komme, frage ich ihn. Das Virus ist potenziell tödlich. Es ist unsichtbar und kennt keine

Grenzen. Niemand hat einen Wissensvorsprung. Und ein Medikament dagegen existiert auch nicht. Dennoch spricht der Diplomat immer weiter und mit großer Bewunderung von Deutschland. So, als ob die Bundesrepublik magische Kräfte hätte. Intellektuelle. Technische. Organisatorische. Finanzielle. So groß, um selbstbewusst auch einer solchen globalen Katastrophe entgegenzugehen. Deutschland genießt großen Respekt in der EU. Die Bundesrepublik gilt zu Beginn der 2020er Jahre als ein faszinierend sorgenfreies Land.

Eintagsfliegen

Das fängt schon mit der politischen Stabilität an. »Die Groko nervt«, »Merkel muss weg!«, »Es braucht Veränderung« – solche Sätze habe ich oft gehört, wenn ich in Deutschland war. Doch was wir hierzulande gelegentlich als bleiern und träge erlebt haben – Kanzler oder Kanzlerinnen, die viele Jahre im Amt sind, im Kern zwei Parteien, die abwechselnd oder gemeinsam die Regierung führen, ein im Großen und Ganzen existierender politischer Konsens –, das ist aus Sicht anderer Europäer ein wertvoller Besitz. Während der Amtszeit von Angela Merkel hatte Frankreich vier Präsidenten: Chirac, Sarkozy, Hollande, Macron. Italien brachte es auf acht Ministerpräsidenten: Berlusconi, Prodi, Monti, Letta, Renzi, Gentiloni, Conte, Draghi. In Polen waren es fünf, in Belgien sieben, in Griechenland ebenfalls. Wechsel tun der Demokratie gut. Allerdings nicht im Monats- oder Jahresrhythmus.

Oft genug wohnt gerade in der EU einem personellen Neuanfang kein Zauber inne. Denn um auf europäischer Ebene die eigenen Interessen durchsetzen zu können, braucht es für einen Präsidenten oder eine Regierungschefin zweierlei: ein gutes Verständnis von der Funktionsweise der Gemeinschaft, Einblick in die Fallstricke und

Risiken dieser Bürokratiemaschine. Und es braucht mindestens genauso sehr Vertrauen, menschliche Beziehungen, Verlässlichkeit. »Manchmal ist ein Europäischer Rat wie ein Speed-Dating«, sagt mir der Botschafter eines großen EU-Landes. »Selbst mancher Regierungschef muss seinen frisch gewählten Amtskollegen aus Slowenien oder Bulgarien nach der Ankunft beim Gipfel erst noch mal fragen, wie er heißt.« Man kann sich denken, dass auf die politischen Forderungen solcher »potenziellen Eintagsfliegen«, wie er sie spöttisch nennt, niemand gern eingeht. Denn Politik ist Geben und Nehmen. Und jemand, der sein Amt vielleicht beim nächsten Gipfel in drei Monaten wieder verloren hat, kann nichts mehr zurückgeben.

Die immer neuen Gesichter im Europäischen Rat sind Ausdruck der wachsenden innenpolitischen Zersplitterung und Instabilität in Europa. Zu wissen, welche Koalition in Schweden regiert, welche Vorgeschichte und Interessen die Parteien haben, wer die neue Präsidentin der Slowakei ist, welcher Skandal gerade Rumänien erschüttert und welche ideologischen Debatten in Portugal geführt werden, ist für mich als Korrespondent in Brüssel genauso wichtig wie Informationen aus dem EU-Parlament oder der Kommission. Denn genau diese Entwicklungen zu Hause werden das Handeln der jeweiligen Länder in Brüssel prägen – und damit auch das Ergebnis, dass hier zustande kommt.

Viele Regierungen hängen in ihren Ländern politisch am seidenen Faden. Das macht sie auf EU-Ebene zu Leichtgewichten. Aber es führt oft auch zu einem besonders aggressiven Auftreten: Der neue Mann aus Sofia oder die neue Frau aus Italien brauchen Erfolge oder zumindest einen kämpferischen Auftritt – und zwar sofort. Das macht die Kompromissfindung nicht leichter. Die Zeiten, in denen Europa tief verändert und langfristig gestaltet wurde, sind nicht zufällig die, in denen Dauerbrenner regierten: in Deutschland Helmut Kohl, 16 Jahre. In Frankreich François Mitterand, 14 Jahre. Und in Spanien Felipe González, ebenfalls 14 Jahre.

»Früher lief das so«, erzählt mir ein Mitarbeiter des Rates. »Wenn es ein Problem gab, dann haben sich diese Männer in die Augen geschaut. Und gesagt: Helmut! François! Felipe! – oder wer auch immer: Haben wir dich jemals hängen gelassen, wenn es wirklich wichtig für dein Land war?« Die Gefragten mussten meist einräumen, dass das nicht der Fall war. »Und deshalb bitten wir dich, jetzt zuzustimmen. Wenn du beim nächsten Mal wieder etwas brauchst, kannst du dich auf uns verlassen.« So funktionierte Europa lange. Denn es gab die Gewissheit, dass Regierungen stabil waren, die handelnden Personen noch lange im Amt. Man konnte von ihnen also irgendwann eine Kompensation erwarten.

Doch diese Zeiten sind vorbei. Es gibt nur noch wenige Regierungschefs, die ihr Land mehr als zehn Jahre in Europa vertreten haben. Es ist kein Zufall, dass es zuletzt mit Angela Merkel, dem niederländischen Premier Mark Rutte und Viktor Orbán aus Ungarn die Politiker sind, die Europa besonders stark geprägt haben. Für Deutschland war diese Stabilität jedenfalls ein Pfund.

Dauerpräsenz hat in Brüssel schon deshalb einen Wert, weil die politischen Mühlen in dieser Stadt bekanntlich sehr langsam mahlen. Oft vergehen viele Jahre, bis aus einer Idee ein konkretes Gesetz wird, eine Verordnung oder eine Richtlinie, wie die korrekte Bezeichnung lautet. Viele Kurzzeit-Regierungschefs haben also gar keine Chance, einen solchen Prozess entscheidend und von Anfang bis Ende mitzugestalten. Zum einen, weil ihr Land nur eines von vielen ist. Zum anderen aber auch, weil sie meist in einem Moment, in dem das Verfahren schon längst läuft, ins Amt kommen. Und es oft genug auch schon wieder los sind, noch bevor das Projekt sein Ziel erreicht. Auf nationaler Ebene stoppt eine neue Regierung meist die Gesetzesvorhaben der abgewählten Vorgänger. Und setzt dann neue, eigene Akzente. In der EU dagegen laufen die Dossiers weiter. Schließlich wird immer irgendwo gewählt und abgewählt. Präsidenten und Ministerpräsidenten wirken da manchmal wie traurige Fußballer. Sie werden in der 60. Minute eingewechselt – und müssen in der 82. Minute schon wieder vom Platz. Wie soll man da zum anerkannten Strategen werden, sich einen Platz in den Geschichtsbüchern erobern?

Angela Merkel aber hat durchgespielt. Und allein diese Konstanz war ein Vorteil für Deutschland. Die Kanzlerin behielt genau im Auge, was bestimmte Ideen auf EU-Ebene für Deutschland bedeutet hätten. Am Anfang ihrer Kanzlerschaft 2007, als sie frisch zu bereits laufenden Prozessen dazukam, bremste sie noch recht rabiat ambitionierte Grenzwerte für den CO_2-Ausstoß von Pkws aus.»Madame Non« wurde schnell ihr Synonym in Brüssel. Doch bald schon konnte Merkel eleganter vorgehen: Sie baute Vertrauen bei ihren Kolleginnen und Kollegen auf.»Sie war ein Dealmaker. Wenn es nicht mehr weiterging, rief sie in den Gipfelnächten einzelne ihrer Kollegen zusammen, um Kompromisse auszuloten.« So erzählt es ein anderer früherer Regierungschef. Er verweist darauf, dass dieses Dealmaking meistens gar nicht Merkels Aufgabe war. Denn das Führen der Debatte im Europäischen Rat obliegt dem EU-Ratspräsidenten. In Merkels Amtszeit waren das erst der Belgier Herman Van Rompuy, danach Donald Tusk aus Polen und zuletzt Charles Michel, wieder aus Belgien. Merkel aber hatte über die Jahre eine herausgehobene Position. Obwohl französische Präsidenten zu Hause über eine weitaus größere persönliche Macht verfügen, als das für deutsche Bundeskanzler in Berlin zutrifft, und obwohl sie aus dem anderen wichtigen EU-Staat kommen, haben weder Chirac noch Sarkozy, Hollande oder Macron in der EU je eine solch zentrale Rolle gespielt. Merkel ist es gelungen, Europa zu formen. Und dafür zu sorgen, dass die Brüsseler Entscheidungen deutschen Interessen nie wirklich gefährlich wurden.

Europäische Geschenke

Deutschland erlebte nicht unbedingt wegen, aber mit Angela Merkel goldene Jahre: Als sie am 22. November 2005 ihr Amt antritt, meldet die Bundesagentur für Arbeit in Nürnberg, es seien ihr 4 530 000 Menschen als arbeitslos gemeldet. 10,9 Prozent der arbeitsfähigen Deutschen haben keinen Job. Ausländische Zeitungen sprechen seit Jahren von Deutschland mitleidig als dem »kranken Mann Europas«. Doch die Arbeitslosigkeit geht nun Jahr für Jahr zurück: 8,1 Prozent 2009. 6,8 Prozent im Jahr 2012. 5,0 Prozent 2019, der Tiefstwert im Jahr vor Corona. Als Angela Merkel ihr Amt 16 Jahre später, am 8. Dezember 2021, wieder abgibt, liegt die Quote bei 5,7 Prozent. Ganz ähnlich sieht die Entwicklung bei der Wirtschaftskraft aus. 2005 produziert Deutschland Waren und Dienstleistungen im Wert von 2,28 Billionen Euro. 2021 weist die Statistik 3,6 Billionen aus. Ein Zuwachs um fast 60 Prozent – in 16 Jahren. Deutschland ist ein wirtschaftlicher Gigant, weltweit auf Platz 4 – hinter den USA, China und Japan. Es sind deutscher Fleiß, deutsche Findigkeit, Lust am Erfolg, ganz besonders am Exporterfolg, die das möglich gemacht haben. Die Qualität von deutschen Autos, die technische Stärke unserer Maschinenbauingenieure. Auch die Hartz-Reformen, die Merkels Vorgänger Gerhard Schröder in den Jahren 2003 bis 2005 durchsetzte, waren ein zentraler Baustein dieses fulminanten Erfolges. Mit ihnen wurde Deutschland wieder zu einem wettbewerbsfähigeren Land, wenn auch mit stärkeren sozialen Verwerfungen.

Doch zwei ganz zentrale Elemente für Deutschlands goldene Jahre von 2005 bis 2020 sind durch und durch europäisch – und werden oft übersehen.

Der erste Schub für das Wirtschaftswachstum setzte 2002 mit der Einführung des Euro als gemeinsames Zahlungsmittel in zwölf EU-Staaten ein. Heute wird er außer in Schweden, Dänemark, Polen, Tschechien, Ungarn, Rumänien und Bulgarien überall in der EU verwendet. Das schaffte zunächst praktische Vorteile. Kein lästiges Umtauschen mehr für Touristen auf Reisen. Kein Franc, keine Lira, keine Peseta und keine Drachme mehr. Für deutsche Firmen war dieser neue Zustand bares Geld wert. Sie brauchten sich bei Geschäftsentscheidungen in wichtigen europäischen Märkten ab diesem Zeitpunkt keine Sorge mehr um das Risiko sich ändernder Wechselkurse zu machen. Ein Euro ist ein Euro, ob in Deutschland oder Italien. Plötzliche Abwertungen, zum Beispiel der Lira durch die italienische Notenbank, und im Gegenzug eine Aufwertung der D-Mark, die deutsche Produkte in Italien teurer gemacht hätte – das war nun nicht mehr zu befürchten. Es kehrte eine noch größere Verlässlichkeit für die deutsche Exportwirtschaft auf den Märkten Europas ein.

Der Euro brachte Deutschland zudem einen Vorteil, von dem Wirtschaftspolitiker oft träumen: eine stabile, große, frei gehandelte Währung, die trotzdem, ganz ohne Währungsmanipulation, stets leicht unterbewertet ist. Genau das bot der Euro der Bundesrepublik. Die Nostalgie, das schwärmerische Betrauern der guten alten D-Mark, die viele deutsche Bürger rund um die Einführung des Euro noch verspürten, war in den Chefetagen der Industrie, bei exportierenden Mittelständlern und den Experten im Wirtschafts- und Finanzministerium sehr schnell Geschichte. Zu deutlich zeigte sich, dass die neue Währung nach gewissen Problemen in der Anlaufphase und in Kombination mit der steigenden Wettbewerbsfähigkeit der Wirtschaft durch die Hartz-Reformen insbesondere Deutschland gehörig half. Das Land, das sich so lange vor einer europäischen Weichwährung gemeinsam mit Franzosen und Italienern gefürchtet hatte, sahnte nun den dicksten Bonus ab.

Zustande kam der so: Die Europäische Zentralbank steuert durch eine Erhöhung oder Senkung der Leitzinsen und eine Ausweitung der Geldmenge zumindest mittelbar die Stärke des Euro, seinen Wechselkurs zu anderen Währungen wie dem Dollar, dem Yen, dem Pfund. Bei seinen Entscheidungen berücksichtigt der Zentralbankrat in Frankfurt die reale Wirtschaftslage im Euro-Raum. Und genau das ist das Entscheidende: im gesamten Euro-Raum. Es gibt keine eigene Zinspolitik mehr für Deutschland, Italien oder Griechenland. Es gibt nur noch eine Geldpolitik für alle Euro-Mitglieder, eine Art Durchschnittswert. Und das bedeutete lange Zeit: relativ zur deutschen Wirtschaftsstärke zu niedrige Zinsen – und damit einen etwas schwächeren Euro. In Zahlen lässt sich der Wert dieses Euro-Vorteils kaum berechnen. Doch es ist unter Experten unbestritten, dass er Deutschland gigantisch half. Denn ein leicht unterbewerteter Euro macht Exporte in andere Währungsräume wettbewerbsfähiger und die eigenen Waren damit attraktiver. Steht der Euro beispielsweise bei 1,10 Dollar, kostet ein 50 000 Euro teurer BMW in den USA 55 000 Dollar. Steht der Euro bei 1,00 Dollar, kostet das gleiche Auto in den USA nur 50 000 Dollar. Für den Anbieter eröffnet das zwei Chancen: Entweder er nutzt den Vorteil dadurch, dass er den US-Preis gleichhält und 5000 Dollar zusätzlichen Gewinn macht. Oder aber: Er senkt den Dollarpreis für das Auto leicht, um durch günstigere Angebote mehr Kunden in den USA zu gewinnen. Er kann also im besten Fall dort seinen Marktanteil ausbauen – allein durch den Spielraum, den ihm der Währungsgewinn ermöglicht.

Wäre in Deutschland weiter die D-Mark das Zahlungsmittel, hätte man in den Jahren 2005 bis 2020 wohl immer einen deutlich höheren Wechselkurs gehabt als mit dem Euro. Sprich: weniger Absatzchancen oder weniger Gewinn. Die deutsche Währung wäre ein Klotz am Bein gewesen. Die gemeinsame Währung hingegen wurde völlig unerwartet eine Multi-Milliarden-Euro-Spritze für Deutschland. Während Sparer über die niedrigen Zinsen schimpften, ermöglichten sie für viele Unternehmen erst die wirtschaftlich paradiesischen Zustände dieser Jahre. Donald Trump sprach in seiner Zeit als Präsident mehrfach von »monetärem

Dumping« durch den relativ billigen Euro. Und davon, dass den USA so ein »big disadvantage« entstehe. In der Pauschalität überzogen – bezogen auf Deutschland aber sicher nicht falsch. Doch die Bundesrepublik saß solche Angriffe locker aus: Deutschland konnte ja schlecht aus dem Euro aussteigen.

Werkbank

Auch ein zweiter großer Push für das Florieren der deutschen Wirtschaft kam von der europäischen Ebene: eine revolutionäre Entscheidung, die zur Genesung des kranken Mannes genauso beitrug wie die Hartz-Reformen und der Euro.

Am Abend des 30. April 2004 zischen über der 251 Meter langen Stadtbrücke in Frankfurt/Oder Feuerwerksraketen in den Himmel. Trompeter blasen die Backen auf, die Europahymne erklingt. Joschka Fischer und der damalige polnische Außenminister Włodzimierz Cimoszewiccz hören gar nicht mehr auf, sich die Hände zu schütteln und sich zu umarmen. Der polnische Chefdiplomat ballt die Faust, wie ein Tennisspieler nach einem entscheidenden Punkt. Am nächsten Tag, am 1. Mai, spricht Bundeskanzler Gerhard Schröder 160 Kilometer Luftlinie weiter südlich in Zittau beim »Bürgertreff der Sächsischen Landesregierung zur EU-Erweiterung« von einer »Sternstunde«. Er beschreibt das erhebend schöne Gefühl, dabei zu sein, wenn Europa zusammenwachse.

20 Jahre ist das her. Als ich mir die Bilder anschaue, spüre ich Bewunderung. Polen in der EU, so erinnere ich mich, war damals ein Thema, mit dem auch viele Ängste geschürt wurden. Vor Kriminalität etwa, vor Dieben. Vor Jobverlusten durch osteuropäische Dumping-Arbeiter oder Fabrikverlagerungen in den neuen Osten der EU. Und trotzdem gab es damals Politiker, die diesen Schritt

wollten und dafür sorgten, dass er vollzogen wurde. Politiker, die Europa entwickelt und verändert haben. Mit historischen Taten, mit Willen und Durchsetzungskraft, nicht nur im Klein-Klein.

Gerhard Schröder spricht an diesem grauen Maitag in Zittau, die runde Nickelbrille immer wieder auf der Nase verschiebend, von den vielen Problemen, die die Aufnahme von gleich zehn neuen Mitgliedern in die EU noch bringen werde. Aus einer Gemeinschaft mit 380 Millionen Menschen ist jetzt eine mit 450 Millionen geworden. Aber Schröder spricht auch von den Chancen. Und genau die wird vor allem Deutschland nutzen.

Die potenziell neue ausländische Billigkonkurrenz hingegen, die »Deutschen die Jobs wegnehmen könnte«, wird Deutschland erst mal im wahrsten Sinne des Wortes ausschließen. Sternstunden hin oder her, sieben Jahre lang setzt die Bundesrepublik mit einer vor der Erweiterung vereinbarten Übergangsfrist die sogenannte Freizügigkeit aus. Die ist eigentlich eine der Grundfreiheiten aller EU-Bürger und besagt: Ich darf leben und arbeiten, wo ich möchte. Während Großbritannien und ein Großteil der anderen EU-Staaten den neuen EU-Bürgern aus Estland, Tschechien oder Ungarn dieses Recht vom ersten Tag an zugestehen, bleiben die Türen in Deutschland noch bis 2011 eher versperrt. Nur wer nachweisen kann, dass es wirklich keinen Deutschen gibt, der den Job machen will, kann kommen. Das sind dann meist Zimmermädchen, Bauarbeiter und Spargelstecher, die oft auch nur nach Deutschland entsandt werden.

Deutschland zapfte also bewusst den mittel- und osteuropäischen Arbeitsmarkt für einfache Jobs an, hielt aber die Türen für Höherqualifizierte zu. Doch genau diese besser ausgebildeten Arbeitskräfte wurden schon bald anderswo von Deutschland gebraucht: nicht in deutschen Werkshallen in Wolfsburg oder Bielefeld, sondern zu Hause in ihren Heimatländern als zahlungskräftige Konsumenten. Estland, Lettland, Litauen, Polen, Tschechien, die Slowakei, Slowenien, Ungarn, Malta und Zypern waren als EU-

Staaten nun auch Teil des EU-Binnenmarktes. Das macht sie grundsätzlich für die deutsche Exportindustrie zu wichtigen Absatzmärkten.

Schon kurz nach den Umarmungen auf der Stadtbrücke von Frankfurt/Oder und Schröders Rede in Zittau liegt das deutsche Handelsvolumen mit den zehn neuen EU-Staaten zusammen höher als das mit den USA. Und da diese Länder im Wachstum begriffen sind, ihre Menschen wohlhabender werden, viel investiert wird, werden die Aussichten, sie über viele Jahre weiter mit Produkten »Made in Germany« zu beglücken, mit jedem Jahr rosiger.

Noch wichtiger ist ein anderer Effekt: Die Länder verfügen über gut ausgebildete Techniker und Ingenieure, aber nach dem Zusammenbruch des Ostblocks kaum noch über nennenswerte Industrie. Westeuropäische Maschinenbaufirmen, Textilunternehmen und vor allem die Automobilindustrie nutzen diese Chance. Sie errichten Produktionsanlagen in Polen und Tschechien, in Ungarn und Estland. In beeindruckendem Tempo werden Ost- und Mitteleuropa zu einer verlängerten Werkstatt vor allem Deutschlands. Die Investitionen hier lohnen sich: Die neu eingerichteten Anlagen sind hochmodern, die Löhne niedrig, die Menschen glücklich über einen Job bei einem westlichen Unternehmen.

Der Autohersteller Škoda ist eine besondere Erfolgsgeschichte. 1991, als in der damaligen Tschechoslowakei der Verkauf von Staatsunternehmen an private Interessenten erfolgt, greift Volkswagen zu. Immer weiter stocken die Wolfsburger ihre Beteiligung in den folgenden Jahren auf. Bald gehört der tschechische Autobauer vollständig den Deutschen. Und die zunächst als Ostautos belächelten Škodas verkaufen sich gut. Mehr als 40 Fahrzeugtypen, mehr als 800 000 Stück lautet die Bilanz im Jahr 2018. Zwischenzeitlich muss Volkswagen sogar aufpassen, dass die hochwertigen, aber günstigeren Škoda Octavia und Škoda Superb nicht den eigenen Modellen VW Golf und VW Passat gefährlich werden. Im

Jahr 2020 liefert Škoda im VW-Konzern einen operativen Gewinn von einer Milliarde Euro ab. Die Rendite liegt nach eigenen Angaben bei 6,1 Prozent. Nur die Premiummarken Porsche und Audi sind innerhalb des Konzerns rentabler.

Škoda kennt man. Viele Tausende andere solche Beispiele kennt man nicht. Vor allem nicht die vielen kleineren Zulieferfirmen, die nicht ein ganzes Fahrzeug bauen, sondern nur ein Zahnrad für dessen Getriebe, einen Scheibenwischer, den Sitzgurt. Diese Teile speisen wie ein großer, unsichtbarer Strom die deutschen Fabriken in jenen Jahren. Die Qualität ist hoch, die Preise sind moderat. Und wenn man viele relativ günstige Teile zu einem hochwertigen Produkt zusammenbaut, hat man mit der entstehenden Ware Erfolg bei Käufern weltweit. Genau das passiert den deutschen Firmen ab 2005. Es läuft wie geschmiert. Die Osterweiterung, einst als Jobkiller in Deutschland gefürchtet, erreicht das Gegenteil. Die Produktion kann ausgeweitet werden. Das Geschäft in Deutschland wächst, das Geschäft in der EU auch. Und das Geschäft im Rest der Welt erst recht, da hier der moderate Eurokurs noch weiterhilft.

Der Boom der Merkel-Jahre war also nicht nur dem deutschen Fleiß, dem Gürtel-enger-Schnallen und Anpacken mit den Hartz-Reformen zu verdanken. Es waren zu einem großen Teil auch die politischen Umstände in Europa, die das deutsche Selbstbewusstsein wieder wachsen ließen. Wie das Paradies auf Erden wirkten diese Zeiten. Exportweltmeister. Fußballweltmeister. Die Steuereinnahmen sprudelten, die Arbeitslosigkeit sank. Die Ressourcen Deutschlands schienen plötzlich unbegrenzt. Während Hans Eichel als Finanzminister unter Gerhard Schröder noch eisern sparen musste, konnte es sich Wolfgang Schäuble später leisten, sparen zu wollen. Der kranke Mann Europas hatte eine Frischzellenkur bekommen.

Ordnung muss sein

Auch die globale Ordnung kam Deutschland zugute. Über Regeln der Welthandelsorganisation WTO denkt man nicht allzu oft nach. »Unser Ziel ist es, dass der Handel so reibungslos, vorhersehbar und frei wie möglich vonstattengeht«, schreibt die Organisation mit Sitz in Genf über sich selbst. Sie schlichtet Streitfälle, wenn etwa einzelne Länder Subventionen einführen und der heimischen Wirtschaft so in womöglich unfairer Form unter die Arme greifen. Oder wenn ein Land Zölle verhängt, um ausländische Konkurrenz fernzuhalten. Sie wacht darüber, ob geistiges Eigentum geschützt wird. All das ist wichtig für den Exportriesen Deutschland. Denn wenn alle nach genau diesen Regeln spielen, ist Deutschland wettbewerbsfähig und stets in einer starken Position. Das Schöne: Grundsätzlich tun das die großen Wirtschaftsblöcke EU, USA, China und Südostasien, auch wenn es immer mal Streit gibt. Erst mit der Wahl von Donald Trump wird die WTO tief in die Krise geraten und die schöne alte, geregelte Welt des Exportweltmeisters wieder mehr zum Wilden Westen. Doch die Phase, in der die WTO besonders gut funktionierte, war auch für Deutschland eine besonders lukrative.

Zur internationalen Ordnung, von der Deutschland profitierte, zählte in diesem Zusammenhang auch, dass sich grundsätzlich andere darum kümmerten, dass deutsche Waren sicher ihr Ziel erreichten. Die Kalaschnikow vor der Brust, ein Tuch zur Vermummung um den Kopf geschlungen, ein gelbes T-Shirt statt einer Tarnuniform – so sah einer der Piraten aus, die im Golf von Aden vor Somalia versuchten, Handelsschiffe zu entführen. Leicht bewaffnet, aber hochgefährlich. Auch vor Singapur oder im Golf von Guinea kam es ab etwa 2002 immer häufiger zu solchen Vorfällen. Die USA verstärkten ihre Präsenz. Die EU entsandte die sogenannte Mission *Atalanta*, an der sich auch die deutsche Marine beteiligte. Am 25. Dezember 2008 die Feuertaufe: Per Hubschrauber vertreiben deutsche Soldaten der Fregatte *Karlsruhe* Piraten, die es auf das ägyptische Handelschiff *Wabi al Arab* abgesehen hatten.

Doch wie fremd das alles den Deutschen ist, wie sehr sie sich daran gewöhnt haben, dass zur Durchsetzung der eigenen Interessen ein guter Jurist vor einem internationalen Schiedsgericht reichen muss, wird gut drei Jahre später deutlich.

Im März 2012 reist der deutsche Bundespräsident Horst Köhler zu Bundeswehrsoldaten nach Afghanistan. In einem Interview sagt er dort folgende Sätze:»Meine Einschätzung aber ist, dass wir insgesamt auf dem Wege sind, doch auch in der Breite der Gesellschaft zu verstehen, dass ein Land unserer Größe mit dieser Außenhandelsorientierung und damit auch Außenhandelsabhängigkeit auch wissen muss, dass im Zweifel, im Notfall auch militärischer Einsatz notwendig ist, um unsere Interessen zu wahren. Zum Beispiel freie Handelswege, zum Beispiel ganze regionale Instabilitäten, die mit Sicherheit dann auch auf unsere Chancen zurückschlagen – negativ durch Handel, Arbeitsplätze und Einkommen.« Köhler formuliert vorsichtig. Deutschland sei auf dem Wege. Zu verstehen. Im Zweifel. Aber in Deutschland gibt es einen Aufschrei der Empörung. Köhler»schwadroniere« von»Kanonenbootpolitik«. Er sei»neoimperial«, ein»neuer Kaiser Wilhelm II.«. Die Durchsetzung wirtschaftlicher Interessen mit der Nutzung militärischer Macht zu verbinden sei ein Tabubruch. Köhler, Deutschlands Staatsoberhaupt, tritt einige Zeit später zurück.

Warum, können viele unserer Nachbarn nicht verstehen. Sie sehen schlicht das Problem nicht. Ist es nicht logisch, dass eine Handelsnation ihre Handelswege schützen will? Und selbst wenn man gegen den Einsatz militärischer Gewalt ist: Darf das in Deutschland nicht zumindest diskutiert werden? Die Debatte um Köhler ist für erfahrene Außen- und Sicherheitspolitiker in Brüssel noch Jahre danach ein Beleg, wie naiv Deutschland in dieser Zeit durch die Welt spaziert. Wie selbstverständlich dieses große, nüchterne Land, das sich für den Ursprung der Dichter und Denker hält, davon ausgeht, dass es keine Probleme gibt. Keine Gewalt. Keine Realpolitik Dritter, die auf Papiere und Verträge in Genf, Brüssel oder Washington pfeifen. Wie sehr Deutschland den Zustand vertraglich geregelter Ordnung für dauerhaft gegeben hält. Vielleicht aber ist das auch psychologisch nachvollziehbar. Deutschland erlebt 15 fantastische Jahre. Warum grundsätzlicher nachdenken, ob das alles real sein kann? »We cross that bridge when we get there«, hat die Bundeskanzlerin oft gesagt. Politisch ist Deutschland beneidenswert stabil, während anderswo in Europa dauerhaft tiefe Grabenkämpfe ausgefochten werden. Die ewige Angela Merkel, assistiert von unterschiedlichen Ministern mit aber einem ähnlichen politischen Grundverständnis, prägt die für Deutschland so wichtige Europapolitik. Der Euro und die EU-Osterweiterung wirken wie Doping für die deutsche Exportwirtschaft. Und auch international sorgen Verträge dafür, dass Deutschland in einer Position der Stärke ist. Doch oft legt genau solche Stärke und Dominanz die Saat für kommende Probleme.

Kapitel 2

ARROGANZ

Tod am Nachmittag

Die Tagung am 16. Juni 2017 verläuft unspektakulär. Wolfgang Schäuble und seine Finanzministerkollegen diskutieren im Kongresszentrum auf dem Luxemburger Kirchberg die Lage der spanischen Bank Banco Popular. Und etwas kontroverser: wann der Internationale Währungsfonds sich denn nun beteiligt, an einer weiteren Milliarden-Tranche für Griechenland. Der Grund, warum mir dieser Tag in Erinnerung bleibt, ist also gewiss nicht dieser recht langweilige »Ecofin«, wie Treffen der Wirtschafts- und/oder Finanzminister und -ministerinnen im EU-Slang genannt werden. Der Grund ist ein anderer.

Als wir an jenem Tag schon langsam wieder auf dem Rückweg nach Brüssel sind, kommen die Eilmeldungen: Helmut Kohl ist tot – der Kanzler der Einheit, der mein eigenes Leben beeinflusst hat wie kein zweiter Politiker. In der DDR geboren, im Sperrgebiet vor dem Grenzzaun aufgewachsen, hatte ich mir nie träumen lassen, einmal in Köln, Paris oder Brüssel zu arbeiten. Es war Helmut Kohl, der das durch sein Zupacken im entscheidenden Moment 1989 ermöglicht hatte. Kohl, der einen fast mythischen Platz hat in der Ruhmeshalle der EU, als großer Europäer.

Nur ein paar Kilometer vom funktionalen Tagungszentrum in Luxemburg, in dem wir gerade sind, lebt ein Mann, der Kohl so gut kannte wie kaum ein anderer. So gut, dass Kohls Frau am Nachmittag persönlich mit ihm telefoniert hat, um ihm die Todesnachricht zu überbringen. Es ist Jean-Claude Juncker. Wie Kohl ein Christdemokrat, lange Luxemburgs Ministerpräsident, jetzt Präsident der EU-Kommission. Kohl hatte ihn früher oft als »Junior« bezeichnet, so eng waren die beiden verdrahtet. Ich rufe Juncker an und frage, ob er im Lande sei – und bereit für ein Gespräch mit den *Tagesthemen*. Juncker sagt zu, wir drehen um. Das Gespräch müsse aber aufgezeichnet werden, bittet Juncker. Sendestart ist heute nämlich verspätet, um 23:15 Uhr. Zuvor gibt es einen *Brennpunkt* zum Tode Kohls. Live um 23:15 Uhr, das ist Juncker zu spät. Und: Er wolle vorher noch schnell die *Tagesschau* gucken. Als wir an seinem unscheinbaren Haus ankommen, empfängt uns seine Frau und bittet uns, im Garten zu warten. »Ist es okay, wenn ich den Hund rauslasse?«, fragt sie. »Klar. Solange er nicht beißt«, antworte ich. »Keine Sorge, das ist ein Grieche. Der mag die Deutschen«, gibt sie zurück. Junckers legendäre Schlagfertigkeit und seinen Witz hat er sich offenbar mit seiner Frau antrainiert. Wir überstehen die halbe Stunde Wartezeit ohne Bissverletzungen, bauen unsere Kamera auf, überprüfen die Verbindung nach Hamburg. Dann kommt Juncker. Mit dunkelgrauem Anzug und schwarzer Krawatte steht er auf dem sattgrünen Rasen seines Gartens. Die Abendsonne taucht alles in ein warmes Licht. Ich spüre, Juncker hat einen Freund verloren. »Bei allem politischen Verlust: Das Persönliche überwiegt natürlich«, sagt er. »Kohl war auch ein Kumpel. Er hat mich auf all meinen europäischen Wegen begleitet.« Und dann spricht Juncker über Kohls Art, Europapolitik zu machen. Er spricht darüber in der verschwurbelten, preziosensuchenden Sprache, die nur Juncker spricht. »Er hat es verstanden, auch weil er Historiker war – aber nicht nur, weil er Historiker war, sondern vor allem, weil er Kohl war –, deutsche und europäische Dinge in einer Schnittmenge zusammenzubringen, dass Unterschiedlichkeit im Unterfangen nicht erkennbar wurde, weil: Es waren zwei Seiten einer Medaille.« Kohl, der Versöhner von deutschen und europäischen Interessen.»Ich habe ihn als jemanden erlebt, der die kleinen Länder ernst nahm. Der den Regierungschefs kleiner Länder so viel Aufmerksamkeit schenkte wie dem, was die größeren zu sagen hatten.« Von der großen Ausfallstraße nebenan liegt das Rauschen des Autoverkehrs über der Szene. Juncker fährt fort:»Helmut Kohl hatte etwas, was wir eigentlich nicht mehr haben. Er wusste, was war. Er spürte, was sein muss. Und er wusste, weil er beides spürte und wusste, was im gegebenen Moment aktuell zu tun und zu machen war. Mir fehlt seine Weitsicht, es mangelt uns an Weitsicht.«

Es ist eine Würdigung Helmut Kohls und ein nostalgischer Blick auf die EU, wie sie früher einmal war. Auch wenn der Chef der EU-Kommission das so nicht beabsichtigt: Was er da sagt, ist im Prinzip nicht weniger als eine Abrechnung mit Kohls Nachfolgern Schröder und Merkel. Und es zeigt, gerade weil es indirekt, in einem ganz anderen Kontext, aus ihm heraussprudelt, wie sehr sich Deutschlands Auftreten in den letzten Jahren verändert hat. Breitbeiniger. Kompromissloser. Selbstgefälliger.

Paria

Mindestens bis zur Wiedervereinigung war Deutschland ein bescheidener Riese am Tisch der Europäer. Ausgleichend, zurückhaltend, schüchtern ob der Gräueltaten der Vergangenheit. Was Deutschland seinen Nachbarn, dem Kontinent und der ganzen Welt in zwei Weltkriegen angetan hatte, verlangte Demut. Dass diese Nachbarn, allen voran die Franzosen, ihm schon so kurz danach wieder großmütig die Hand für einen Neubeginn gereicht hatten, unterstrich das nur noch mehr. Natürlich hatte auch Deutschland seine Interessen wirtschaftlicher oder finanzieller

Art, doch egoistisch Franzosen, Niederländer, Luxemburger oder auch Briten zu brüskieren, dazu hatte die Bundesrepublik das moralische Recht verloren. Und sie hatte den Anstand, das viele Jahre zu akzeptieren.

Besonders stark auf das Wohlwollen seiner europäischen Partner war Berlin Ende der 1980er Jahre angewiesen. Deren Einverständnis zur historischen Chance der Wiedervereinigung der beiden deutschen Staaten zu gewinnen war oberste Staatsräson der Regierung Kohl. Deutschland sagte oft Ja in diesen Monaten in Brüssel – und hoffte im Gegenzug auf das eine, so wichtige Ja der Nachbarn. Auch danach vermied es Deutschland, zu großspurig aufzutreten. Denn groß war vor der Wiedervereinigung die Sorge etwa in Frankreich gewesen, dass das zusammenwachsende Deutschland ein wieder dominierendes Deutschland sein würde. Kohl nahm vieles auf sich, um diese Sorgen zu zerstreuen – in einer Zeit der historischen Dankbarkeit.

Berliner Republik

Doch die Zeiten änderten sich. Dass sich mit dem Umzug des deutschen Regierungssitzes vom Rhein an die Spree, von Bonn nach Berlin, nicht nur die Gebäude und Straßennamen, sondern auch die Substanz des Politischen veränderte, sein ganzes Gebaren, ist oft beschrieben worden. Unter dem Stichwort der »Berliner Republik« wurde deutscher Politik mehr Tempo, mehr Härte, mehr Eitelkeit attestiert. Fortan zeigte sich Deutschland in Berlin der Welt. Verstecken, das war gestern, das war Bonn. Dieser Politikwechsel wirkte nicht nur in der deutschen Hauptstadt, sondern auch in Brüssel.

Gerhard Schröder ist das Gesicht des neuen Stils. Viel zu schwärmerisch, viel zu emotional sei Helmut Kohl oft aufgetreten, vertraut Schröder am Rande von EU-Gipfeln Journalisten an. Ihm gehe es nun darum, deutsche Interessen durchzusetzen – mit möglichst wenig finanziellem Einsatz. Deutsche Steuergelder könnten nicht immer die Lösung sein. Wenn es ihm zu nutzen scheint, wettert Schröder gegen die Brüsseler Beamten, die viel zu viel verdienten. Er versucht unverhohlen, seinen SPD-Parteifreund Günter Verheugen zum Superkommissar mit mehreren Ressorts in Brüssel zu machen. Für einen möglichst direkten Durchgriff von Berlin auf das Wirken der EU-Kommission. Hinten anstellen, demütig mitmachen, diese Zeiten scheinen vorbei. Wir sind wieder wer, ist die Botschaft der Schröder-Ära. Mit Brioni-Anzug und Cohiba-Zigarre.

Und Schröder setzt sich oft genug durch: Nach Jahrzehnten des Wartens beginnt die EU auch auf seinen Druck hin Beitrittsverhandlungen mit der Türkei. Viele andere Staaten schütteln den Kopf. In Frankreich kündigt Premierminister Jean-Pierre Raffarin ein Referendum an, wenn die Türkei wirklich aufgenommen werden sollte. Der frühere französische Präsident Valéry Giscard d'Estaing schreibt in *Le Monde*, ein Beitritt der Türkei würde das Ende der Europäischen Union bedeuten. In Italien äußert sich sogar die Bischofskonferenz: Die Türkei habe eine »andere Kultur«, man sollte stattdessen eher die Ukraine oder Moldau berücksichtigen. Schröder hingegen spricht beim deutsch-türkischen Wirtschaftskongress in Istanbul am 4. Mai 2005 in einer Rede vor Unternehmern und Ministerpräsident Erdoğan (»lieber Freund!«): »Sie haben deutlich gemacht, welche gewaltigen Erfolge in welch kurzer Zeit die deutsche und die türkische Wirtschaft erzielen konnten. Das ist nach meiner festen Überzeugung der Anfang eines Weges, keineswegs das Ende.« Schröder schwärmt: von Infrastrukturprojekten. Landwirtschaft, Tourismus. Er hat Ideen für die »Konsumgüterindustrie«, den »Textilbereich«, für »Design und Vertrieb«. Deutsche Politik wird in jenen Jahren vor allem mit Blick auf deutsche Wirtschaftsinteressen gemacht. Schröder setzt die Osterweiterung der EU endgültig in Gang. Parallel dazu sorgt sein Mann Günter Verheugen als zuständiger Kommissar in Brüssel für all die Ausnahmeregeln, die Deutschland auf Jahre vor zu viel Konkurrenz aus Polen oder Ungarn schützen. Deutschland macht sein Ding.

Mehr noch: Schröder versucht erst gar nicht, Europa zu einer gemeinsamen Position zu führen, als die Pläne von US-Präsident George W. Bush, in den Irak einzumarschieren, den Kontinent spalten. Seine Position ist sofort klar: Er ist nicht dabei. Dafür braucht er keine Konsultationen mit dem Rest Europas. Zum Glück steht er mit seiner Entscheidung, rückblickend betrachtet, auf der richtigen Seite der Geschichte, wenn man das Desaster sieht, das Bush in den folgenden Jahren im Irak anrichtet. Und trotzdem lohnt sich ein Blick auf Schröders Vorgehen, den Stilwechsel im Umgang mit Europa. Schröder profiliert sich in erster Linie innenpolitisch als selbstbewusster Kanzler, der den USA und George W. Bush bei einer Frage von Krieg und Frieden die Stirn bietet. Wie das außenpolitisch ankommt, ist für ihn nachrangig. In der EU zeigt sich ein fatales Bild der Zerrissenheit: Deutschland steht mit Frankreich, Belgien und Luxemburg offen gegen Großbritannien, Spanien, Polen, gegen die Niederlande und Portugal. Beim sogenannten Pralinengipfel – Belgien ist berühmt für seine Schokolade – sind am 29. April 2003 im Brüsseler Vorort Tervuren von vornherein vom Gastgeber Belgien nur die vier Länder geladen, die sich gegen den Irak-Krieg ausgesprochen haben. Selbst die beiden EU-Gründungsmitglieder Italien und die Niederlande sind nicht herbeigebeten worden, um über die Sicherheitspolitik der EU zu diskutieren. Schröders Teilnahme bekundet vor allem eines: Eine gemeinsame Linie Europas hat für ihn offenbar keinen überragenden Wert.

US-Verteidigungsminister Donald Rumsfeld sah den Riss in Europa ganz deutlich und legte ihn genüsslich offen, als er sich am 24. Januar 2003 auf einer Pressekonferenz äußerte: »Sie denken bei Europa an Deutschland und Frankreich. Ich nicht. Ich denke, das ist das alte Europa.« Und weiter:»Wenn Sie sich die NATO-Mitglieder Europas anschauen, dann wandert der Schwerpunkt nach Osten. (…) Deutschland ist ein Problem. Frankreich ist ein Problem. (…) Schauen Sie sich die große Zahl von Ländern in Europa an. Die sind nicht auf der Seite Frankreichs und Deutschlands. Sie sind an der Seite der Vereinigten Staaten.« Der Ausdruck»altes Europa« wurde in Deutschland 2003 übrigens Wort des Jahres.

Es ist unübersehbar, ein anderes Deutschland tritt in jenen Jahren auf, eines das gerne mal poltert und vor aller Augen die Ellenbogen einsetzt, wenn es um den eigenen Vorteil geht. Ein Ereignis dieser Zeit brannte sich ganz besonders ins Brüsseler EU-Gedächtnis. Als der deutsche Sündenfall, der bis heute nachwirkt. Der Moment, an dem das so stabilitätsorientierte Deutschland den Stabilitätspakt der EU aufweicht.

Die sogenannten Maastricht-Kriterien, benannt nach der niederländischen Stadt, in der sie beschlossen wurden, tragen die strenge Handschrift der Bundesrepublik. Seit 1993 definieren sie Kriterien und Bedingungen für die Mitgliedschaft eines Landes in der gemeinsamen Währung, dem Euro. Stabile Wechselkurse über einen längeren Zeitraum, niedrige Zinsen, eine moderate Inflation zählen dazu. Das sind Dinge, die jedes Land allerdings nur bis zum Moment des Euro-Beitritts selbst beeinflussen kann. Zwei Kennzahlen aber sind festgelegt, die dauerhaft gelten und in nationaler Verantwortung liegen. Sie betreffen die Staatsverschuldung. Nicht höher als 60 Prozent der Wirtschaftsleistung dürfen die Schulden liegen. Und: Neue Schulden eines Staates dürfen jedes Jahr nicht höher sein als drei Prozent der Wirtschaftsleistung, des sogenannten Bruttoinlandsproduktes. Mit diesen Vorgaben, so hat vor allem Kohls Finanzminister Theo Waigel gehofft, könnten auch die ausgabefreudigen Länder Italien, Frankreich oder Belgien auf den deutschen»Stabilitätspfad« gebracht werden, wenn man denn schon eine gemeinsame Währung schafft.

Doch 2003 sieht die Welt plötzlich anders aus. Die wirtschaftlich paradiesischen Zustände sind noch nicht in Sicht. Es ist die Zeit, in der man von Deutschland als dem »kranken Mann Europas« spricht. Bundesfinanzminister Hans Eichel muss erkennen: Deutschland kann die strengen Kriterien, die einst sein Amtsvorgänger Theo Waigel verhandelt hat, selbst nicht einhalten. Die EU-Kommission leitet wie vorgesehen ein sogenanntes Defizitverfahren ein. Und sie schickt, Ironie der Geschichte, ausgerechnet Deutschland schriftlich Sparvorgaben. Zurück auf den »Stabilitätspfad«, bitte! Für Bundeskanzler Schröder ist das eine unangenehme Situation – ein Glück, dass zu diesem Zeitpunkt auch Frankreich die Kriterien nicht erfüllen kann. Statt, wie es Deutschland später brutal von Griechenland verlangen wird, »den Gürtel enger zu schnallen«, »die Wettbewerbsfähigkeit zu stärken«, »die Hausaufgaben zu machen«, beginnt die Bundesregierung gemeinsam mit Frankreich, Widerstand gegen das Regelwerk zu organisieren. Ganz nach dem Motto: Wenn die Regel für Deutschland nicht funktioniert, dann kann sie nicht richtig sein. Und dann kann sie auch nicht länger gelten.

Dieser Moment rund um den EU-Stabilitätspakt geht mir immer wieder durch den Kopf, wenn Heiko Maas, Annalena Baerbock, Olaf Scholz, Annegret Kramp-Karrenbauer oder Christian Lindner später von der »rules based order«, der »regelbasierten Ordnung« sprechen, die unbedingt verteidigt werden muss. Und ich wette, er geht dann nicht nur mir durch den Kopf, sondern vielen anderen in Brüssel, die sich genau erinnern, wie Deutschland sich im Zweifel die Welt passend gemacht hat.

Am 21. Januar 2003 jedenfalls sagt Gerhard Schröder bei einem Besuch in Paris, »der Stabilitätspakt ist wichtig. Aber Wirtschaftswachstum ist nicht weniger wichtig.« Mit Letzterem meint er staatliche, schuldenfinanzierte Ausgaben, die hoffentlich die Wirtschaft ankurbeln. Schöner hätte es kaum zehn Jahre später der griechische Finanzminister Varoufakis auch nicht sagen können, als er von Wolfgang Schäuble über die Bedeutung enger Gürtel und gemachter Hausaufgaben belehrt wurde. Doch anders als das kleine Griechenland kann sich das mächtige Deutschland effektiv wehren und durchsetzen. Die EU-Kommission gibt nach, Deutschland kommt mit höheren Schulden davon. Es ist ein Moment, in dem sich die neue deutsche Arroganz zeigt, in dem Europa wie ein Werkzeug wirkt, das gut geeignet ist, wenn sich damit deutsche Interessen durchsetzen lassen. Und das lästig wird, wenn es ihnen im Weg steht. »Der letzte Macho«, überschreiben 2019 die *Stuttgarter Nachrichten* ein Porträt über Schröder. In Brüssel war Schröder: der erste deutsche Macho der Nachkriegszeit.

Zuchtmeisterin

Viel verbessert hat sich an dieser Wahrnehmung unter Angela Merkel nicht. Leiser, aber genauso hart in der Sache vertritt auch sie die deutschen Interessen. Eigentlich ist das genau ihr Job: »Ich schwöre, dass ich meine Kraft dem Wohle des deutschen Volkes widmen, seinen Nutzen mehren, Schaden von ihm wenden, das Grundgesetz und die Gesetze des Bundes wahren und verteidigen, meine Pflichten gewissenhaft erfüllen und Gerechtigkeit gegen jedermann üben werde.« So lautet im Wortlaut der Amtseid, den Angela Merkel als Bundeskanzlerin geschworen hat. Dem Wohle des deutschen Volkes. Nicht des italienischen. Nicht des griechischen. Nicht dem Wohle des Volkes der Euro-Zone. Dem Wohle des deutschen Volkes. »Was sie nicht – oder zumindest lange nicht – verstanden hat, ist, wie sehr es im deutschen Interesse liegen könnte, Europa weiterzuentwickeln. Auch wenn es kurzfristig vielleicht Geld kostet«, sagt mir ein EU-Beamter, mit dem ich über Merkel spreche. »Dem Wohle des deutschen Volkes kann es sehr dienlich sein, wenn Europa besser funktioniert, anders aufgestellt ist.« Er meint damit das, was Juncker an Kohls Todestag mit »keine Unterschiede im Unterfangen« meinte. Und mit den »zwei Seiten derselben Medaille«. Doch Politiker sind auch nur Menschen. Und Angela Merkel hat wenig europäische Sozialisation. Gerade ihr in der EU wichtigster Partner, Frankreich, ist ihr erkennbar fremd. Als Ostdeutsche ging ihr Blick anders als der von Kohl wohl selten nach Paris. »Vor der Trikolore muss man sich immer zweimal verneigen«, hat Kohl einmal über die französische Flagge gesagt. Auf die Idee wäre Merkel von sich aus nie gekommen. Auch ich habe als Thüringer erst Russisch gelernt. Dann Englisch. Und dann – viel später, und nur angeschoben durch meinen Beruf – noch Französisch. Die Faszination der russischen Wälder, die Größe von Tolstoi und Dostojewski, die Opfer der Sowjets im Kampf gegen Hitler. Daraus wurden im Osten Gefühle gemacht. Und aus den Wolkenkratzern New Yorks, dem California Beach Life und Coca-Cola die ganz großen, unerfüllbaren Träume. Die Sprache Voltaires hat Merkel nie gelernt. Merci. Bon appétit. Bonjour. Das musste reichen. Auf der Grundachse der EU lag bei Angela Merkel also keine Emotion. Das ist kein Vorwurf. Aber es hatte Auswirkungen auf ganz reale Politik.

Der Abend des 12. September 2008 wird mir für immer in Erinnerung bleiben. Die Finanzminister der EU treffen sich unter französischer Präsidentschaft in Nizza. Vom Mittelmeer weht eine angenehm kühlende Brise nach einem heißen Tag. Am Abend hat der deutsche Finanzminister Peer Steinbrück zu einem Gespräch eingeladen. Ihm und seinem Team, Staatssekretär Jörg Asmussen und Sprecher Torsten Albig, ist Unruhe anzumerken. Irgendwas stimmt nicht. »Morgen wird es ein Beben geben«, sagt Steinbrück bei einem Glas Weißwein auf der Dachterrasse des Hotels »Le Méridien« am Boulevard des Anglais. »Drüben, in Amerika.« Mehr könne er nicht sagen, und noch sei auch nicht alles klar. Mit dem Zeitpunkt liegt Steinbrück nicht ganz richtig, mit dem Begriff »Beben« schon. Am 15. September meldet in New York die US-Investmentbank Lehman Brothers Insolvenz an. Die globale Finanzkrise beginnt, der tiefste Wirtschaftseinbruch seit Jahrzehnten. Und ein Einschnitt für Deutschlands Rolle in Europa.

Viel schneller als in Berlin begreift man die Tragweite der Bankenkrise in Paris. Frankreichs Präsident Nicolas Sarkozy lädt als Ratspräsident schnell zu mehreren Krisen-Gipfeltreffen ein. Allerdings: nur jene 15 Länder, die den Euro als Währung haben. Hier arbeitet also nicht mehr die EU insgesamt, sondern einzelne Regierungen nehmen das Heft in die Hand. Ein Ergebnis steht nur, wenn alle Länder an Bord sind. Und genau an dieser Methode findet Merkel offensichtlich schnell Gefallen. Denn als wirtschaftsstärkstes Land hat Deutschland hier zwangsläufig das letzte Wort.

Sarkozy versucht, das zu ändern. Er will Deutschlands Dominanz eindämmen und macht schon damals, vor der Griechenland-Krise, Vorschläge für eine Bankenunion, also für eine Verbindung der europäischen Kreditanstalten, um Risiken auszugleichen – ausgestattet mit einem Notfallfonds. Merkel lehnt ab: Deutsche Bank und italienische Unicredit will sie nicht in einen Topf werfen, die Einlagensicherung von Sparkassen und Volksbanken nicht als Polster für portugiesische Kreditinstitute verstanden wissen. Sarkozy fordert – fast wie einst Europas Gründervater Robert Schuman bei Kohle und Stahl – eine Europäische Gemeinschaft des Automobils. Merkel lehnt ab: Mercedes und Renault? Lächerlich. Und einen Wiederaufbauplan für die sich abzeichnende Wirtschaftskrise will der Franzose? Nein, heißt es auch hier aus Berlin.

Man muss diese Haltung der Kanzlerin nicht falsch finden. Zumal in einem Moment, in dem die Auswirkungen der Finanzkrise noch überhaupt nicht absehbar sind. Schließlich befindet man sich in »uncharted territory«, Neuland. Oder: unbekannten Gewässern. Da bewegt man sich lieber vorsichtig. Doch was in dieser Zeit auffällt, ist die deutsche Abgebrühtheit im Neinsagen. Deutschland wittert hinter jedem Vorschlag den Versuch der Partner, an deutsches Geld zu kommen. Die Bundeskanzlerin wirkt damals auf mich, als befinde sie sich in einem dauerhaften Abwehrkampf. Nicht in erster Linie gegen die Folgen der Finanz- und später der Eurokrise. Sondern manchmal noch mehr in einem Abwehrkampf gegen ein mögliches Ausgetrickstwerden durch Dritte. Durch Franzosen, durch Italiener, später durch die Griechen. Genau das ist Merkel dann auch nie passiert. Punktsieg in der B-Note. Aber die Lösung der eigentlichen Probleme wurde oft erst verspätet erreicht – und zu deutlich höheren Kosten. Manch ein von ihr einst abgelehnter Vorschlag wurde Jahre später unter der dann schon viel erfahreneren Bundeskanzlerin doch noch Realität: Die Bankenunion ist heute auf dem Weg, wenn auch langsam. Und mit dem Corona-Hilfsfonds NextGenerationEU hat die EU auf Merkels Initiative hin ein gewaltiges Wiederaufbauprogramm nach der Corona-Pandemie gestartet. Für die Finanzierung dieses Programms nehmen die EU-Staaten nun gemeinsam Schulden auf. Etwas, das Merkel in den Jahren 2009 bis 2014 noch strikt abgelehnt hatte. Vielleicht sperrte sie sich auch deshalb, weil die Emotionen ihr gegenüber damals so hochkochten.

»Raus aus unserem Land, du Schlampe!«, »Hitlers Tochter: Wir wollen kein Viertes Reich!« – auf Plakaten ist Merkel in SS-Uniform zu sehen und mit Hitlerbärtchen. Seit vielen Monaten ist das normal in Athen. Am 9. Oktober 2012 besucht die Bundeskanzlerin erstmals persönlich das Land. Die Sicherheitsvorkehrungen sind gewaltig. Merkel wird gehasst in Griechenland. Deutschland steht im Ansehen vieler Griechen dort, wo Helmut Kohl es nie sehen wollte: als neue, dominante, chauvinistische Macht. Der Grund ist das Verhalten der Bundesrepublik in den vergangenen fast drei Jahren.

2009 hatte Athen bekanntgegeben, dass es nur mit geschönten Zahlen in den Euro gekommen sei. Die Neuverschuldung liege nicht bei drei Prozent der Wirtschaftskraft, sondern eher bei 13. Im

April 2010 dann der endgültige Offenbarungseid: Ministerpräsident Georgios Papandreou verkündet, Griechenland könne seine Schulden nicht mehr bezahlen. Es passiert, was nicht passieren durfte. Auf so ein Szenario ist der Euro nicht vorbereitet. Die neue Währung, die mittlerweile so wichtig geworden ist für die Wirtschaftsmacht Deutschland.

Papandreous Hilferuf sendet Schockwellen durch die europäischen Hauptstädte und die globalen Finanzmärkte. Ich selbst habe an diesem Tag für die *Tagesthemen* über den Auftritt Papandreous berichtet. Was mich damals stutzig machte, war, wie ungeschickt eine so ernste Nachricht von der griechischen Regierung verkündet wurde: Papandreou meldet sich von der kleinen Urlaubsinsel Kastelorizo. Er steht in strahlender Mittagssonne vor türkisblauem Meer und schaukelnden Segelbooten. Zuvor hatte man ihn gefilmt, wie er locker mit Touristen in einer Taverne plaudert. Und danach, wie er noch eine Kerze in einer griechisch-orthodoxen Kirche entzündet. War das der Lage angemessen? Dem danach vor allem in Deutschland oft aufgewärmten Klischee von den Griechen, die es sich gutgehen lassen, hat dieser Auftritt jedenfalls ordentlich Nahrung gegeben.

Trotzdem: Dass wir in der Rückschau so sehr einen Konflikt zwischen Griechenland und Deutschland erkennen, ist eigentlich verwunderlich. Ist der Euro nicht eine europäische Währung? Ist der Umgang mit dem Finanzproblem in Griechenland dann nicht eine europäische Aufgabe? Warum protestieren die Griechen gegen Merkel? Und nicht gegen den französischen Präsidenten? Oder gegen EU-Kommissionspräsident José Manuel Barroso?

Dass Deutschland nun so in den Mittelpunkt rückte, hatte mehrere Ursachen. Zum einen die mittlerweile wiedergewonnene wirtschaftliche Stärke des Landes. Wer in der EU jener Zeit über Geld reden wollte, der musste das mit dem Land tun, das das Geld hatte. Und das war Deutschland. 2012 etwa zahlte die Bundesrepublik 11,95 Milliarden Euro mehr in die Brüsseler Töpfe, als es etwa durch Fördergelder oder Agrarsubventionen zurückbekam. Bei Frankreich betrug das Minus zum Wohle der EU 8,3 Milliarden, Italien – anders als oft angenommen auch ein Nettozahler und kein Empfänger – ließ sich den Fortschritt im Rest der EU 7,3 Milliarden Euro kosten.

Doch Nettozahlungen zum EU-Haushalt sind noch nicht mal der wichtigste Punkt. Viel, viel entscheidender war, dass Deutschland das einzige Land der Euro-Zone war, dem die Finanzmärkte uneingeschränktes Vertrauen entgegenbrachten. Nur Deutschland konnte man Geld leihen im guten Glauben darauf, es sicher zurückzubekommen. Das gab der Bundesrepublik große Verantwortung, aber auch eine große Macht bei der Aufstellung von milliardenschweren Hilfspaketen für Griechenland, später Portugal, Irland und Zypern. Nur unter der Beteiligung Deutschlands ließen sich die gewaltigen Summen auf dem Kapitalmarkt leihen. Ein Rettungspaket für Griechenland, aufgestellt allein von Frankreich, Italien oder Spanien, wäre nie zustande gekommen, weil niemand diesen Ländern entsprechende Summen geliehen hätte. Deutschland nutzte diese Macht. Es setzte die Beteiligung des Internationalen Währungsfonds an der Überwachung der Reformen in den finanziell unterstützten Ländern durch. Es entschied über Umfang und Ausgestaltung der Hilfsprogramme – und auch darüber, dass der später eingerichtete dauerhafte Rettungsschirm namens European Stability Mechanism vom Deutschen Klaus Regling geleitet wurde.

»In diesen Jahren haben wir die Schlüssel Europas an Deutschland gegeben«, sagt der Journalist Jean Quatremer von der französischen Zeitung *Libération*. Er verfolgt die deutsche Politik in Brüssel seit Kohls Zeiten – und gilt, um es vorsichtig zu sagen, nicht als Freund der Nachbarn auf der anderen Rheinseite. »Deutschland hat sich jeder Vergemeinschaftung und jeder Solidarität widersetzt. Und die Europäer hatten keine andere Wahl, als die deutschen Bedingungen für Rettungspakete zu akzeptieren. Die Deutschen wussten: Ohne ihre Unterschrift wäre kein Krisenplan glaubwürdig. Weil die Märkte hinter dem Euro immer die D-Mark gesucht haben.«

Die deutsche Bedingung bei der Griechenland-Rettung war: harter Sparkurs in Athen. Regeln sind eben einzuhalten. Das klang für viele Europäer wie Hohn, nach der Episode der Aufweichung des Stabilitätspaktes durch Deutschland ein paar Jahre zuvor. Dazu: Einsetzung einer Troika aus EU-Kommission, Europäischer Zentralbank und – als besonders scharfem Wachhund – dem Internationalen Währungsfonds.

Diese Troika wurde von vielen Griechen fast wie eine Besatzungsmacht empfunden, die Bücher kontrollieren, Reformen verordnen und Gelder entziehen konnte. Hier fehlte schlicht die Sensibilität, jenseits der Zahlen mit dem griechischen Volk, seiner Kultur und Demokratie umzugehen. Natürlich hatte Griechenland selbst die Fehler gemacht, die für die schwierige Lage verantwortlich waren. Doch diese Form der Kur war irgendwann kontraproduktiv: Was die Troika verordnete, wurde von vielen Griechen bewusst torpediert. In jener Zeit gab es einen kaum auszuhaltenden politischen Spagat: einerseits den dringenden Wunsch und die finanzpolitische Notwendigkeit, Griechenland Geld zukommen zu lassen, und andererseits die Frage, wie dieses Land, das in Brüsseler Sonntagsreden immer als Wiege der Demokratie gefeiert wird, als souveräner, demokratischer Staat agieren kann, wenn man ihm präzise Sparvorgaben macht. Berlin war da klar und unmissverständlich: Geld gibt es nur unter knallharten Bedingungen. Es fließt nur, wenn sich Griechenland – politisch souverän – dazu entscheidet, genau diese von außen bestimmten Bedingungen zu erfüllen und die dazu nötigen Beschlüsse zu fassen. Doch da Athen die Finanzspritzen unbedingt brauchte, sahen viele Beobachter in diesen nur auf dem Papier souveränen Entscheidungen der griechischen Regierung das Ergebnis einer faktischen Erpressung: Wenn das Parlament in Athen keine Mehrheit zustande bringt, dann muss es eben noch mal abstimmen. Wenn die Griechen in einem Referendum gegen die Sparpolitik stimmen, dann muss Regierungschef Alexis Tsipras sie trotzdem weiterführen. Das alles war hart, kalt, technokratisch. Und es hat dem deutschen Ansehen geschadet.

»Wir stehen einem germanischen Imperium gegenüber, das nur noch für die Deutschen demokratisch ist«, sagte Jean Quatremer damals. Denn Merkel und ihr Finanzminister Wolfgang Schäuble hatten obendrein dafür gesorgt, dass die neuen Instrumente wie der ESM, der Europäische Stabilitätsmechanismus, nicht Teil der EU-Bürokratie wurden. Stattdessen wurde dieser Notfallfonds, ausgestattet mit bis zu 700 Milliarden Euro, als neue Institution in Luxemburg angesiedelt. Entscheidungen über die Verwendung des Geldes sind damit nicht generell geregelt, sondern müssen jedes Mal neu von den beteiligten Euro-Staaten gefällt werden. Dadurch unterliegt jeder Schritt letztlich dem Haushaltsrecht des Deutschen Bundestages. »Der Bundestag muss für jede dieser Entscheidungen abstimmen. Für alle diese harten Entscheidungen, die für andere Länder undemokratisch sind«, so Quatremer.

Deutliche Worte für das sehr egoistische Verhalten Deutschlands findet damals auch Gordon Brown, von 2007 bis 2010 Premierminister von Großbritannien. Er saß selbst am Tisch des EU-Gipfels, aber da sein Land in Pfund und nicht in Euro zahlt, war er bei der Ausgestaltung der »Euro-Rettung« nicht dabei. 2011 schreibt er einen Gastkommentar für die New York Times. Überschrift: »The Euro Zone's Cure Starts With Germany«. Zu Deutsch: »Die Therapie der Euro-Zone beginnt mit Deutschland«. Im Text heißt es: »Vor drei Jahren, als die Finanzkrise zum ersten Mal zuschlug, definierte die deutsche Regierung das Problem rasch als ein angelsächsisches und machte die USA und Großbritannien dafür verantwortlich.« Und als aus der Bankenkrise eine Wirtschaftskrise in Südeuropa wurde, machte Deutschland daraus plötzlich eine Krise von »Staatsdefiziten und Schulden«. »Umtituliert« ist das Wort, das Brown verwendet und mit dem er im Grunde ausdrückt, dass Deutschland das Konzept und den Begriff der Schuldenkrise quasi selbst erfunden hat. Denn tatsächlich habe damals ein Problem deutscher Banken bestanden, die viel zu leichtfertig Geld in südeuropäische Länder verliehen hätten.

Würde Griechenland seinen Staatsbankrott erklären, würden plötzlich große Löcher in den Bilanzen der deutschen Kreditinstitute klaffen – was wiederum zu immensen Problemen in der deutschen Wirtschaft und letztlich auch für den deutschen Staaten führen könnte. Brown zitiert die Bank für Internationalen Zahlungsausgleich, wonach deutsche Finanzinstitute Griechenland, Spanien und Portugal Kredite in Höhe von rund 1,5 Billionen Euro gewährt hätten. Eine unverhältnismäßig hohe Summe in Relation zur deutschen Wirtschaftsleistung. »Wo immer eine Party stattfand, spendierten deutsche Banken die Drinks.«»Deutschland«, so schreibt Brown weiter, »hat jedwede Schuld für alles, was fehlgelaufen war, abgelehnt.« Und es kommt durch damit.

Das, was aber angezeigt wäre – intensiver nachzudenken, ob eine gemeinsame Währung ohne gemeinsame Wirtschafts- und Finanzpolitik wirklich dauerhaft funktionieren kann –, vertagt Deutschland gern auf unbestimmte Zeit. Mit Verve diskutiert wird nur über Reformen in anderen Ländern und strengere Kontrollmöglichkeiten durch die EU-Kommission. Aus meiner Sicht war und ist das auch heute noch ein Fehler. Wir wollen die Stärke der EU weltweit nutzen. Doch wenn es um die Wirtschaft geht, bleiben wir quasi auf halbem Weg stehen. Das mag kurzfristig angenehm sein: Deutschland nutzt wie beschrieben die Vorteile der gemeinsamen Währung und des Binnenmarkts, ohne die exklusiven nationalen Kompetenzen bei Haushalt und Steuern aufzugeben.

Hippie-Staat

Dass Deutschland sich in seinen wirtschaftlich starken Jahren oft selbst genug war, zeigte es 2015 und 2016 auf eine ganz andere Weise. Es waren die Jahre der sogenannten Flüchtlingskrise. Rund 1,3 Millionen Anträge auf Asyl wurden in jedem der beiden Jahre in der EU gestellt. Besonders in den ersten Monaten kam ein Großteil der Geflüchteten aus Syrien, wo Machthaber Assad im Bürgerkrieg Fassbomben und offenbar selbst Giftgas gegen die eigene Bevölkerung einsetzte.

Während Bundespolizei und Vertreter der Sicherheitsbehörden bereits im Sommer 2015 vor einer kaum noch zu beherrschenden Situation warnen, feiert Deutschland am Münchner Hauptbahnhof eine Art Spätsommermärchen. Menschen, die erschöpften Flüchtlingen applaudieren, als diese aus den Zügen steigen. Polizisten, die Kinder tragen und, wenn vorhanden, Rucksäcke und Reisetaschen weitergeben. Es werden Bananen verteilt, Wasser, Blumen. Die Bilder aus München sieht die ganze Welt. Von wegen hässliche Deutsche. Deutschland ist stolz auf sich selbst und seine Menschlichkeit. Weltoffen, buchstäblich. Das Wort »Willkommenskultur« ist geboren.

Dass große Politik nicht allein auf Gefühlen basieren kann, hätte man den Deutschen und der gelernten Physikerin Angela Merkel eigentlich nicht sagen müssen. Doch Deutschland und vor allem seine Kanzlerin handeln in diesen Wochen emotional. Während Berlin sonst unendlich viel Geduld aufbringt, um Regeln in Europa erst zu schreiben und sie dann den anderen zu erklären, werden europäische Normen in diesen Tagen pragmatisch beiseitegeschoben. Die wichtigste stammt aus dem sogenannten Dublin-Abkommen von 2003. Demnach muss der Asylantrag eines Schutzsuchenden immer in dem EU-Land geprüft werden, in dem dieser Schutzsuchende zuerst eingereist ist. In der Praxis – es sei denn, man war mit dem Fallschirm abgesprungen – waren das dann vor allem Griechenland und Italien sowie Spanien und Malta.

Dass diese Auslagerung der Verantwortung für alle ankommenden Asylbewerber auf nur wenige EU-Staaten keine dauerhafte Lösung sein würde, hätte den aus eigener Sicht mit naturwissenschaftlicher Präzision kalkulierenden Deutschen eigentlich schon seit der Verabschiedung der Regel im Jahr 2003 klar sein müssen. Doch Dublin war für Deutschland vorteilhaft. Auch wenn die Regel für Italien und Griechenland überhaupt nicht funktionierte. Allerdings: Wegen der schlechten Zustände in griechischen Flüchtlingslagern führte Deutschland schon seit 2011 regelmäßig Asylverfahren von Bewerbern durch, die über Griechenland eingereist waren. Eine Rückführung der Menschen in die griechischen Zustände, obwohl im Grundsatz nach den Dublin-Regeln geboten, erschien den deutschen Behörden oft als nicht zumutbar. So ist das mit den Regeln und den Deutschen: Mal spricht man von einem glatten Regelbruch, vor allem, wenn sich andere Länder über Vorschriften hinwegsetzen. Pacta sunt servanda, Verträge sind einzuhalten, ist dann vorzugsweise auf Latein aus Berlin zu hören. Und manchmal sind Regelbrüche etwas Tugendhaftes, vernünftiger Pragmatismus, eine humanitäre Geste. Und genau diese Sichtweise nimmt Deutschland in diesen Monaten für sich in Anspruch.

Im Sommer 2015 wird bekannt, dass das Bundesamt für Migration und Flüchtlinge intern Weisung gegeben hat, keine Schutzsuchenden aus Syrien mehr in das Einreiseland zurückzuschicken. Hat Deutschland die Grenzen damit geöffnet? Offiziell nicht, aber dieser Eindruck entsteht. Im August sagt die Kanzlerin auf ihrer Sommerpressekonferenz in Berlin den berühmten Satz: »Wir schaffen das!« Der Eindruck, Deutschland stehe offen, verstärkt sich weiter. Immer mehr Menschen machen sich auf den Weg. Richtung EU,

Richtung Deutschland. Es kommt zu chaotischen Zuständen – auch am Budapester Hauptbahnhof. Am 4. September erlaubt die Bundeskanzlerin die direkte Einreise der dort gestrandeten Flüchtlinge nach Deutschland. Ohne Registrierung und ohne vorherige Prüfung des Asylanspruchs. Wieder eine sehr menschliche Geste. Und eine, die Viktor Orbán viele Probleme abnahm – wofür er sich später allerdings nicht bedankte, sondern erst recht zur Attacke auf Merkel blies. War das alles gut? Unausweichlich? Menschlich geboten?

Ich möchte diese Fragen gar nicht weiter diskutieren. Über kaum etwas ist in Angela Merkels Amtszeit heftiger gestritten worden. Und wie man diese Fragen beantwortet, hängt letztlich auch vom eigenen Wertesystem ab. Ich möchte den Blick stattdessen auf die Wirkung dieser deutschen Entscheidungen auf Europa lenken. Die meisten EU-Staaten sind Verfechter einer härteren Linie in Sachen Zuwanderung. Im Zweifel lieber Festung Europa als Willkommenskultur. Aus ihrer Sicht hat Deutschland mit falschen, viel zu freundlichen Signalen die Anzahl der ankommenden Flüchtlinge massiv vergrößert. Es hat damit die ohnehin fragilen Dublin-Regeln obsolet gemacht. Es hat zu einer ideologischen Aufladung der EU beigetragen: Orbán gegen Merkel. Das war ab sofort die klarste Bruchlinie der Gemeinschaft. Es hat den Glauben an Mehrheitsentscheidungen in der EU schwer beschädigt, obwohl die verpflichtende Verteilung der vielen Flüchtlinge auf die einzelnen Länder zu beschließen per Mehrheitsabstimmung rechtlich möglich war. Und Deutschland drängte auch darauf, aber erst, als es sich selbst trotz »Wir schaffen das« nicht mehr in der Lage sah, die Anzahl der nach Europa kommenden Menschen zu bewältigen.

Als der Luxemburger Außen- und Migrationsminister Jean Asselborn während seiner EU-Ratspräsidentschaft eine entsprechende Abstimmung ansetzte und sich tatsächlich eine Mehrheit fand, weigerten sich Staaten wie Ungarn, Polen oder Tschechien dennoch, Menschen aufzunehmen. Im Prinzip wurde also durch deutsches Vorpreschen eine Situation geschaffen, die zentrale Elemente und Verfahren der europäischen Politik der Beliebigkeit ausgeliefert hat. Wer will sich als überstimmtes Land künftig an Mehrheitsentscheidungen halten, wenn Polen und Ungarn das auch nicht getan haben?

Und noch etwas ist passiert: Deutschland hat mit seiner Politik dafür gesorgt, dass in Ungarn erstmals auf dem Kontinent wieder Grenzzäune gebaut wurden. Ausgerechnet in dem Land, in dem 1989 zuerst der Eiserne Vorhang durchschnitten wurde.

Im Frühjahr 2019 stehe ich auf dem Dorfplatz von Mórahalom, einem Städtchen an der Grenze von Ungarn zu Serbien. 6000 Einwohner hat der Ort. In einem großen Kessel wird gerade sehr heißes, sehr fettiges und sehr leckeres Gulasch zubereitet. Ich soll erst mal essen, bevor wir über Flüchtlinge reden.»Am Anfang haben wir den Menschen geholfen«, sagt mir einer der Männer, mit denen ich auf der Bierbank sitze.»Sie hatten ja nichts. Waren Hunderte Kilometer gelaufen, mit Booten übers Meer gefahren. Sie haben mir leid getan.«»Aber dann«, so erzählen sie mir,»kamen immer mehr.« Sie zeigen mir Fotos auf ihren Handys. An manchen Tagen seien 10 000 Menschen aus Syrien, Afghanistan oder Pakistan durch ihren Ort gelaufen. Hier auf dem Dorfplatz war für einige Wochen alles voll mit Flüchtlingen.»Da haben wir die Türen zugemacht. Das war zu viel. Ich wollte nur noch, dass die Menschen verschwinden. Dass das aufhört. Wie konntet ihr Deutschen nur so ein Chaos anrichten?«

Ich probiere die Argumente, die dazu aus Berlin kommen: Deutschland habe die Grenzen nicht geöffnet. Es habe sie nur nicht geschlossen. Und es habe gerade Ungarn damit aus der Klemme geholfen. Die Männer winken ab, ihr Urteil über Deutschland steht.

Diesen Blick auf ein selbstherrliches Deutschland haben nicht nur ungarische Bürger am östlichen Rande der EU. Am Morgen des 8. September 2015 gibt der britische Politologe Anthony Glees im *Deutschlandfunk* ein bemerkenswertes Interview. Ich stelle das Radio lauter, so verdutzt bin ich ob der deutlichen Aussagen. »Es hat mich sehr überrascht«, beginnt der Wissenschaftler seine Einschätzungen über die Flüchtlingspolitik. »Weil Deutschland sich besonders während der Griechenland-Krise immer auf die Regeln begründet hat. Und das, was Frau Merkel und die Bundesrepublik im Hinblick auf Ungarn gemacht hat, schien widerrechtlich zu sein. Und das war ein großes Rätsel für viele Deutschland-Kenner und Deutschland-Freunde in Großbritannien.« Glees sieht Ursachen in der deutschen Geschichte. In offenen und verdrängten Schuldgefühlen, in einer unterbewussten Ahnung, man sei zu hart, zu kühl, zu technokratisch. Jetzt hingegen wolle Deutschland Menschlichkeit zeigen. »Ich glaube, es kann sein, dass Deutschland historische Gefühle hat, die den Briten ganz fehlen. Es kann sein, dass es in 2015 noch immer ein Gedächtnis gibt von dem, was vor dem Zweiten Weltkrieg 1938/39 passiert ist mit Flüchtlingen.« Und er fährt fort: »Man mag denken über die ungarische Regierung, was man will. Aber die Regeln sind da. Und wenn Deutschland sich nicht an die Regeln hält, dann, so wird behauptet, fällt die ganze Union auseinander.«

Ob sein Bild vom regeltreuen Deutschland jetzt in sich zusammenfalle, fragt der Moderator. Glees antwortet weiter klar und deutlich: »Die tektonischen Platten bewegen sich, wenn Deutschland sich als Hippie-Staat verhält, wo Deutschland nur von Gefühlen geleitet wird.« Und er verweist auf seinen eigenen Regierungschef in London, der zu diesem Zeitpunkt ja auch noch mit am Tisch der EU sitzt. David Cameron habe zu Recht im Unterhaus in Großbritannien gesagt, »Großbritannien muss natürlich mit dem Herzen, aber auch mit dem Gehirn handeln. Wenn Frau Merkel diese Politik betreibt, ganz anders als bei Griechenland – wo soll das ein Ende geben?«

Der Politologe aus London macht Perspektiven auf, die den ausschließlich pazifistisch-moralisch denkenden Deutschen völlig verschlossen sind. Er spricht davon, wie Großbritannien sich im Kampf gegen den Terrorismus nicht nur, wie es immer so schön heißt, »engagiert«, sondern ganz real, militärisch kämpft. Etwa gegen die Milizen des IS, des sogenannten Islamischen Staates. »Deutschland dagegen hält sich immer aus diesen Sachen heraus«, fährt Glees fort. »Aber dann zur gleichen Zeit zu sagen zu den verzweifelten, armen Völkern in Syrien und Irak: Bitte kommt in die Bundesrepublik, scheint vielen Briten unsinnig zu sein. Das wird dann nie aufhören.« Er spricht davon, was die Entscheidung langfristig auch für Folgen für Großbritannien hat. Derzeit könnten die Flüchtlinge nicht weiter auf die Insel. Doch der Status von Flüchtlingen in der EU werde sich schon rein rechtlich nach einigen Jahren ändern. »Nach fünf Jahren bekommen sie Ausweise, mit denen sie durch die ganze Europäische Union reisen können.« Deutschland treffe also heute einmal mehr einsam Entscheidungen, gegen deren Folgen sich andere, souveräne Demokratien in der EU kaum noch wehren könnten. Im konkreten Fall bedeutet das, dass Großbritannien die Flüchtlinge jetzt ausdrücklich nicht aufnehmen will, die Menschen aber über kurz oder lang Papiere bekommen werden, mit denen ihnen die Einreise nach Großbritannien juristisch nicht mehr zu verweigern ist. Glees setzt zum Finale furioso an: »Die Angst ist, dass der Charakter von Europa sich jetzt grundsätzlich ändern wird. Wenn es Deutschland einfällt, dass man Sondermaßnahmen, Ausnahmen machen soll, dann tut das Deutschland.« »Die Deutschen«, sagt er, »haben ihr Gehirn verloren.«

Ich muss das erst mal sacken lassen. Ein Interview, das all das zusammenfasst, was auch ich in Brüssel von vielen zu hören bekomme. Ein ungeschönter, knallharter Blick auf Deutschland, so wie ihn in diesen Jahren der Dominanz viele Europäer und Europäerinnen haben. Deutschland behauptet dagegen, es habe die Würde und Menschlichkeit der EU gerettet. Und es scheint mir nicht zu weit hergeholt, eine These aufzustellen: Die deutsche

Flüchtlingspolitik hat zumindest einen Anteil daran, dass die EU mit Großbritannien erstmals ein Mitglied verlor. Ich bin vorsichtig, denn monokausale Begründungen greifen immer zu kurz. Aber es gibt klare Hinweise, welche Bedeutung die Flüchtlingskrise hatte.

Das beginnt schon mit dem Termin für das Brexit-Referendum in Großbritannien. Lange hatte David Cameron ein solches seinen Wählern versprochen. Konkret angekündigt hat er es dann, als immer mehr Flüchtlinge nach Europa kamen. Den Termin der Abstimmung gab Cameron am 20. Februar 2016 bekannt: Am 23. Juni sollten die Bürgerinnen und Bürger entscheiden. Die britische Bank HSCB hatte vor der Verkündigung in einer Analyse geschrieben:»Premierminister Cameron muss das Referendum, ob Großbritannien in der EU bleiben oder gehen soll, schnellstmöglich abhalten, wenn er einen Brexit vermeiden will. Je mehr Flüchtlinge in Großbritannien ankommen, um so mehr facht das die Stimmung gegen die EU an.« Die Wirtschaftsanalystin Liz Martins konstatiert kurz darauf:»Umfragen zeigen, dass die Bilder von Flüchtlingen zumindest zeitlich zusammenfallen – mit höherer Unterstützung für den Brexit.«»Europe has failed us«, steht auf großen, sehr umstrittenen Plakaten der UK Independence Party in jenen Monaten. Als Foto im Hintergrund: lange Schlangen von Flüchtlingen. Es sind Bilder, die den Befürwortern des EU-Austritts in Großbritannien wie gerufen kommen. Perfektes Timing, sie kursieren genau in dem Moment, wo sie von Nigel Farage und anderen EU-Gegnern gebraucht werden.

Nur wenige Monate nach diesen Ereignissen, die die EU erbeben ließen, nicht mal ein Jahr nach dem Interview mit Anthony Glees, am 23. Juni 2016, sagten die Briten Ja zum Brexit. Das Ergebnis war denkbar knapp: 52 Prozent Leave. 48 Prozent Remain. Der endgültige Beweis für meine Überlegung wird sich nicht erbringen lassen. Aber wenn neben den anderen Gräben, die die Flüchtlingspolitik in ganz Europa aufgerissen hat, auch der Austritt Großbritanniens zu den Kollateralschäden gehört, dann war der Preis der deutschen Willkommenskultur wirklich gigantisch. Gerade wenn man den Brexit mit unserem heutigen Wissen betrachtet. Mit dem Wissen darum, dass in Europa wieder Krieg geführt wird und dass gerade deshalb überall die Beteiligung eines so wichtigen, militärisch starken, wirtschaftlich großen und diplomatisch bestens aufgestellten Landes wie Großbritannien gesucht wird. Eines NATO-, G7- und G20-Partners, eines engen Verbündeten Deutschlands, einer Atommacht und eines Mitglieds im Weltsicherheitsrat.

Allein im Élysée

»Deutschland hat ein Arroganz-Problem.« Das ist eine ziemlich harte Aussage, doch so titelt 2017 die Fachzeitschrift *Foreign Policy*: »Der moralische Kompass eines Landes ist für den Rest der Welt nur unerträgliche Selbstgefälligkeit.« Ein früherer britischer Botschafter in Deutschland veröffentlicht zur gleichen Zeit ein Buch mit dem Titel *Berlin rules*, Berlin herrscht. In diesem Umfeld wird in Frankreich am 7. Mai 2017 ein neuer Präsident gewählt. Einer, der mehr Zusammenarbeit, mehr Gemeinsamkeit in Europa will.

Emmanuel Macron unterbreitet einige Monate danach in einer Rede an der Universität Sorbonne in Paris zahlreiche konkrete Vorschläge. Von einer Europäischen Innovationsagentur über klare Spannen für Steuersätze bis hin zu einem eigenen Finanzminister der Euro-Zone. »Ich schlage Deutschland in erster Linie eine neue Partnerschaft vor«, spricht er Angela Merkel fast persönlich an. »Wir werden uns nicht immer in allen Dingen einig sein und nicht immer sofort. Aber wir werden über alles sprechen. Denjenigen, die sagen, es handele sich um eine unmögliche Aufgabe, antworte ich: Sie haben sich daran gewöhnt zu resignieren. Ich nicht!« Macron hat mit seinem Auftritt bewusst gewartet und den Termin auf den 26. September 2017 gelegt. Am 24. September, zwei Tage zuvor, haben die Deutschen einen neuen Bundestag und damit gleichzeitig die alte Kanzlerin gewählt. Angela Merkel bekommt ihre vierte Amtszeit. Doch die Hoffnung des Franzosen, seine Vorschläge würden von der neuen deutschen Regierung aufgegriffen, erfüllt sich nicht. Kein Wort aus Berlin zu seiner Rede. Kein Ja, kein Nein, kein Differenzieren – und schon gar keine Gegenvorschläge in ähnlicher Detailtiefe. Der französische Präsident macht sich die Mühe, die Herausforderungen der EU detailliert zu durchdenken, auseinanderzunehmen, konkrete Vorschläge zu machen. Er tut etwas, was so umfassend und reflektiert viel zu selten in der EU passiert. Und aus Berlin, von Angela Merkel, kommt nichts. Dröhnendes Schweigen in Reinform. Ein Schweigen, das sich sehr deutlich wie ein Nein anhört – und das den jungen französischen Präsidenten wie einen Bittsteller aussehen lässt, der naive Vorstellungen von der Uni mitgebracht hat. Macron will »über alles reden«, aber Berlin macht nicht mit.

Ich weiß aus dem Umfeld von Angela Merkel, wie sie damals darüber dachte: Ihre Antwort hätte tatsächlich fast immer Nein gelautet. Und da sei es doch für das deutsch-französische Verhältnis besser, Emmanuel Macron nicht auch noch öffentlich abblitzen zu lassen.

So verhält sich Deutschland in diesen Jahren. Nichtbeachtung als Gnadenakt. Als es aus Frankreich dennoch mehr und mehr Stimmen gibt, die eine Art Antwort auf Macrons Ideen erbitten, sieht sich mancher in Berlin provoziert. Die zweite Reihe der Berliner Politik geht zum Gegenangriff über. Wie wäre es, wenn Frankreich erst mal seine Atomwaffen europäisiert? Und seinen dauerhaften Sitz im Weltsicherheitsrat der EU überlässt?

Doch die Diplomaten in Brüssel sind entsetzt, als der Zustand der Sprachlosigkeit seitens der deutschen Regierung auch noch Wochen nach Macrons Rede anhält. Ihre Analyse: Deutschland braucht keine Veränderung, Deutschland braucht keinen großen Wurf. Die EU ist nicht perfekt, aber sie läuft gut – vor allem für Deutschland. »Und Deutschland scheut den Streit«, sagt mir eine Diplomatin. »Merkel glaubt einfach nicht, dass es möglich ist, die Verträge zu ändern. Und deshalb lässt sie es.«

Acht Monate nach Macrons Rede gibt Merkel in der *Frankfurter Allgemeinen Sonntagszeitung* ein Interview, das deutsche Regierungsvertreter als eine Antwort auf Macron zu verkaufen versuchen. Merkel spricht darin über einen Europäischen Währungsfonds. Wieder betont sie, der solle nicht von der EU-Kommission, sondern von den nationalen Parlamenten kontrolliert werden. Dass aus dieser Idee irgendetwas Konkreteres geworden wäre, ist mir nicht bekannt. Bei einem EU-Gipfel in jenem Jahr frage ich die Kanzlerin, wie weit ihre Ambitionen gehen. »Eine Änderung der EU-Verträge ist nicht ausgeschlossen«, antwortet sie mir trocken. »Aber sie ist auch kein Selbstzweck.« Dabei belässt sie es, bis sie 2021 das Kanzleramt verlässt.

750 Milliarden

Aber ein großer europäischer Moment Merkels kommt doch noch. Einer, der ganz beängstigend beginnt, aber historisch endet. Als im Frühjahr 2020 das Corona-Virus die EU erreicht, ist vielen Regierungen das nationale Hemd näher als die europäische Hose.

In Ungarn werden im März 2020 ohne Vorwarnung Grenzen geschlossen. Rumänische Fernfahrer, die gar nicht nach Ungarn, sondern nach Hause wollen und deren Route dafür durch Ungarn führt, stecken plötzlich in Österreich fest. Fast zwei Tage geht es weder vor noch zurück. »Wir haben kein Wasser mehr, es wird kalt, weil der Motor zum Heizen immer läuft und der Tank langsam leer wird«, klagen die Trucker in die Kameras.

Auch Deutschland reagiert scharf. Im Mai 2020 bin ich mit meinem Team im luxemburgischen Rosport. Oder im deutschen Ralingen. So genau kann man das gar nicht sagen. Denn die beiden Orte leben Europa so, wie es besser nicht geht. Sie sind förmlich verschmolzen. Ein gemeinsamer Brunnen. Ein gemeinsamer Sportplatz. Sogar eine gemeinsame Feuerwehr. Nur: Derzeit ist nichts mehr gemeinsam. Brunnen, Sportplatz, Feuerwehr liegen je nach Sichtweise entweder auf der richtigen oder auf der falschen Seite der Grenze, die man hier eigentlich längst vergessen hatte.

Der deutsche Innenminister Horst Seehofer hat die deutsch-luxemburgische Grenze als Front im Kampf gegen das Virus ausgemacht. Für acht Wochen ist sie weitgehend geschlossen – für alle, außer Berufspendler. Und die stehen wegen der deutschen Vorsicht stundenlang im Stau. Die Luxemburger halten das für unsinnig, da das Virus die Grenze ohnehin nicht bemerke. Anders als die Deutschen kontrollieren sie die Einreisenden in ihr Land nicht, während sich auf der deutschen Seite der Brücke über die Saur, den Fluß, der die Orte trennt, Beamte der Bundespolizei postiert haben.

»Die ersten drei Tage, als hier kontrolliert wurde, standen die Beamten dann wirklich mit Waffen da, die sie offen trugen. Auch bei der Kontrolle. Mit halbautomatischen Maschinenpistolen«, erzählt mir der deutsche Bürgermeister Alfred Wirtz. Und sein Luxemburger Kollege Romain Osweiler fügt hinzu:»Das hat für viel Unmut gesorgt.« Alte antideutsche Ressentiments seien wieder zu hören gewesen. Nazivergleiche.»Dinge, die es hier seit Jahrzehnten nicht mehr gab.«

Die vermeintlich besonders intelligente deutsche Gründlichkeit im Umgang mit dem Virus und die politische Arroganz gegenüber einem kleinen Nachbarn hinterlassen tiefe Spuren. Am Ende unseres Besuches wenden sich die beiden Bürgermeister direkt an die Regierung in Berlin. In unsere Kamera sagt Romain Osweiler:»Wir würden den Horst Seehofer ganz gern mal einladen in die

Grenzregion. Und ihm zeigen, wie wir hier funktionieren. Dass einer nicht ohne den anderen kann. Und dass wir uns auch so arrangiert haben unter den Gemeinden, aber ganz besonders unter den Menschen. Hier funktioniert das halt vielleicht etwas anders als in Bayern.« Sagt's und grinst.

Dass einer nicht ohne den anderen kann, wird in diesen Wochen der Pandemie an vielen Punkten deutlich. Und Deutschland zieht in der Anfangsphase nicht nur den Ärger des kleinen Luxemburgs auf sich, sondern auch den von Italien, von Österreich, den der Schweiz. Der Grund ist, dass Deutschland am 4. März 2020 den Export von Atemschutzmasken nur noch in eng gefassten Ausnahmefällen erlaubt. Gleiches gilt für Gummihandschuhe, Schutzanzüge und andere medizinische Ausrüstung. Erst müsse der »lebenswichtige Bedarf Deutschlands« gedeckt sein. So heißt das wirklich. Die Regel gilt ausdrücklich selbst für den Fall, dass durch den Exportstopp Menschenleben in anderen EU-Staaten gefährdet würden.

In Österreich empören sich die Landeshauptmänner. Die Schweiz bestellt den deutschen Botschafter ein. Und der italienische Regierungschef Giuseppe Conte redet Millionen Deutschen in einem ARD-Interview zur besten Sendezeit ins Gewissen: »Wir müssen vom Modell Europa sprechen. In diesem Moment schlagen wir eine Schlacht gegen einen gemeinsamen und unsichtbaren Feind. Alle Länder sind betroffen, alle stehen an der Frontlinie.« Und Conte fügt hinzu, dass Italien auch für die deutsche Sicherheit und Gesundheit kämpfe:»Wenn ein Vorposten zurückweicht, dann könnte sich der unsichtbare Feind im Inneren ausbreiten. Und alle Bemühungen, auch die von allen anderen, wären vergeblich.« Es ist nicht überliefert, ob Angela Merkel dieses Interview gesehen hat. Fest steht: Irgendwie kommt die Botschaft aus dem Palazzo Chigi in Rom im Berliner Kanzleramt an.

Acht Wochen später hat Merkel einen Plan ausgearbeitet: Gemeinsam mit dem französischen Präsidenten schlägt sie einen gewaltigen Corona-Hilfsfonds vor. Ein paar Monate und viele lange Brüsseler Gipfelnächte später steht das Projekt mit dem atemberaubenden Volumen von 750 Milliarden Euro. Für Merkel bedeutet es gleich mehrere Tabubrüche, Brüche mit der eigenen Politik der letzten 15 Jahre.

Der erste: Ein großer Teil des Geldes wird quasi verschenkt, muss von den Empfängerländern also nicht zurückgezahlt werden. In der Euro-Krise gab es das für Griechenland, Portugal, Irland und Zypern nicht. Der zweite Bruch: Für die Finanzierung darf die EU erstmals in größerem Umfang selbst Kredite aufnehmen. Es gibt nun also europäische Schulden. Das klingt für viele in Deutschland nach einem Problem, nach erneuter Verschwendung letztlich deutscher Steuergelder für klamme Südländer. Die alten Griechenland-Reflexe sitzen tief. Doch viele in Brüssel sehen in den gemeinsamen Schulden einen möglichen Startpunkt für eine deutlich tiefere Zusammenarbeit in der EU. Denn Geld verbindet. Der deutsche Finanzminister Olaf Scholz, der sich für den eigentlichen Erfinder des Projekts hält, das Merkel verkündet hat, spricht in diesen Wochen euphorisch von einem potenziellen »Hamilton-Moment«. Damit bezieht er sich auf den ersten US-Finanzminister Alexander Hamilton. Der legte die Schulden der einzelnen nordamerikanischen Ex-Kolonien nach dem Bürgerkrieg zusammen – und sorgte so in den USA mit dafür, aus den Staaten zunehmend Vereinigte Staaten zu machen. Und das dritte Tabu: Die Verwaltung des Geldes erfolgt nicht außerhalb der europäischen Institutionen, wie es Merkel all die Jahre immer so wichtig war. Sondern sie geschieht in deren Herzen, bei der EU-Kommission.

Ich bin mir nicht sicher, ob das auch so gewesen wäre, wenn zu diesem Zeitpunkt nicht die Merkel-Vertraute Ursula von der Leyen an der Spitze der Behörde gestanden hätte. Arrogant, eigensinnig und unsensibel gegenüber den Nachbarn – so war Deutschland aus Sicht vieler Europäer oft aufgetreten. Konnte es sein, dass sich das nun änderte? Dass Deutschland zu gewaltigen finanziellen Opfern bereit war, weil es den Zusammenhalt Europas im Kern bedroht sah? Oder war Merkel womöglich schlicht ein wenig sentimental geworden? Altersmilde? Nach so viel Härte, so viel »Nein!« und der berühmten Austerität? Jetzt ein Schritt zu auf die anderen? Jetzt, im absehbar letzten Jahr ihrer Kanzlerschaft?

Ich glaube, der Blick auf ihr europäisches Erbe, auf die Frage, was irgendwann einmal in den Geschichtsbüchern stehen wird, spielte durchaus eine Rolle. Politisch war das Projekt ein Erfolg: Es einte Europa nach der Flüchtlingskrise und nach dem Brexit wieder ein wenig. Es war ein Symbol, in den schwersten Momenten, bei einer beinahe biblischen Plage, zusammenzustehen. Die Zielrichtung, mit den Milliarden die europäische Wirtschaft gezielt anzukurbeln, mit grüner Technik und neuer digitaler Infrastruktur, ist im Grundsatz auch richtig. Doch gut gemeint ist nicht immer gut gemacht. Schon jetzt zeigt sich, dass die vielen Milliarden Euro keinesfalls effektiv genutzt werden. Der Europäische Rechnungshof kritisierte 2022 fehlende klare Ziele, Transparenz und Kontrolle. Viele Länder hielten auch Fristen nicht ein. Das Geld sollte schnell fließen, als blitzartiger Konjunkturimpuls nach Corona. Stattdessen wird vieles erst im Jahr 2026 ausgegeben, wo wir Maskenpflichten, FFP2 und Impfzentren schon lange, lange vergessen haben.

Ich bin generell skeptisch, die EU im großen Stil planwirtschaftlich zu transformieren. Ich bezweifele, dass es Beamte gibt, die heute genau wissen, was zu tun ist, damit in zehn Jahren alles besser läuft. Bisher tut NextGenerationEU niemandem weh. Das Geld ist geliehen, der politische Symbolwert war groß. Die praktischen Erfolge kommen (hoffentlich) später. Doch schon jetzt steigen die Zinszahlungen. Sie fressen Geld für Kredite, mit denen noch nichts passiert ist. Und bereits 2028 müssen dann erste Rückzahlungen erfolgen, Tilgungen aus dem laufenden EU-Haushalt. Dann wird man kritischer hinschauen und genauer wissen, wofür das Geld, das dann für andere Aufgaben fehlt, vor einigen Jahren ausgegeben wurde. Das ist das unangenehme Ende des gemeinsamen Schuldenmachens: das gemeinsame Zurückzahlen.

Dennoch: Unter dem Strich hat Deutschland unter der Kanzlerin eine gute Rolle in der Corona-Phase gespielt. Es hat angedeutet, dass es sich ändern könnte, bei aller Kritik. Der Vizepräsident der EU-Kommission, der Niederländer Frans Timmermans, sagt mir in einem Gespräch:»Die Deutschen haben es nicht leicht. Sie sind wie Bayern München beim Fußball. Sie sind gut, sie gewinnen immer – und gerade deshalb kann sie keiner leiden.« In Brüssel aber sehen es viele als einen Glücksfall, dass das wirtschaftsstarke Deutschland in der zweiten Hälfte des Corona-Jahres 2020 die EU-Ratspräsidentschaft innehatte. Auch Deutschlands Einsehen, dass es besser ist, die Impfstoffe gemeinsam zu bestellen, als sie sich dank des praller gefüllten Portemonnaies selbst schnell allein zu sichern, wird positiv registriert.»Wenn das nicht über Brüssel gelaufen wäre, hätten wir in die Röhre geschaut. Pfizer hätte nicht mal den Telefonhörer abgehoben, wenn wir angerufen hätten«, sagt ein EU-Beamter aus Malta.

Paradox

Kurz vor der Bundestagswahl im September 2021 veröffentlicht der European Council on Foreign Relations in Berlin eine Studie. »Beyond Merkelism« ist sie betitelt,»Über den Merkelismus hinaus«. Der Untertitel:»Was Europäer von Deutschland nach der Wahl erwarten«. Das Bild, das in der Untersuchung von Deutschland gezeichnet wird, ist erstaunlich freundlich. Vielleicht auch wegen der jüngsten Großzügigkeit?»Das könnte teilweise an der Corona-Krise liegen, in der Berlin den breitest möglichen Konsens gesucht hat und alle Interessen berücksichtigte«, schreiben die Autoren tatsächlich.»Ein anderer Grund könnte sein, dass

Europas Bürger sehen, dass Deutschland ein wirtschaftliches Kraftzentrum ist, das alle Krisen des letzten Jahrzehnts besser überstanden hat als viele andere europäische Staaten. Und das deshalb als Vorbild dienen kann.« Deutschland wird also als starkes und stabiles Land gesehen, das von Angela Merkel verkörpert wurde. Trotz aller heftigen Auseinandersetzungen um den Euro und die Flüchtlingspolitik halten viele der Befragten Deutschland für vertrauenswürdig und proeuropäisch. Deutschland müsse nach einer Zeit der Krisen stärker die Führung übernehmen, heißt es sogar explizit. Besonders bei einem Thema:»In jedem der untersuchten Länder steht die Wirtschafts- und Finanzpolitik an der Spitze der Politikfelder, in denen die Befragten es besonders Deutschland zutrauen, europäische Interessen zu verteidigen.«

Das mag aus zwei Gründen verblüffen:»Zum einen, weil die Unterstützung von Merkels Regierung für Austerität in der Euro-Krise, die Obsession mit Schulden und Deutschlands eigene, gewaltige Exportüberschüsse mehr Kritik hervorgerufen haben als jede andere Politik. Die deutsche Wirtschaftspolitik wurde vielerorts als das größte Problem der EU gesehen. Eines, das letztlich sogar zum Zerfall der EU führen würde.« Was unterm Strich nichts anderes heißt, als dass der deutsche Hegemon, der Wirtschaftskoloss, unter dem der Rest der EU so oft erdrückt zu werden glaubte, die Führung übernehmen soll. Und der zweite paradoxe Punkt ist, dass man das in der ganzen EU so sieht. In den Ländern, die nicht so wohlhabend sind, genauso wie in den reicheren Ländern:»Bürger aus Ländern mit unterschiedlichen Wirtschaftsphilosophien sehen Deutschland als Anwalt europäischer Interessen«, behauptet die Studie und liefert Zahlen zum Beleg.»In Ungarn (das nicht in der Euro-Zone ist) lag der Wert bei 50 Prozent, in Spanien (Empfängerland, das eine stärkere Fiskalunion will) bei 45 Prozent und in den Niederlanden (dem De-facto-Anführer der sparsamen Länder, auf Deutschlands Linie) bei 43 Prozent.«

Die anderen Themen, bei denen am ehesten Deutschland eine Führungsrolle einnehmen sollte? Nach der Wirtschaftspolitik mit insgesamt 36 Prozent Zustimmung folgen die Verteidigung von Demokratie und Menschenrechten (35 Prozent) sowie die Sicherheitspolitik und das Militär (27 Prozent). Am wenigsten Vertrauen haben die Europäer in die Instinkte der deutschen Außenpolitik.

Ganz unten in der Liste rangieren: Gestalten der Beziehung zu Russland (20 Prozent) und zu China (17 Prozent). Willkommen im nächsten Kapitel.

Kapitel 3

BLANK

Flugzeugträger-Parkplätze

Der mächtigste Mann der Welt taugt nicht als Ratgeber. Viel zu oft hat er gezetert und geschimpft. Hat unterstellt und gedroht, jede ernsthafte Glaubwürdigkeit verloren. Kein Funke Vertrauen ist geblieben. Darin, dass es Donald Trump um irgendetwas anderes ginge, als sich einen Gegner aufzubauen, einen Punchingball, an dem er sich dann wieder abarbeiten kann. »Deutschland ist böse«, hat er bei einem Besuch in Brüssel gesagt. Und dass Deutschland »bezahlen« müsse. Wie einst die Eiserne Lady Margaret Thatcher im Kreis der EU will nun er sein »Geld zurück« – Deutschland schulde der NATO und letztlich den USA riesige Summen. Immer wieder bekräftigen Trump und sein Außenminister Mike Pompeo die Forderung, Deutschland müsse mehr Geld fürs Militär ausgeben. Doch wie gesagt: Als Ratgeber taugt Donald Trump nicht. Allein die Tatsache, dass Trump fordert, Deutschland müsse mehr Wert auf seine Armee legen, politisch und finanziell, macht diese Forderung in den Ohren vieler Deutschen unglaubwürdig.

Es ist Donnerstag, der 4. April 2019. Im Harry-S.-Truman-Gebäude des U. S. Department of State in Washington treffen sich die Außenminister der NATO. Die Stadt blüht, die Sonne strahlt. Ein angenehmer Rahmen für eine Familienfeier auf den Tag 70 Jahre nach der Gründung des Bündnisses an genau jenem Ort. Doch die Wahl von Donald Trump gut zwei Jahre zuvor hat die NATO durchgerüttelt. Als Geschäftsmann beharrt er darauf, jede Nation müsse zwei Prozent der Wirtschaftsleistung für die Rüstung ausgeben. Der deutsche Außenminister Heiko Maas hat bei diesem Treffen im frühlingshaften D. C. keine gute Zeit. Die Blicke richten sich vor allem auf ihn. Lange hat sich Deutschland gegen die Forderung gewehrt.

Mal mit formal-juristischen Ausreden: Man habe beim berühmten Gipfel in Wales 2014 ja nur verabredet, die Verteidigungsausgaben müssten sich »in Richtung« zwei Prozent bewegen; und 1,2 Prozent gingen »in Richtung« zwei Prozent, nach 1,1 Prozent im Jahr zuvor. Mal auch mit Humor: Maas' Vorgänger Sigmar Gabriel verwies gegenüber seinen Außenministerkollegen bei seinem ersten Auftritt im NATO-Hauptquartier augenzwinkernd auf Platzprobleme. Er wisse gar nicht, wo er die ganzen Flugzeugträger hinstellen sollte, die Deutschland jedes Jahr bauen müsste, wenn die viertstärkste Wirtschaftsmacht der Erde tatsächlich zwei Prozent ihrer Wirtschaftsleistung in militärische Güter verwandeln würde.

Doch in den Apriltagen in Washington ist schon absehbar: Mit dieser Linie und den fehlenden Flugzeugträger-Parkplätzen wird Deutschland nicht mehr lange durchkommen. »Jetzt ist nicht die Zeit, müde Ausreden zu wiederholen, dass unsere Bürger keine höheren Verteidigungsausgaben wollen«, redet Mike Pompeo Heiko Maas öffentlich ins Gewissen, ohne ihn beim Namen zu nennen. »Jetzt ist die Zeit, dass jede Nation ihre Bürger überzeugt, dass diese Ressourcen wichtig sind, um unsere Sicherheit zu erhalten.« Dass die USA das sagen, ist vorhersehbar. Wie gesagt: Donald Trump taugt nicht als Ratgeber. Seine Forderungen an Deutschland aber teilen viele Europäer.

Genau das ist an diesem Tag mein Problem. Für die *Tagesschau* berichte ich aus der amerikanischen Hauptstadt und möchte unseren zehn Millionen Zuschauern deutlich machen: Trump steht nicht allein. Auch wenn wir uns über seine Forderungen lustig machen. Ich telefoniere, um einen anderen, einen glaubwürdigeren Gesprächspartner zu bekommen. Nach einiger Zeit sagt mir der damalige polnische Außenminister Jacek Czaputowicz zu. Er verlässt kurz die Sitzung, um meinem Team und mir auf den Gängen seinen Blick auf Deutschland zu erklären. »Deutschland ist unser Nachbar. Ein Freund. Wenn Deutschland stärker ist, fühlen auch wir uns stärker.« Czaputowicz sagt damit letztlich das Gleiche wie Trump. Aber aus seinem Mund klingt es deutlich überzeugender. Denn es zählt zum deutschen Grundkonsens, dass die Welt Angst hat, vor einem bewaffneten Deutschland. Vor dem, was wir schwarz-weiß vor uns sehen, eingebrannt in unser kollektives nationales Bewusstsein: deutsche Soldaten, die einen Schlagbaum in Polen öffnen, Springerstiefel, die marschieren. Und doch fordert der Außenminister Polens, des Landes, in dem die deutsche Wehrmacht so grausam gewütet hat, dass Deutschland endlich wieder eine stärkere Armee hat?

Ich spreche Polens Chefdiplomaten auf diesen Widerspruch an. Czaputowicz kann meinen historisch aufgeladenen Gedankengang kaum nachvollziehen. Das seien Gespenster von gestern, aus einer Welt, die lange vorbei sei. In Polen fürchte niemand, dass wieder Deutsche in Uniform einmarschieren würden. Aber man wisse, wie wichtig eine starke Bundeswehr sei, um in der NATO eine Abschreckung gegenüber Russland zu haben.

Ich frage ihn noch mal: Hat er keine Sorgen vor einem militärisch wieder erstarkten Deutschland? Die Antwort ist verblüffend klar: »Nein. Die alten Zeiten sind vorbei. Deutschland ist ja mittlerweile eine gefestigte Demokratie.«

Guten Morgen, Deutschland. Aufwachen. Ankommen in einer neuen Zeit. Ende des Dornröschenschlafs. Das sind für mich die Botschaften dieses Gesprächs. Hier, an dem historischen Ort, wo die NATO vor genau 70 Jahren aus der Taufe gehoben wurde. Das Ziel: »To keep the Americans in, the Russians out and the Germans down«, wie es der erste Generalsekretär des Bündnisses, Lord Hastings Ismay, damals ausgedrückt haben soll. Zumindest das mit den Germans soll sich ändern. Das ist Konsens an diesem Tag in Washington. Donald Trump taugt nicht als glaubwürdiger Ratgeber. Polen schon.

Das Böse

The Germans sind tatsächlich down, militärisch gesehen. Was der Rest Europas und auch die USA schon lange wussten, wird am Morgen des 24. Februar 2022 auf brutale Weise offensichtlich. Russland hat die Ukraine überfallen. Hunderte Panzer rücken von der belarussischen Grenze aus Norden auf Kiew vor. Auch im Osten greifen die Soldaten der russischen Armee an. Ihre Panzer sind oft mit einem weißen »Z« gekennzeichnet. Für viele Ukrainer wird dieses Zeichen binnen weniger Tage zum Symbol der Angst: so wie vor mehr als 80 Jahren das Hakenkreuz. Es herrscht wieder Krieg in Europa. Es herrscht wieder Krieg in Europa. Es herrscht wieder Krieg in Europa. Selbst wenn man es mehrfach ausspricht, kann man es an diesem Morgen nicht wirklich begreifen. Altmodischer, stahlschwerer, dreckiger Krieg. Mit Toten und Verletzten. Mit Menschen, denen Beine abgerissen werden. Mit jungen Rekruten, die in Panzern verbrennen. Mit Großmüttern, die plötzlich zwischen die Fronten geraten. Mit Kämpfen auf breiter Front, in einem Ausmaß, wie es das in Europa seit dem Zweiten Weltkrieg, seit 1945 nicht mehr gegeben hat. Die Welt, in der es sich Deutschland so lange bequem gemacht hatte, die Welt von Wirtschaftswachstum, Fortschritt, von internationalen Regeln und Konfliktlösungen auf Konferenzen ist fundamental erschüttert. Auch ich spüre es an diesem Morgen. So etwas wie das abstrakt Böse, das archaisch Brutale, Teuflische – das existiert tatsächlich. Auch unter der globalisierten, modernen Oberfläche unserer Welt. Heute kann es jeder sehen.

Und vor allem Deutschland muss schockiert sein. Begonnen hat diesen Krieg Russland. Das Land, mit dem Deutschland so lange gute Beziehungen pflegte. Das wir oft romantisiert haben. Das wir gern als Partner sehen wollten, während andere Länder längst warnten, Deutschland mache sich da etwas vor. Mit dem die Bundesrepublik noch eine weitere Gaspipeline durch die Ostsee bauen ließ, nachdem Russland bereits die Krim annektiert hatte und in blutigen Schlachten den ukrainischen Donbass in Schutt und Asche legte. Wie blind kann man sein? Ich nehme mich da selbst gar nicht aus. Es ist ein Moment, in dem vielen die Schuppen von den Augen fallen. An jenem Morgen schreibt der Heeresinspekteur der Bundeswehr, Generalleutnant Alfons Mais, einen schonungslosen Post auf der »Karriere-Plattform« LinkedIn. »Du stehst morgens auf und es herrscht Krieg in Europa.« Er geißelt die jahrelange Sparpolitik bei der Armee. »Die Bundeswehr, das Heer, das ich führen darf, steht mehr oder weniger blank da. Die Optionen, die wir der Politik zur Unterstützung des Bündnisses anbieten können, sind extrem limitiert.«

Allein die Tatsache, dass einer der höchstrangigen Soldaten Deutschlands an so einem Tag, unter diesen Umständen, mehr oder weniger privat und spontan, in derart deutlicher Form öffentlich auf einem sozialen Netzwerk schreibt, zeigt, wie groß der Frust ist. »Wir haben es alle kommen sehen«, schreibt Mais. »Und waren nicht in der Lage, mit unseren Argumenten durchzudringen. Die Folgerungen aus der Krim-Annexion zu ziehen und umzusetzen. Das fühlt sich nicht gut an! Ich bin angefressen!«

Ziemlich genau 60 Jahre vor diesem Morgen, am 9. Oktober 1962, hatte der *Spiegel* über den Zustand der Bundeswehr geschrieben. Der Titel damals lautete: »Bedingt abwehrbereit«. Die Geschichte erzählte, wie schlecht die deutsche Armee im Falle eines Angriffs aufgestellt gewesen wäre. »Bedingt abwehrbereit«. Zu Zeiten eines Verteidigungsministers Franz Josef Strauß folgte auf eine solche Enthüllung eine Staatskrise. Gegen die Reporter wurde gar wegen

Landesverrats ermittelt. Heute sagt der Heeresinspekteur, die Bundeswehr sei »blank«. Für mich klingt das noch katastrophaler als »bedingt abwehrbereit«. Doch auf die Idee, ihm zu widersprechen, ihm gar Ermittlungen anzudrohen, weil er ein Staatsgeheimnis ausgeplaudert haben könnte, kommt zum Glück niemand. Leugnen ist zwecklos, Mais hat recht. Russlands Krieg hat vieles offensichtlich gemacht. Gerade das, was man lange nicht sehen wollte.

Last goodbye

Noch bevor Alfons Mais an diesem Abend wieder ins Bett geht, treffen sich in Brüssel schon die Staats- und Regierungschefs der EU zu einem Sondergipfel. Häufig gibt es bei diesen Treffen eine Spannung, eine Dramatik. Heute fühlt sich alles nur dumpf an, beklemmend. »Das ist nicht nur ein Krieg gegen die Ukraine. Es ist ein Krieg gegen Europa. Gegen die Demokratie. Gegen die internationale Friedensordnung«, sagt Litauens Präsident Gitanas Nausėda bei seiner Ankunft in unser Mikrofon. Und der slowenische Regierungschef Janez Janša deutet an, was auf die EU zukommt. »Wir müssen der Ukraine jetzt helfen, sich zu verteidigen. Wir müssen sie auf humanitärer und wirtschaftlicher Ebene unterstützen. Aber eben auch militärisch.« Aber wer soll das tun? In Deutschland wurde heute von oberster Ebene bestätigt, die Bundeswehr sei blank.

Bereits am Abend werden weitreichende Wirtschaftssanktionen verabredet. Russische Banken dürfen keine Geschäfte mehr in der EU machen. Der Export von Hightech-Gütern nach Russland wird verboten. Güter, die Russland braucht, um Öl und Gas zu fördern. Doch einen ganz harten Schnitt vermeiden die Regierungschefs. Gut zehn Kilometer südlich vom Brüsseler Tagungsgebäude, im Städtchen La Hulpe, sitzt hinter hohen Zäunen das Unternehmen Swift. Es wickelt weltweit Zahlungen ab. Das Wort

»Swift-Code« kennt man vom Ausfüllen von Überweisungen. Der Code ist so etwas wie eine weltweite Adresse für jede Bank. Banken, die nicht über Swift verbunden sind, haben es schwer, Zahlungen aus dem Ausland zu bekommen. Viele Staaten aus dem Osten der EU fordern, wer einen Krieg beginne, müsse aus diesem System ausgeschlossen werden. Russische Banken sollen verbannt werden. Der deutsche Kanzler Olaf Scholz ist an diesem Abend dagegen. Zum einen, weil deutsche Unternehmen in großen Mengen Öl und Gas aus Russland beziehen. Und in Koffern voller Bargeld wird man die künftig wohl kaum bezahlen können. Zum anderen hat Deutschland grundsätzliche Bedenken. Dass Lieferungen weltweit problemlos bezahlt werden können, ist sehr wichtig für eine Exportnation wie Deutschland. Wenn ein unpolitisches, neutrales, rein kommerzielles System wie Swift jetzt als politische Waffe eingesetzt wird, um Russland zu strafen, könnte es sein, dass sich mittelfristig Länder davon abwenden.

Es ist Krieg in Europa. Und jenseits von mangelnden Waffen und marodem Militär sieht Deutschland, wie die Welt, auf der sein Erfolg beruht, jetzt ins Wanken gerät. Wolodymyr Selenskyj, der Präsident der Ukraine, ist den Staats- und Regierungschefs an diesem Abend per Video aus dem angegriffenen Kiew zugeschaltet. Er schildert die Lage und bittet um Hilfe. Selbst die sonst so abgebrühten Spitzenpolitiker haben Gänsehaut. »Er hat uns gesagt, er wisse nicht, ob er noch einmal mit uns sprechen kann«, erzählt hinterher Luxemburgs Regierungschef Xavier Bettel. Während der Bundesregierung klar wird, was sich alles verändern könnte, muss und wird, weiß Selenskyj nicht mal, ob er in 24 Stunden noch am Leben ist.

Heute wissen wir, wie entschlossen die Ukrainer ihr Land verteidigen. Damals aber gingen fast alle Militärs, Politiker, Experten und auch Journalisten davon aus: In wenigen Tagen wird der Krieg vorbei sein. Russland wird Kiew einnehmen, die Ukraine hat keine Chance. Irgendwann in der Nacht, nachdem Selenskyj per Videokonferenz auf dem EU-Gipfel gesprochen hat, tritt er noch einmal vor eine Kamera. Beziehungsweise: Er hält sie diesmal selbst in der Hand. In olivgrünem T-Shirt und Militärjacke nimmt er im Selfie-Modus mit seinem Smartphone ein Video auf, mitten in Kiew. Neben ihm quetschen sich unter anderem sein wichtiger Berater Mychajlo Podoljak, der Ministerpräsident Denys Schmyhal und der Leiter der Präsidialverwaltung Andrij Jermak ins Bild. Das gelbe Licht der Straßenlaternen und das Grün der Uniformen vermischen sich zu einer warmen Einheit – ein Kontrast zur sichtlich kühlen Winternacht und der noch gespenstischeren Atmosphäre, die die russische Aggression über Kiew gebracht hat.»Wir sind hier. Wir sind alle hier.« Der Ministerpräsident hält sein Mobiltelefon nach oben, dreht es Richtung Kamera, als wolle er durch das Zeigen der Uhrzeit die Echtheit der Aufnahme betonen.»Unsere Soldaten sind hier. Unsere Bürger sind hier«, sagt Selenskyj.»Wir verteidigen unsere Unabhängigkeit. Und so wird es bleiben.« Der Präsident endet mit den Worten, die nur Stunden später die ganze Welt kennen wird:»Slava Ukraini – Ruhm der Ukraine.«

Die Ukraine gibt nicht auf. Selenskyj und sein engster Kreis fliehen nicht aus dem Land. Der kurze Auftritt wird in die Geschichte eingehen. Und der Mut, den die Männer dort ausstrahlen, wird Ansporn werden für alle Unterstützer der Ukraine. Für alle, die vielleicht noch einen Moment abwarten wollen, wohin sich das alles entwickelt. Wenig lässt sich über die Folgen des Krieges sagen. Aber eins ist jetzt schon sicher: Wären Selenskyj und sein Team in jener Nacht nicht geblieben, sähe die Welt heute anders aus. Die Debatten um Waffenlieferungen hätte es wahrscheinlich nie gegeben. Die Leopard-II-Panzer wären uns kein Begriff. Und was Iris-T ist, wüssten wir schon gar nicht. Russland hätte eine neue Regierung in Kiew installiert. Und die NATO müsste sich ernsthaft fragen, wie sie verhindern könnte, dass ein siegreiches Russland, nach dem es die Ukraine geschluckt hätte, noch mehr Appetit entwickelte – vielleicht auf frühere Sowjetrepubliken wie Estland, Lettland oder Litauen. Wir säßen einem selbstbewussten, selbstgewissen Putin gegenüber. Und wir müssten wohl irgendwie auf ihn und seine Forderungen eingehen. Dass es nicht so ist und wir Zeit haben, uns zu verstärken, zu sortieren, haben wir Selenskyj und dem beginnenden Kampf der Ukrainer zu verdanken.

Leider konnte ich nie herausfinden, ob es womöglich auch die Gespräche mit Europäern und Amerikanern in jener ersten Kriegsnacht waren, die Selenskyj zu diesem Facebook-Video inspiriert haben. Ob er durch die Telefonate und Calls mit Brüssel und Washington etwas erfahren oder gespürt hat, was ihm den Glauben gab: Wir können es schaffen!

Überschall

In den kommenden Tagen arbeiten EU und NATO in einer Geschwindigkeit, die ich nicht für möglich gehalten hätte. Am Donnerstagmorgen hatte Russland seinen Feldzug begonnen. Am Abend des ersten Kriegstages wurden beim EU-Gipfel schon Wirtschaftssanktionen beschlossen. Am Freitag schaltet sich die NATO per Videocall zusammen. Die USA beschwören die Einheit. Und vor allem: Joe Biden versichert den Europäern, dass er auf der Seite der Ukraine steht. Und dort hilft, wo andere »blank« sind.

Am Samstag koche ich gerade Pasta, als mein Telefon klingelt. Ein Informant berichtet mir von Beratungen zwischen der EU-Kommission, einzelnen Mitgliedsstaaten und den USA. Ich kann es fast nicht glauben, was da im Berlaymont, dem Sitz der EU-Kommission, geplant wird. Nicht mal einen Kilometer entfernt von meiner Wohnung. Dass Putin sich den Krieg zutraut, liegt auch daran, dass der russische Staat reich geworden ist. Über Jahre wurde mit dem Verkauf von Öl und Gas die Staatskasse gefüllt. Doch der Verkauf lief stets in Dollar – und die sind in Russland kein Zahlungsmittel. Vereinfacht gesagt, liegen sie deshalb bei den

Zentralbanken weltweit, sozusagen auf Russlands Konten. Und genau dort will man jetzt ansetzen: Der Transfer des Geldes soll blockiert werden. Der Schatz, den Putin zu besitzen glaubt, wäre plötzlich nicht mehr zugänglich. Es ist ein unglaublicher Vorgang. Ich versuche, eine weitere Bestätigung zu bekommen. Doch so konkret kann mir das niemand sonst versichern, es sind nur ganz wenige Personen an den streng geheimen Verhandlungen beteiligt. Nur, dass im Berlaymont gerade rund um die Uhr gearbeitet wird, will man mir bestätigen – und dass man weitreichende Schritte plane, womöglich gar unter Einbeziehung der Zentralbanken. Ich informiere die *Tagesschau*, es ist schon nach 19 Uhr. Die Pasta muss stehen bleiben, wir werden vorsichtig berichten.

Ich gehe zu Fuß ins Studio, unterwegs weitere Telefonate. Gut 45 Minuten später erkläre ich in einer Liveschalte den komplizierten Sachverhalt. Etwas weniger detailliert, als es möglich wäre. Damit es halbwegs verständlich bleibt – aber auch, um nicht versehentlich zu verraten, wer meine Quelle war. Normalerweise habe ich einen sehr ruhigen Puls bei diesen Schalten. Selbst bei zwölf Millionen Zuschauern, man sieht sie ja nicht. Heute Abend aber spüre ich die Halsschlagader unter meinem Hemdkragen pochen. Ich berichte über einen spektakulären Sanktionsschritt. Ein unerhörtes, nie da gewesenes Vorgehen der EU. Es wäre wirklich gut, wenn meine Informationen korrekt sind. Direkt nach dem Auftritt in der *Tagesschau* rufen mich Dutzende Kollegen an, sogar Minister. Woher ich das wisse. Es gebe nirgends eine Meldung dazu, geschweige denn eine offizielle Bestätigung. Man müsse doch sehr vorsichtig sein mit solchen Dingen. Und außerdem sei eine Einbeziehung von Zentralbanken doch recht abwegig.

Ich kann leider nicht groß argumentieren, schließlich will ich auf keinen Fall meinen Informanten offenlegen. Aber ich weiß, was ich weiß. Und von wem. In den *Tagesthemen* zu späterer Stunde berichten wir erneut. Und irgendwann in der Nacht bestätigt die EU-Kommission neue Sanktionen – genau so, wie ich es berichtet habe. Die Nachrichtenagenturen senden Eilmeldungen. Putin ist offenbar überrascht und getroffen. Kurz darauf setzt er die Atomstreitkräfte in erhöhte Alarmbereitschaft.

Tags darauf mache ich einen Filmbeitrag für die *Tagesschau*, der das Ganze noch mal in Ruhe verständlich macht. Für den Bericht führen wir mithilfe der Kollegen in Frankfurt ein Interview mit Joachim Nagel, dem Präsidenten der Bundesbank:»Das sind die stärksten Maßnahmen, die ich so kenne, die jemals international ergriffen wurden. Und die werden ihre Wirkung nicht verfehlen.« Ich kann es kaum glauben: die stärksten Maßnahmen, die je ergriffen wurden. Von der EU. In wenigen Stunden. Der Krieg macht die Gemeinschaft in Überschallgeschwindigkeit handlungsfähig und -bereit. Zugleich bin ich erleichtert, alles hat gestimmt, die Informationen waren korrekt.

Hardware

Mit immer neuen Runden wird die EU und damit auch die Bundesrepublik in den kommenden Monaten die Sanktionen gegen Russland verschärfen und ausweiten. Meistens läuft das nach dem gleichen Schema ab: Die baltischen Staaten, Estland, Lettland und Litauen, allesamt frühere Sowjetrepubliken, und Polen machen Druck. Sie treten forsch auf, oft und gern mit dem Sendungsbewusstsein der wahren Verteidiger europäischer Werte. Sie meinen es ernst. Aber sie genießen es auch, als Länder mit teilweise nur gut einer Million Einwohnern wie die unerschrockene Avantgarde zu wirken. Die EU-Kommission, die mit ihrer Präsidentin Ursula von der Leyen eng an der Seite der Ukraine steht, greift die Vorschläge meist nach einer gewissen Abklingzeit auf. Dann gibt es Bedenken, häufig aus den größeren Staaten. Denn dass Wirtschaftssanktionen gegen Russland immer auch Folgen in Europa haben, spüren die wirtschaftlich starken Länder, Deutschland, Frankreich, manchmal Italien, am deutlichsten. Sie wollen Russland gern weiter unter Druck setzen, aber sich dabei auch nicht mehr als nötig und durch eigene Dummheit selbst schaden. Auch Ungarn hat immer wieder Einwände. Oft eher politische, da Regierungschef Orbán sich gern als Freund Russlands zeigt. Manchmal aber auch ganz praktische, legitime. Man kann nicht sofort auf Gasimporte verzichten, dann bricht die Wirtschaft zusammen, meint Deutschland. Atombrennstäbe vom russischen Anbieter Rosatom sind für die eigenen Kernkraftwerke unverzichtbar, heißt es aus Finnland, Frankreich, Tschechien. Wenn wir die Ölpipeline aus Russland schließen, haben wir gar kein Öl mehr, sagen die Ungarn: Wir haben weder eine Pipeline aus einer anderen Richtung noch einen Hafen, in dem Tanker anlegen könnten. Und Belgien kämpft um seine Diamantenindustrie, die Steine aus Russland verarbeitet. Am Ende finden sich die Europäer aber doch stets zusammen für ein neues Sanktionspaket.

Doch neben der Arbeit an einer neuen Politik, an adäquaten Reaktionen auf das russische Vorgehen öffnet sich der Blick: Die Frage wird gestellt, was in der Vergangenheit geschehen ist, dass die heutige Lage so ist, wie sie ist. Vor allem deutsche Fehler werden jetzt sichtbar, die Rückschau wird schmerzhaft und mitunter auch peinlich. Besonders die heruntergesparte Bundeswehr steht da wie ein Monument jahrzehntelanger Fehleinschätzungen.

1952 gab die Bundesrepublik nach einer Aufstellung des Friedensforschungsinstituts SIPRI in Stockholm 4,2 Prozent ihrer Wirtschaftsleistung für Verteidigung aus. Die Zahl stieg danach an, bis 1963 auf 5,2 Prozent. Unter Willy Brandt, immerhin als Friedenskanzler bezeichnet und mit dem entsprechenden Nobelpreis ausgezeichnet, liegen die Verteidigungsausgaben um Längen vor den heutigen Werten. 1974 sind es 3,5 Prozent des Bruttoinlandsprodukts. Im Jahr des Mauerfalls 1989 weist das Institut noch 2,7 Prozent aus. Danach sinken die deutschen Ausgaben für Verteidigung weiter. Teilweise bis auf 1,2 Prozent. Deutschland geht über die Jahre eine riskante Wette ein: Krieg gibt es nicht mehr. Sich trotzdem darauf vorzubereiten wäre Geldverschwendung. Und Panzer sind die teuerste vorstellbare Altmetallsammlung. Ich selbst habe die generelle Einstellung, Militär sei etwas von gestern, nie verstanden. Schon aus rein empirischen Gründen. Auf Youtube gibt es einen Videoclip, der die Veränderungen der Grenzen in Europa im Zeitraffer zeigt:»The History of Europe: Every Year«. Rund 30 Millionen Menschen haben sich das angesehen, viele deutsche Außen- und Verteidigungspolitiker waren offenbar nicht darunter. Der Clip zeigt elf Minuten lang, zurückgehend bis ins Jahr 400 vor unserer Zeitrechnung, wie sich die Grenzen auf dem Kontinent verschieben. Jahr für Jahr. Die Farben flackern im Zeitraffer wild hin und her. In Spanien entsteht ein Emirat. Frankreich wird riesig und wieder klein. Das Heilige Römische Reich steht auf einmal als großer Block mitten auf dem Kontinent. Das heute kleine Litauen wird plötzlich ein großes Königreich. Es ist faszinierend, diese Bewegungen zu sehen, die nur ganz selten einmal kurz zum Stillstand kommen. Irgendwas ist immer in 2400 Jahren. Für mich zeigt diese Karte: Die Kräfte der Veränderung, auch die der potenziell gewaltsamen Veränderung, wirken immer. Der Gedanke, das wilde Gezappel der Farben und Flächen auf der Landkarte könnte nun für alle Zeit vorbei sein, nur weil wir die EU und die NATO haben, erscheint mir abwegig. Auch wenn Deutschland viele gute, sehr gute Jahrzehnte erlebt hat: Die Welt dreht sich weiter, Grenzen können und werden sich verschieben. Machtverhältnisse auch. Und darauf muss man vorbereitet sein.

Am 15. März 2022, knapp drei Wochen nachdem Russland seinen tödlichen Feldzug in der Ukraine begonnen hat, tritt in Berlin Eva Högl vor die Presse. Sie ist die Wehrbeauftragte der Bundesregierung. Eine ihrer wichtigsten Aufgaben ist die Erstellung eines jährlichen Berichts zum Zustand der Bundeswehr. Der sieht mal wieder nicht gut aus, das sind die Journalisten seit vielen Jahren gewohnt. Doch jetzt, mit den Bildern aus Kiew und Odessa im Kopf, mit den Szenen aus Tschernihiw und Kherson vor Augen, sinkt jedes einzelne Wort Högls so viel tiefer ins Bewusstsein.

»Sehr bestürzt haben mich Berichte von Soldatinnen und Soldaten über materielle Defizite«, verliest Högl. »Die Einsatzbereitschaft von Großgeräten betrug teilweise nur knapp 50 Prozent.« Ins zivile Leben übersetzt heißt das: Man hat ein Auto, aber es ist die Hälfte des Jahres kaputt, es ist eine Schrottkarre. Das ist schwarz auf weiß die Lage bei der Bundeswehr. Und das seit vielen Jahren. Der Mangel ist Routine geworden. Doch Högls verheerender Bericht bezieht sich nicht nur auf technisch komplexe und damit vielleicht pannenanfällige Hubschrauber. Oder auf jahrzehntealte Panzer. Sie sagt auch: »Alltägliche Ausrüstungsgegenstände wie Schutzwesten oder Winterjacken wurden mitunter erst in das Einsatzgebiet nachgeschickt.« Nicht mal in den Einsatz gehen deutsche Soldaten also mit allem, was sie brauchen. Es ist kaum zu glauben. Die viertgrößte Industrienation der Erde, eine globale Wirtschaftsmacht, hat keine Winterjacken. Beziehungsweise: Sie findet es offenbar nicht so wichtig, sie zu haben. Es hat einfach keine Priorität. »Das ist völlig inakzeptabel und muss verbessert werden«, fordert Högl. »Im Ernstfall riskieren unsere Soldatinnen und Soldaten im Einsatz ihr Leben. Dafür haben sie Anspruch auf bestmögliche und vollumfängliche Ausstattung.«

Dass es diese vollumfängliche Ausstattung nicht mehr gibt, hat viele Ursachen. Nach dem Ende des Kalten Krieges, nach dem Zusammenbruch der Sowjetunion verschwand in Deutschland die Angst vor einem großen europäischen Krieg. Vom Ende der Geschichte sprachen sogar einige Politikwissenschaftler. Und auch die Deutschen glaubten und hofften gern, dass die flackernde Youtube-Landkarte ihren Endzustand erreicht habe. »Wir sind von Freunden umzingelt«, sagte 2005 Bundespräsident Johannes Rau. Zudem wusste Deutschland die USA fest an seiner Seite. Das

Gefühl der Sicherheit der Bundesrepublik schien unerschütterlich. An militärische Bedrohungen zu denken wirkte absurd.

Neben diesem sicher wichtigsten objektiven Grund für die deutsche Selbstabrüstung spielt noch ein anderes Motiv eine Rolle. Deutschland spart vor allem enorme Summen Geld. 1,1 Prozent des Bruttoinlandsprodukts für Verteidigung – verglichen mit früher 2,7 Prozent oder gar 5,2 Prozent wie in den 1960er Jahren: Das bedeutet freie Mittel von mehr als 100 Milliarden Euro, jedes Jahr – Mittel, die das Land andernorts effektiv einsetzen kann. Außerdem baut Deutschland bewusst sein Image als zivile Macht auf. Mit Berlin verhandelt man, mit Berlin schließt man Verträge. Berlin schießt nicht. Und ich wage auch die These, dass der von George W. Bush 2003 begonnene Irak-Krieg das Militär in Deutschland weiter diskreditiert hat. Er war widerrechtlich, nicht erfolgreich, hat Zehntausende Iraker und auch Tausende Amerikaner das Leben gekostet, ein Land zerstört und Hunderte Milliarden Dollar verschlungen. Deutschland hatte sich unter Kanzler Schröder von Anfang an dagegen ausgesprochen.»Für Abenteuer«, wie er es damals formulierte, war Deutschland nicht zu haben. Und für Abenteuer war man am besten auch gar nicht erst ausgerüstet.

Zeitenwende

Und nun doch. Es gibt wieder Krieg. Russlands Panzer rollen. Als wolle er dem, was jetzt an Kritik kommt, von Anfang an den Boden entziehen, hält Olaf Scholz am 27. Februar 2022, drei Tage nach Beginn des Überfalls auf die Ukraine, eine Rede im Bundestag.

»Wir erleben eine Zeitenwende«, sagt der Kanzler.»Das bedeutet: Die Welt danach ist nicht mehr dieselbe wie die Welt davor.« Scholz sieht müde aus. Noch am Abend zuvor war er involviert, die historischen Sanktionen auszuarbeiten, die meine Halsschlagader so zum Pochen gebracht haben.»Wir schneiden russische Banken von der Finanzierung ab.«Scholz beschreibt, dass Putins historisierende Texte und seine aggressiven Reden im russischen Fernsehen für ihn keinen Zweifel mehr lassen:»Der russische Präsident will ein russisches Imperium errichten.« Daraus ergebe sich die Notwendigkeit, dass Deutschland seine Fähigkeiten den russischen anpasse – um dieser»Bedrohung zu begegnen«.»Die Bundeswehr braucht neue, starke Fähigkeiten.« Als der Kanzler das sagt, geht ein Raunen durch den Bundestag. Es ist über Jahre zur Gewohnheit geworden, sich lustig zu machen, wenn in diesem Haus von einer starken Bundeswehr gesprochen wird. Doch nach ein, zwei Sekunden dreht die Reaktion: Es gibt Beifall. Scholz kündigt eine Kraftanstrengung an. Den Aufbau einer modernen, leistungsfähigen Armee. 100 Milliarden Euro zusätzlich für die Bundeswehr.»Flugzeuge, die fliegen. Schiffe, die in See stechen. Soldatinnen und Soldaten, die für ihre Einsätze optimal ausgerüstet sind.« Die berühmten zwei Prozent für Verteidigungsausgaben sollen ab sofort jedes Jahr eingehalten werden.»Darum geht es. Und das ist ja wohl erreichbar für ein Land unserer Größe und unserer Bedeutung in Europa.«

Es brauchte einen Krieg, damit Deutschland an den Punkt kommt, an dem es sich Polens Außenminister Czaputowicz damals, an jenem Frühlingstag in Washington 2019, schon gewünscht hätte. Und sein Amtsvorgänger Radosław Sikorski noch viel früher:»Deutsche Macht fürchte ich heute weniger als deutsche Untätigkeit«, sagte Sikorski schon am 28. November 2011 im Allianz Forum in Berlin. Damals ging es um den Erhalt des Euro. Als wichtigste europäische Wirtschaftsnation sei Deutschland in der Pflicht,»eine Führungsrolle« zu übernehmen. Sikorski sprach an jenem Abend von Deutschland als der»unverzichtbaren Nation«. Es scheint, als würde Deutschland das jetzt verstehen.

Kapitel 4

LEBENSLÜGEN

Das beste Land der Welt

»Germany is the best country in the world.« Mit dieser Überschrift wird Deutschland im Winter 2016 global auf den Sockel gehievt. Für die Umfrage, erstellt unter anderem von der Wharton School of the University of Pennsylvania, wurden 16 000 Entscheider aus 32 Ländern befragt. Politiker, Manager, Künstler. Beim Weltwirtschaftsforum im verschneiten Schweizer Davos wird das Papier präsentiert, das uns Deutschen so schmeichelt. Der Mittelstand ist stark. Wir haben bekannte Marken wie Mercedes und BMW. Die Flüchtlingspolitik der Kanzlerin spaltet zwar Europa, kommt weltweit aber gut an. Deutschland ist zu jener Zeit Fußballweltmeister. Ein Titel, dessen Soft Power nicht zu unterschätzen ist: Was muss in den Deutschen stecken, wenn sie Brasilien 7:1 überrollen? Und das so leichtfüßig und schön. Die Lebensqualität in Deutschland sei gut. Das beste Land der Welt eben. Danach, aber schon schlechter, folgen Kanada, Großbritannien und die USA. Solche Schlagzeilen tun gut, und wir glauben sie gern. Spätestens in der Corona-Zeit aber zeigt sich, dass vieles in Deutschland nicht mehr funktioniert. Das deutsche Image ist offenbar Weltklasse, die Realität in kleinen, ganz praktischen Dingen nicht.

Belgium rules

Schon der angebotene Zeitplan lässt keinen Raum für Missverständnisse. 9:04 Uhr. 9:07 Uhr. 9:10 Uhr. 9:13 Uhr. In Drei-Minuten-Schritten ist der Tag durchgetaktet. Von früh am Morgen bis spät am Abend. Mit viel Enthusiasmus habe ich die Website der Brüsseler Gesundheitsbehörden gerade aufgerufen, endlich Licht am Ende des für uns alle so langen Covid-Tunnels. Die erste Impfung. Jetzt gilt es auszuwählen. 9:13 Uhr passt. Ich klicke an, bestätige. Mein Impftermin steht. Morgen früh um 9:13 Uhr. Schon die ungewöhnlich exakte Uhrzeit signalisiert unmissverständlich, wann ich da sein soll. Nicht eine Stunde vorher, um vielleicht auf Nummer sicher zu gehen. Und auch nicht 30 Minuten später. Belgien, das Land, das es wirklich nur selten ganz genau nimmt, arbeitet hier wie eine Präzisionsmaschine.

Zur gleichen Zeit lese ich aus Deutschland Berichte über Gedränge in den Impfzentren. Über stundenlanges Warten in Hotlines, um überhaupt einen Termin zu ergattern. Über Versuche, mit Vitamin B und guten Kontakten zu Ärzten vorzeitig an den begehrten Schutz gegen eine Covid-Erkrankung zu kommen und damit natürlich auch an das von der EU frühzeitig angeschobene Zertifikat, das endlich wieder ein unkompliziertes Reisen verspricht.

Am 12. Mai 2021 ist es so weit. Vor der Turnhalle einer Schule im Stadtteil Woluwe-St. Lambert stehen zehn, zwölf Menschen. Die Stimmung ist entspannt, ich frage mich, ob das hier wirklich das Impfzentrum ist. Es ist 9:05 Uhr, als ich näher trete. »C'est pour 9 heures 7?«, fragt mich ein Helfer am Eingang. »Sind Sie für 9:07 Uhr da?« Nein, für 9:13 Uhr. Ich muss mich kurz gedulden. »9:07?« fragt er etwas lauter in die Runde. Vier Männer nicken. Der Helfer auch – und weist mit einer lässigen Handbewegung den Weg in den Flur. Auf jeden Timeslot sind vier, fünf Leute gebucht.

Gedränge gibt es keins. Keinen Stress mit zu vielen Leuten vor der Tür. Auch drin läuft alles wie am Schnürchen. Eine Krankenschwester bedeutet mir, dass ich meinen gelben Impfausweis gleich wegstecken kann. Und meinen seit der Geburt alle meine Impfungen verzeichnenden SV-Ausweis aus DDR-Zeiten erst recht.»Bitte behalten Sie nur Ihren Personalausweis in der Hand.« Ich bin enttäuscht, dass die lange Kontinuität in meinem roten Büchlein, dessen erster Eintrag vom Tag meiner Geburt stammt und das noch mit Hammer und Sichel verziert ist, jetzt reißen wird. Aber ich bin auch fasziniert, wie reibungslos die Impfung gehandhabt wird. Alles läuft in Belgien auf Basis der sogenannten Numéro national, einer nationalen Identifikationsnummer. Die haben auch Expats wie ich. Der Termin wurde darüber gebucht, auch jetzt wird nur kurz der Personalausweis in ein Kartenlesegerät gesteckt.

»Irgendwelche Allergien oder Vorerkrankungen?«, fragt mich die Ärztin. Nein. Okay. Die Spritze sitzt, AstraZeneca. Auch um die Art des Impfstoffes wird hier kein großes Aufhebens gemacht. Anders als in Deutschland, wo zur gleichen Zeit offenbar 80 Millionen Menschen spontane Fortbildungen in Pharmakologie gemacht haben. Und jetzt besser als jeder Mediziner wissen, welcher Impfstoff sicher ist und welcher nicht. Entweder sind die Belgier intellektuell im Nachteil, erkennen die Gefahr nicht, nutzen nicht ihren eigenen Verstand. Oder: Sie nutzen ihn deutlich besser und abgeklärter. Aus der Ferne erkenne ich meine Heimat in diesen Wochen kaum noch wieder: So aufgeregt, so gespalten, so wenig rational wirkt Deutschland.

»Nehmen Sie bitte noch kurz Platz und warten Sie 15 Minuten. Nur für den Fall, dass Ihnen übel wird.« 15 Minuten später leuchtet meine Nummer auf einem LED-Display auf, ich kann gehen. »Eine Frage noch: Wie komme ich jetzt an das Zertifikat, was muss ich tun?«, frage ich beim Verlassen des Gebäudes einen Mitarbeiter.»Gar nichts. Das ist in 24 Stunden automatisch in Ihrer Covid-

App«, lächelt er. Und fügt dann hinzu: »Wahrscheinlich ist es in fünf Minuten in Ihrer App. Aber 24 Stunden lautet die offizielle Antwort.«

In Deutschland hingegen bekommt man Papierbescheinigungen, die dann wieder andernorts händisch ins System eingepflegt werden. Es wird diskutiert, wer das bezahlt. Und ob es eine sinnvolle Tätigkeit für Apotheker ist, Papierformulare anzuschauen und die dort eingetragenen Daten erneut in einem Computersystem einzutippen. In Brüssel wundert man sich, dass Deutschland mangels Daten ein Nachzügler bei der Nutzung der europaweiten Covid-App ist. Der europäische Musterschüler gilt nach einigen Monaten Pandemie plötzlich allenfalls als mittelklassig. Dass die deutschen Gesundheitsämter in diesen Monaten die Zahl der Neuinfektionen noch per Fax an übergeordnete Stellen melden, rundet das Bild ab.

Auf dem Flur des Impfzentrums in Brüssel gibt es eine große Wand, die die erfolgreiche Impfung zu einem Gemeinschaftsgefühl für alle Beteiligten machen soll. An zwei Fäden baumeln Edding-Stifte, man darf sich gern verewigen. Viele frisch Geimpfte – Belgier, Deutsche, Marrokaner, Polen – drücken Dankbarkeit aus. Auf diesem riesigen Gästebuch und auch in den sozialen Medien sehe ich in diesen Tagen immer wieder den Schriftzug #nichtmehrmeinBelgien, #plusmabelgique. Sanfte Ironie und stolzes Eigenlob. Dafür, dass dieses Land, das seit jeher für schleppende und absurde Verwaltungsvorgänge bekannt ist, in dieser wirklich schweren Krise, in diesem Moment, als es darauf ankam, schnell, präzise und effizient gearbeitet hat. Ich steige ins Auto mit der schönen Vorahnung, dass dieser 21. März für mich der Anfang vom Ende der bleiernen Covid-Zeit sein könnte. Und mit dem Gedanken: Belgien rules. Nicht Berlin.

Milchkannen

Nicht nur die Faxgeräte zeigen: Was die intelligente Nutzung des Internets angeht, hängen wir Deutsche vielen Ländern weit hinterher. Als Estland vor Jahren anfing, dass Parkgebühren mit dem Handy gezahlt werden konnten, sahen wir das als eine niedliche, aber sinnlose Spielerei. Ein Gadget für Nerds, das nichts mit wirklichen Geschäften zu tun hat. Heute ist kontaktloses Zahlen mit Formaten wie Apple Pay weitverbreitet. In Belgien kann jeder Arzt Befunde von Kolleginnen und Kollegen sofort einsehen. Bei uns: undenkbar, wegen des Datenschutzes – dafür wird man einfach noch mal geröntgt. Statt die Daten zu durchleuchten, durchleuchten wir Deutsche lieber unseren Körper.

Im Jahr 2018 streitet die Bundesregierung immerhin darum, wie schnell und dicht die technische Infrastruktur für das neue Mobilfunknetz 5G aufgebaut werden soll. Denn dieser Standard ist bei der Datenübertragung bis zu 100-mal schneller als das herkömmliche 4G-Netz. Mindestens genauso entscheidend aber ist ein anderer Vorteil von 5G. Die niedrigere »Latenz«: Signale erreichen viel schneller ihr Ziel, die Anzahl von Kommunikationsprozessen hin und zurück in einer gegebenen Zeiteinheit kann viel höher sein. Latenz kann man sich grob vorstellen als die Zeit, die vergeht, wenn ich bei einer Drohne »nach rechts« drücke – und dem Moment, wo die Drohne anfängt, nach rechts zu fliegen. Mit 4G-Technik dauert das Zehntel- oder Hundertstelsekunden, bei 5G womöglich nur Millisekunden. Dass es nicht darum geht, mit so einer Technik schneller Netflix (oder noch besser: die ARD-Mediathek) zu schauen, scheinen viele deutsche Politiker aber nicht begriffen zu haben. Denn die schnellere Verbindung wird ganz neue Anwendungen erlauben. Sie könnte die Tür aufstoßen für neue, milliardenschwere Branchen. Etwa in der Mobilität: wenn irgendwann Autos autonom fahren sollen, also ohne menschlichen

Fahrer. Für die Kommunikation der Autos untereinander ist dann eine blitzschnelle und flächendeckende Verbindung nötig. Heute sind Funklöcher ärgerlich, in der Welt des autonomen Fahrens können sie tödlich sein. Funklöcher sind der Sekundenschlaf dieser Technik. Gleiches gilt für die drahtlose Überwachung und Steuerung von Infrastruktur, etwa von Strom- und Energienetzen. Oder für Arbeiten im Gesundheitswesen. Eine Operation mit einem Roboterarm, der nur fünf- bis zehnmal pro Sekunde auf Signale reagieren kann, würde ein ziemliches Gemetzel für den Patienten auf dem OP-Tisch.

Allein solche simplen Beispiele zeigen, wie notwendig die neue Technologie für zahlreiche Zukunftsbranchen ist. Welche Potenziale sie für die Wirtschaft hätte. Dass 5G im klassischen Sinne Infrastruktur ist, ein weitverzweigtes Netz, das ganz vieles ermöglicht. Gerade auf seine moderne Infrastruktur war Deutschland immer stolz. Doch heute gibt es kaum noch Grund dazu. Auf Modernisierung reagieren viele Deutsche allergisch. Gut möglich, dass das auch an der Demografie liegt, daran, dass unser Land immer älter wird. Ältere Bürger haben, durchaus verständlich, oft weniger Interesse an einem Neustart in die Zukunft. Daran, Risiken einzugehen und Bewährtes umzustoßen. Ausnahmen bestätigen die Regel.

»Wir Esten sehen immer, was wir gewinnen könnten«, erzählt der frühere estnische Regierungschef Taavi Rõivas. »Bei Deutschland, das so weit gekommen ist, das so wohlhabend geworden ist, hat sich die Perspektive geändert. Mein Eindruck ist, Deutschland schaut immer darauf, was man verlieren könnte.« Und 60 000 Funkmasten für 5G – verglichen mit nur 10 000 für 4G – sind ein Problem. Man sieht die Antennen schon jetzt überall. Viele Deutsche wollen nicht noch mehr vor ihrer Haustür. Geschweige denn eine potenziell höhere Strahlenbelastung. Im Land, in dem man vor 150 Jahren Carl Benz mit einem selbst gebauten, lärmenden Automobil auf die öffentliche Straße ließ und dem durch dieses Abenteuer Hunderttausende Jobs und Wohlstand für Jahrzehnte zufielen, geht derzeit viel zu oft der Unternehmergeist aus. Wir mögen es lieber behaglich, nicht visionär. Die damalige Forschungsministerin Anja Karliczek sagt im Herbst 2018 doch ernsthaft:»5G ist nicht an jeder Milchkanne nötig.«

Im gleichen Jahr setzt die EU-Kommission in Brüssel Ziele, bei denen die Milchkannendichte kein Kriterium ist: Bis 2025 sollen die EU-Staaten eine lückenlose Abdeckung in allen städtischen Gebieten und entlang wichtiger Verkehrswege sicherstellen. Einige Zeit später kommt eine weitere Vorgabe dazu: Bis 2030 soll 5G in allen besiedelten Gebieten verfügbar sein. Laut einer Studie des Europäischen Rechnungshofs ist die Chance, dass Deutschland die Ziele erreicht, mit nur »mittel« einzuschätzen. Viel ambitionierter sind Frankreich, Spanien, Italien, aber auch Ungarn oder Rumänien. Die europäische Industriemacht ist nur »mittel« dabei, ein zentrales Element ihrer technologischen Zukunft aufzubauen.

Just in time

Der Manager eines großen deutschen Automobilkonzerns hat andere Probleme. Die liegen weniger in der Zukunft, sondern brennend in der Gegenwart. Es ist ein unangenehmer, regnerischer Abend Ende November 2018, als ich ihn zu einem Abendessen treffe. Es gibt Schwertfisch mit Soja, dazu Jakobsmuscheln. Mein selbst gesetztes Spesenbudget für Dezember wird ausnahmsweise schon im November verbraucht.

Der Manager macht sich große Sorgen. Donald Trump hat in den USA Strafzölle für ausländische Autos angedroht. 25 Prozent Aufschlag sind im Gespräch. Das könnte das gute Geschäft in Amerika massiv beschädigen – er sagt »zerstören«. Schon seit Mai prüft Trumps Handelsbeauftragter Wilbur Ross, ob Volvo und

VW womöglich die nationale Sicherheit der USA gefährden. Unter diesem ziemlich absurden Vorwand nämlich könnte Trump ohne Zustimmung des Kongresses die Strafzölle in Kraft setzen. Und nur wenige haben Zweifel, zu welchem Ergebnis Ross kommen wird. »Wir versuchen, innenpolitisch Druck zu machen. Unsere Lobbyarbeit dort kann nur über Stimmen aus den USA Erfolg haben. Etwas anderes hört Trump nicht mal.« Bei der Wahl vor zwei Jahren hat Trump sogar da gewonnen, wo ausländische Konzerne Autos bauen und Jobs schaffen. 63 Prozent holte Trump in Spartanburg, South Carolina, wo ein großes BMW-Werk steht. »Es gibt da eine richtige Wagenburgmentalität«, klagt der Manager. »Selbst unsere Mitarbeiter kapieren nicht, dass Trump ihnen schadet.«

Und er spricht weiter: Autos, die für die USA produziert würden, ließen sich schlecht anderswo verkaufen. Der Standard sei dort meist niedriger, Komfort überraschenderweise oft nicht so wichtig. »Elektrische Fensterheber hinten sind bei US-Kunden nicht unbedingt zwingend. So ein Auto werden Sie in Südkorea oder Dänemark aber nicht los.« Die Bundeskanzlerin könne der Branche auch nur bedingt helfen. »Für Trump ist Merkel zu sehr die Vertraute Obamas. Der denkt nur in Kategorien von Freund und Feind. Und das ist unser Problem.«

Jahrelang ging es in der Autoindustrie um stetig sinkende Preise von Zulieferern. Um das Nutzen von Sparpotenzialen durch das Bauen von möglichst vielen verschiedenen Modellen auf der gleichen technischen Grundlage, der sogenannten Plattform. Es ging um möglichst niedrige Arbeitskosten. Um Design und Marketing. Um Wechselkurse. Doch nun wird plötzlich wieder Politik zum zentralen Standortfaktor. Gerade das global aufgestellte Deutschland ist da empfindlich getroffen.

Gut zwei Jahre später treffe ich den gleichen Manager wieder. Es geht wieder um Risiken und Probleme andernorts. »Die Dinger kosten nicht mal einen Euro. Und jetzt legen sie uns teilweise die Produktion lahm.« Durch die Covid-Pandemie ist die Herstellung von Halbleitern ins Stocken geraten. Chips, die etwa für die Elektronik im Auto gebraucht werden. »Vor einem Jahr haben wir noch darüber verhandelt, ob die Taiwanesen im Preis noch zwei Cent runtergehen. Jetzt würden wir das Zehnfache bezahlen. Auch das Hundertfache wäre noch wirtschaftlich. Denn wenn der Chip fehlt, können wir das ganze Auto nicht bauen«, erzählt er. Das führt nun zu absurden Situationen. Die ganze Welt wolle mehr tun gegen die Erderwärmung. »Aber wir bauen gerade weniger kleine Fahrzeuge. Alle Chips, die wir haben, gehen natürlich in SUVs und Sportwagen, weil wir daran mehr verdienen.«

Viele Jahre hat Deutschland von der globalen Arbeitsteilung profitiert. Kleinere Probleme gab es immer. Doch nun, gegen Ende der paradiesischen Zeiten, wird deutlich: Das System, auf dem Deutschlands Exporterfolg und seine industrielle Kraft beruhen – und damit auch sein Wohlstand –, ist anfällig geworden. Die politischen Kräfte schwanken schneller und radikaler. Selbst in vermeintlich stabilen Partnerländern wie den USA oder Großbritannien, welches sich 2020 durch den Brexit plötzlich als wichtiger Handelspartner Deutschlands verabschiedet hat. Mittlerweile handelt die Bundesrepublik mehr Waren mit Tschechien als mit dem Vereinigten Königreich. Die berühmte Just-in-time-Produktion, bei der nichts auf Lager gehalten, sondern alles erst im letzten Moment eingekauft und geliefert wird, ist riskant geworden. Lieferketten können reißen. Und sie können, das wird nun immer deutlicher, auch politisch instrumentalisiert werden.

Gerade Covid hat gezeigt, wie sehr Deutschland von Rohstoffen und Vorprodukten etwa aus China oder Indien abhängig ist. Wie viel überhaupt nur noch – einzig und allein – dort produziert wird, weil wir das Wissen und die Anlagen dazu für nicht mehr nötig hielten. So unnötig wie Winterjacken für die Bundeswehr. Ob Rohstoffe für Batterien, FFP2-Masken gegen Corona oder Wirkstoffe für Hustensaft, Deutschland ist erkennbar verletzlich. Und ganz besonders an einer Stelle: bei der Versorgung mit Energie.

Pipelines

Die Illusion zerplatzt schnell. Mit dem Einmarsch russischer Truppen in die Ukraine ist klar, dass es so nicht weitergehen kann. Zwischen 30 und 40 Prozent seiner fossilen Energie bezieht Deutschland aus dem Land des Aggressors. Viele Milliarden Euro werden jede Woche nach Moskau und St. Petersburg überwiesen, um die deutsche Industrie mit Gas, Öl und Kohle zu versorgen. Durch die stählernen Adern aus Russland, ob in Form von Pipelines oder von unendlich langen Kohlezügen, fließt seit Jahrzehnten das Lebenselixier für Deutschlands Wirtschaft. Und Deutschland klammert sich an die Illusion, dass diese Beziehung unerschütterlich ist. Selbst im Kalten Krieg, so erklären es deutsche Manager, Kanzler und Außenminister über die Jahre immer wieder, habe es nie Lieferausfälle gegeben.

Aber jetzt herrscht kein kalter, sondern ein heißer Krieg. Im Mai 2022 bin ich selbst als Reporter in der Ukraine. Die Menschen in Butscha haben das Grauen gesehen. Willkürlich erschossene Nachbarn, tagelang liegen die Leichen in den Straßen. Gefolterte Familienväter. Abgebrannte Häuser. Man sollte meinen, sie hätten andere Sorgen als Deutschlands Energiepolitik. Aber selbst hier, in der Stadt, die zum Symbol für rohe Gewalt geworden ist, sprechen mich Menschen darauf an.

Alexander treffe ich auf einer Art Panzerfriedhof am Rande der Stadt. Ausgebrannte, rot gerostete Wracks von Fahrzeugen der russischen Armee sind zusammengeschoben worden. »Ihr Deutschen«, sagt er, »ihr müsst uns viel mehr helfen. Wenn man sich anschaut, was aus Deutschland und der EU für Gas und Öl an Russland bezahlt wird, das ist kein Vergleich mit dem, was die Ukraine erhält.« Und das alles stimmt selbst zu dem Zeitpunkt noch.

In den ersten Monaten des Krieges überweisen deutsche Energieimporteure tatsächlich viel mehr an die russischen Lieferanten und damit letztlich an den Kreml, als die Bundesrepublik für die Unterstützung der Ukraine ausgibt. Viel, viel mehr. Und Deutschland kann nicht anders. Der Druck aber wächst, den Gashahn zuzudrehen. Der ukrainische Botschafter in Berlin, Andrij Melnyk, spricht im April 2022 von einer »schändlichen Abhängigkeit Deutschlands von Russland«. Er wiederholt damit unbewusst das, was Donald Trump schon Jahre zuvor bei der NATO vorgebracht hat. »Germany is totally controlled by Russia.« Trump wurde belächelt – wie bereits gesagt: Er war kein glaubwürdiger Ratgeber –, doch nun werden die Befürchtungen wahr. »Wir Ukrainer sind das größte Opfer dieser perversen Beziehung geworden. Wir bezahlen für die gescheiterte deutsche Politik mit dem Leben«, sagt Melnyk. In Brüssel und vielerorts in ganz Europa sind Forderungen nach einem Gasembargo zu hören. »Wie viele Butschas noch, bevor wir zu einem vollen Öl- und Gasembargo schreiten?«, fragt der frühere italienische Regierungschef Enrico Letta aus Italien. Das Europaparlament fordert mit überwältigender Mehrheit einen sofortigen Importstopp: 522 Abgeordnete stimmen dafür, bei 22 Neinstimmen und 19 Enthaltungen.

Die Entscheidung, so stark auf russisches Gas zu setzen, ist die vielleicht größte wirtschaftspolitische Fehlentscheidung in der bundesdeutschen Geschichte. Schon 2004 stellte die angeblich so verlässliche Firma Gazprom vorübergehend Lieferungen nach Belarus ein, in den Folgejahren mehrfach die in die Ukraine. Vorgeblich ging es um Preise und Zahlungsmodalitäten, tatsächlich aber setzte Moskau die Länder so auch politisch unter Druck. Die Botschaft: Wer demokratische Revolutionen plant, der friert. Auch im Westen kam es durch die russische Pipeline-Politik zumindest vorübergehend zu Engpässen in der Gasversorgung, zum Druckabfall in den bestehenden Leitungen durch Polen, Belarus und die Ukraine. Die Idee einer eigenen Pipeline durch die Ostsee war da für Deutschland verlockend. Mehr Versorgungssicherheit. Egal welche Streitereien in Osteuropa gerade toben. Die Kehrseite davon wurde in Berlin ausgeblendet: dass mithilfe der separaten Pipeline der Einsatz von Energie als Waffe so erst recht ermöglicht wurde. Putin und Gazprom hatten Europa in puncto Gasversorgung gespalten. Mit Nordstream konnten sie sicherstellen: Die Geschäfte mit und die Versorgung von Westeuropa bleiben unangetastet, egal was im Osten passiert. Die diversen Pipelines machten es theoretisch möglich, einzelne Länder quasi an- und auszuschalten. Vorher bedeutete ein Abdrehen der Leitung durch die Ukraine auch ein Abdrehen der Leitung für Polen und Deutschland. Mit der neuen Nordstream-Röhre konnte Putin auf der Klaviatur der Gaserpressung nun deutlich virtuoser spielen. Dass es keineswegs nur um Gasversorgung gehen konnte, darauf wies mich 2018 ein EU-Kommissar hin. Die theoretische Kapazität von Nordstream 1 werde gar nicht voll genutzt, erzählte er mir. Da stelle sich schon die Frage, warum Gazprom unbedingt noch weitere Röhren wolle – bei den Baukosten.

Vor einem explizit politischen Charakter gerade der Nordstream-2-Pipelines warnten Polen, Balten, selbst Franzosen und eben die EU-Kommission frühzeitig und lautstark. Doch Deutschland – und das ebenfalls mit diversen Firmen an Bau und Betrieb beteiligte Österreich – schloss Augen und Ohren, wie ich es selten erlebt habe. Russland hatte bereits bewiesen, dass es Energie als Waffe einsetzt: 2004, 2006, 2008. Gegen Belarus, die Ukraine, Georgien. Russland hatte 2014 die Krim annektiert. Russland führte seitdem auch einen Stellvertreterkrieg im Donbass. Es hielt Konflikte in Transnistrien, in Südossetien und Abchasien am Köcheln. Es verbreitete gezielt Falschinformationen mit Sendern wie Russia Today/RT oder Kanälen wie Sputnik. Es mischte sich in westliche Wahlen ein, hatte erkennbar 2016 beim Brexit-Referendum die Finger im Spiel, genauso wie im gleichen Jahr bei der US-Wahl. Putin unterstützte erklärte Gegner der EU wie Frankreichs Rechtspopulistin Marine Le Pen. Es bombte ab 2015 die syrische Stadt Aleppo in Grund und Boden, stützte den dortigen Diktator Baschar al-Assad, der sogar Giftgas gegen sein Volk einsetzte. Russland ließ im Ausland morden und vergiften. Und genau mit diesem Russland, mit dem vom Kreml kontrollierten Konzern Gazprom, sollte jetzt noch eine Pipeline her. Zum Wohle der deutschen Wirtschaft, mit dem Segen der Bundesregierung.

Die Bundesrepublik trat rücksichtslos auf. Arrogant und selbstgewiss. Zynisch. Von »Germany-first-Politik« sprach damals der Europaabgeordnete Reinhard Bütikofer. »Das ist ein rein privatwirtschaftliches Projekt«, wiederholte hingegen Angela Merkel immer wieder. »In Deutschland kauft nicht der Staat Gas, sondern die Unternehmen.« So spricht in jenen Jahren die Frau, die angeblich so viel Weitblick hat. Die alles vom Ende her denkt.

Ich habe es nicht verstanden. Ein Bundesminister, dessen Namen ich leider nicht nennen kann, gab mir gegenüber seine Zweifel zumindest zu: »Ich hoffe, im Kreml sieht man wenigstens, wie oft ich für dieses Nordstream-Projekt den Rücken krumm machen muss.« Daraus sprach die Hoffnung, dass Moskau sich wenigstens irgendwie dankbar zeigen würde: im Umgang mit dem Oppositionellen Alexej Nawalny, bei den Gesprächen über das Minsker Abkommen. Keine Morde an Agenten im Berliner Tiergarten mehr. So ungefähr war die Logik. Im Klartext aber bedeutete sie: Deutschland verkauft sehenden Auges Europas Einheit, verprellt vor allem den Nachbarn Polen und die baltischen Staaten. Für billiges Gas und die Hoffnung auf ein bisschen russisches Entgegenkommen. Doch Appeasement funktioniert nicht. Putin hat sich Deutschland buchstäblich zum Filettieren zurechtgelegt: Berlin, so sein Kalkül, könne sich gar keinen ernsthaften Konflikt mit Russland mehr erlauben. Sonst sei es vorbei mit der florierenden Wirtschaftsmacht.

Wie diese Angst wirkt, macht am 22. Juni 2022 Bodo Ramelow bei einem Besuch in Brüssel deutlich. Der Thüringer Ministerpräsident ist in seiner Funktion als Bundesratspräsident zur EU gereist. Auch aus alter Heimatverbundenheit schaue ich mir das an. Ramelow berichtet sehr emotional von der Thüringer Glasindustrie. Von heißen Öfen und rot glühender Schmelze. Dass sich die Preise für das dafür nötige Gas zeitweise verzehnfacht haben, könnten die Unternehmen nicht lange durchhalten. »Traditionsreiche Betriebe, die seit 400 Jahren jede politische Veränderung überstanden haben, stehen jetzt vielleicht vor dem Aus.« Einfach mal Pause machen, nicht mehr produzieren, bis die Preise sich normalisieren, sei nicht möglich. »Wenn so ein Glasofen einmal erkaltet, dann ist er praktisch mit festem Glas ausgegossen. Dann kann man ihn nie wieder nutzen«, sagt Ramelow.

Solche Ängste gibt es überall in Deutschland. Technisch immer anders gelagert, aber im Kern das gleiche Problem: Eine Zukunft ohne Gas ist nicht vorstellbar. Das Wort von der »Deindustrialisierung« macht die Runde. Deutschland muss sich umstellen. So schnell wie möglich. Vor der neuen Regierung, gerade ein gutes halbes Jahr im Amt, liegen in diesem Sommer Generationenaufgaben. Denn die Illusion von guten Beziehungen zu Russland ist zerplatzt. Die Wette, einen Großteil der eigenen Energieversorgung auf eine Karte zu setzen, ist verloren.

Während die EU noch diskutiert, ob man den Gashahn abdrehen kann und soll, und Deutschland sich maximal dagegen wehrt, macht Putin es selbst. Er zeigt damit endgültig, was das Ziel seiner Pipelines war: den Westen Europas, den Osten Europas oder wahlweise beide gleichzeitig unter Druck setzen zu können. Im August 2022 fließt letztmalig Gas durch Nordstream, im September werden drei von vier Röhren bei Explosionen zerstört. Das Bild der durch den Gasaustritt blubbernden Ostsee, aufgenommen von einem dänischen Marineflieger, wird zum Symbol. Für deutsche Fehleinschätzungen, für deutsche Illusionen.

Neuanfang

Im Sommer 2022 steht die Bundesrepublik vor einem Scherben-
haufen. Zwar wird der Krieg 1500 Kilometer entfernt in der Ukraine geführt. Aber auch Deutschland muss sich jetzt vor Zerstörun-
gen bewahren. Ganz akut braucht es dringend Ersatz für russische
Energielieferungen. Es braucht schnelle Deals mit Norwegen, aber
auch mit neuen Lieblingsdespoten in Katar, Aserbaidschan oder
den Vereinigten Arabischen Emiraten. In der Not frisst der Teufel
Fliegen. Auch ein schnellerer Ausbau von erneuerbaren Energien
ist nötig. Nicht fürs Klima, sondern um die Abhängigkeit von
anderen Ländern zu reduzieren. Zudem muss Berlin sein bis dato
höchst erfolgreiches Exportmodell überdenken. Die politischen
Risiken nehmen zu, ein Konflikt zwischen den USA und China
könnte zum nächsten wirtschaftlichen Desaster für die Bundesrepublik werden.

Das Problem ist: Die Neuausrichtung müsste diesmal aus freien
Stücken geschehen. Das Kappen vieler Geschäftsbeziehungen zu
Russland war schmerzhaft, doch letztlich unausweichlich. Denn
im Prinzip hat Putin mit seinem Kriegsbefehl selbst die Entscheidung getroffen und sie Deutschland damit abgenommen. Aber hat
Deutschland von sich aus die Kraft, quasi präventiv auf Geschäfte
in China zu verzichten? Auf Umsatz und gute Gewinne, die sich
zumindest jetzt und für eine gewisse Zeit noch problemlos machen
lassen? Und was heißt hier eigentlich Deutschland, wo doch bei
uns einzelne Firmen und Konzerne solche Entscheidungen treffen
müssen und nicht ein Politbüro, das zentral die Wirtschaft steuert?
Diesen Weg der vorsichtigen Vernunft zu gehen ist schwierig, weil
er uns anders als die Abkehr von Russland, nicht zwangsläufig vor-
gegeben ist.

In Brüssel machen sich in diesen Tagen viele Sorgen um Deutschland.»Es ist wie beim Tennis, wenn Sie völlig auf dem falschen Fuß

stehen. Sie sehen den Ball und müssten in die andere Richtung. Aber Sie stehen so fest auf dem einen Bein, dass Sie sich nicht mehr bewegen können«, sagt mir ein EU-Außenminister zur ungemütlichen Lage der Bundesrepublik. »Ich hoffe, Deutschland gerät nicht aus dem Gleichgewicht. Ich hoffe es für uns alle.«

Doch die neue Realität der Geopolitik und eine marode Bundeswehr sind es nicht allein, die unseren Nachbarn Sorgen machen. Hinzu kommen die Probleme, die schon vor dem Krieg offensichtlich waren – und die zu beseitigen sehr teuer für Deutschland wird. Die Leverkusener Rheinbrücke der Autobahn 1, die seit Jahren nicht mehr von schweren Lkw befahren werden kann, steht für die bröckelnde Substanz der Bundesrepublik. Zig Milliarden sind nötig, um den jahrelangen Verschleiß der Infrastruktur vor allem in den alten Bundesländern zu kompensieren: Straßen, Autobahnen, Schulen, Bahnstrecken, Glasfaserkabel, Mobilfunkmasten, Schwimmbäder, Sportanlagen.

Deutschland, das habe ich selbst auf vielen Reisen in der EU erlebt, ist bei Weitem nicht mehr das moderne Land, für das wir es oft halten. Ein Blick in die Niederlande muss es gar nicht sein, um das zu verstehen. Nichts in diesem Land ist marode. Ein Schlagloch zu finden ist fast unmöglich. Die Firmen im Gewerbegebiet sehen aus wie bei uns manche Hotels. Für Probleme werden praktische Lösungen gesucht, auch wenn sie unkonventionell wirken: Farmhochhäuser in Rotterdam. Elektrisch aufgeladene Drähte zum Binden von Feinstaub aus der Luft in Arnheim. Jeder einzelne Punkt mag unwichtig erscheinen. Aber unser Nachbarland agiert, probiert, experimentiert. Es ist aktiv. Und selbst Länder, die wir für wirtschaftlich schwächer halten, sehen oft deutlich gepflegter und weniger abgelebt aus. Wenn man durch Madrid geht, versteht man nicht, warum Spanien Nettoempfänger von EU-Geldern ist, so aufgeräumt und intakt ist das Erscheinungsbild.

»Wir erleben eine Zeitenwende.« Der Satz von Scholz ist wahr. Deutschland, die in Europa unverzichtbare Nation, wird nun wohl längere Zeit mit sich selbst beschäftigt sein. Brexit und Trump, Covid und vor allem der Krieg in der Ukraine haben uns die Augen geöffnet, für die vielen Probleme, die unser Land mit sich herumschleppt. Ex-Weltmeister, das ist derzeit der Gemütszustand. Die Suche nach Antworten, wie der Neustart aussehen kann, ist kompliziert. Da die Entscheidungen schnell getroffen werden müssen, besteht die Gefahr größerer politischer Spaltungen in unserem einst so stabilen Land. Die Flüchtlingskrise gab 2015/16 einen ersten Vorgeschmack, wie aggressiv auch in Deutschland wieder politischer Streit ausgetragen werden kann. Während der Corona-Pandemie wurde das Erregungslevel noch höher, die Diskussionen noch giftiger. Die Spaltung etwa zwischen Geimpften und Impfgegnern lief oft unversöhnlich durch Familien und Freundeskreise. Jetzt kleben sich Menschen für mehr Klimaschutz auf der Straße fest. Oder nehmen die Zerstörung von Kunstwerken in Kauf, um auf ihr Anliegen aufmerksam zu machen. Für die einen legitimer ziviler Ungehorsam, für die anderen unerhört, kriminell. Ausgleich der Positionen, Verständigung in sachlichem Ton? Immer schwieriger.

All diese Tendenzen könnten sich gefährlich verstärken, wenn sich Deutschland in manchen Bereichen radikal neu ausrichten muss. Wenn in kürzester Zeit alte Gewissheiten verschwinden und neue Prioritäten gesetzt werden. Das lange Zeit politisch langweilige Land im Zentrum Europas ist immer noch ein Hort der Stabilität, wenn man sich etwa Frankreichs Gelbwesten oder die extrem gewaltsamen und die ganze Breite der Bevölkerung erfassenden Proteste gegen die Rentenreform dort ansieht. Doch der Ton wird auch bei uns schärfer.

Am 22. Dezember 2022 zeigen Zeitungen weltweit auf der Titelseite einen älteren Herrn in grünem Tweedjacket und rostfarbener Cordhose. Er nennt sich Heinrich XIII. Prinz Reuss und wird von vermummten Beamten aus seiner Frankfurter Wohnung abgeführt. Die Überschrift dazu lautet:»Behörden verhindern mutmaßlich rechtsextremen Putsch in Deutschland.« Gemeinsam mit 24 weiteren Personen hatte der Mann offenbar vor, den Bundestag zu stürmen und eine neue Regierung einzusetzen. Generalbundesanwalt Peter Frank erklärt, die Gruppe habe »die existierende staatliche Ordnung in Deutschland umstürzen wollen, die liberale, demokratische Ordnung – und zwar mit gewaltsamen und militärischen Mitteln«. Ein Putschversuch? In Deutschland? Dem Land, von dem angeblich Lenin gesagt hat, dass es dort keine Revolution geben könnte, weil die Deutschen dazu ja den Rasen betreten müssten?

Auch wenn die Episode Heinrich XIII. Prinz Reuss bei uns nicht allzu viel Besorgnis auslöste, sie eher als Spinnerei von alten Männern abgetan wurde: An eine ähnliche Schlagzeile aus anderen EU-Ländern kann ich mich nicht erinnern. Putschversuch in Frankreich? Geplanter Umsturz mit militärischen Mitteln in Polen? Aus Deutschland aber wird nun so etwas berichtet – und das gibt mir zu denken. Gerät das vormals so stabile Land aus dem Gleichgewicht, wird es seinen Charakter verändern? Denkbar ist es.

Und noch ein deutscher Nimbus könnte bei den anstehenden Anpassungen in Gefahr geraten: die stabilen Finanzen. Denn auf Berlin kommen gewaltige Investitionen zu, die nur auf zwei Wegen zu stemmen sind. Entweder aus den laufenden Einnahmen. Das allerdings würde zwangsläufig die Substanz des Landes weiter schwächen. Es würde zu niedrigeren Sozialleistungen führen, inklusive der dann neu entstehenden Spannungen. Und dazu, dass dringend nötige Investitionen gegeneinander ausgespielt würden. Der andere Weg wäre ein Bruch mit deutschen Traditionen: Deutschland könnte sich fit für die Zukunft machen mittels gewaltiger neuer Schulden. Mehr Frankreich wagen, würde das bedeuten. Deutschland gäbe sein Mantra von finanzpolitischer Solidität auf. Auch das würde unser Land verändern, sein Image in der Welt und seine Möglichkeiten zu Hause. Es liegen schwierige Entscheidungen vor der Bundesregierung.

Kapitel 5

MACHTVERSCHIEBUNGEN

Attaque française

Es wird eine journalistische Herausforderung werden, aber genau dafür sind wir ja da. Die Gaspreise in der EU sind in schwindelerregende Höhen gestiegen, seit der Krieg in der Ukraine tobt. Und erst recht, seit Russland kein Gas mehr durch die Pipeline Nordstream liefert. In vielen Ländern der EU geht die Angst um. Vor Firmenpleiten, frierenden Menschen im anstehenden Winter, vor gewaltsamen Demonstrationen. In Frankreich hat die Gelbwestenbewegung vor einigen Jahren das Land lahmgelegt. Und damals ging es nur um gestiegene Benzin- und Dieselpreise. In Deutschland warnt jetzt Außenministerin Annalena Baerbock vor möglichen »Volksaufständen«, wenn das Gas ausbleibe. In der rechten Szene reibt man sich hingegen die Hände und freut sich auf einen »Wutwinter«, auch die Linkspartei ruft zu Protesten auf.

Es ist der 20. Oktober 2022. In Brüssel treffen sich die Staats- und Regierungschefs der EU, um zu beraten, wie man das Problem lösen kann. Eine Idee ist der sogenannte Gaspreisdeckel, ein festgeschriebener Höchstpreis beim Einkauf von Gas aus anderen Teilen der Welt. Diverse Modelle werden seit einiger Zeit diskutiert. Bei welchem Preis der Deckel einsetzt. Ob er dauerhaft ist. Wie man sicherstellt, dass die EU dann überhaupt noch Gas bekommt. Genau diese Sorge treibt die Bundesregierung um: dass der Deckel gut gemeint ist – aber man dann am Ende ohne Energie und mit Blackouts im Dunkeln und Kalten sitzt. Denn das Flüssiggas, auf das Deutschland jetzt so stark angewiesen ist, ist mobil. Es wird mit Schiffen geliefert – und die können auch andere Häfen in Asien ansteuern, wenn der Preis in Europa nicht stimmt.

»Niemand möchte hier Beschlüsse fassen, die theoretisch gut sind, aber wo es hinterher kein Gas gibt«, sagt Bundeskanzler Scholz bei seiner Ankunft auf unsere Frage. Die vielen Modelle, die die EU-Kommission entwickelt hat, beschreibt er als »Denkansätze«. Schon seit Monaten verschleppt und blockiert Deutschland mit einer gewissen Nonchalance, mit einem verschmitzten Scholz-Lächeln eine Einigung. Was der Kanzler offenbar nicht sieht, ist der Unmut vieler Länder, die sich die seit Kriegsbeginn in enorme Höhen geschossenen Gaspreise anders als die reiche Bundesrepublik nicht leisten können. Die es eilig haben. »Wir hatten schon zu viele Gipfel ohne Ergebnis«, sagt unverblümt der belgische Regierungschef Alexander de Croo. »Die Menschen können ihre Rechnungen nicht mehr zahlen.«

Mein Team und ich sind jedenfalls vorbereitet für diesen Gipfel, bereit, die technisch schwierigen Optionen des Gaspreisdeckels unseren Zuschauern zu erklären. Gemeinsam mit den Kollegen bei der *Tagesschau* haben wir in den Tagen zuvor diverse Grafiken erstellt. Wir können zeigen, wie sich die Preise entwickelt haben. Welche verschiedenen Lösungsansätze es gibt, sie nach unten zu bringen. Es kann losgehen. Wie gesagt: Es ist eine journalistische Herausforderung, ein solches Thema in einem kurzen Fernsehbeitrag verständlich und korrekt darzustellen. Aber dafür sind wir ja da.

Doch unsere gut geplante Vorarbeit kommt heute nicht zum Einsatz. Am frühen Nachmittag dröhnt ein Polizeihubschrauber über dem Europa-Gebäude in Brüssel. Die Eskorte in der Luft ist ein untrügliches Zeichen dafür, dass jetzt der französische Präsident Macron im Anmarsch ist. Und sein Auftritt lässt erfahrene

Beobachter der Brüsseler Szene elektrisiert zurück. Der französische Präsident unternimmt nichts anderes als einen Frontalangriff auf die Politik der Bundesregierung. Attaque française. Und wir haben damit ein neues Thema für die *Tagesschau*. Die schönen Grafiken? Vielleicht nächstes Mal. Statt vorsichtig gewählter Worte gibt es jetzt Klartext von Macron. Frankreich, das gemeinsam mit Deutschland oft Kompromisse für die ganze EU aushandelt, versteckt seine Frustration über die Berliner Politik nicht mehr. »Es ist weder für Deutschland noch für Europa gut, wenn sich Deutschland isoliert«, sagt Macron. Es müsse alles dafür getan werden, dass die Einheit der EU erhalten bleibe. Und dass »Deutschland dazugehört«. Es sind Worte, die es in sich haben. Deutschland, das zentrale Land in der EU, plötzlich »isoliert«? In der Gefahr, nicht mehr dazuzugehören? Geografisch ist das absurd. Neun Nachbarstaaten hat die Bundesrepublik, wir sind das Zentrum der EU. Mehr Nachbarn haben weltweit übrigens nur Russland, China und Brasilien. 14, 14 und 10. Doch Macrons Attacke ist hochpolitisch gemeint. Was er da sagt, ist letztlich: Deutschland, das Land von Adenauer, Kohl und auch Merkel, hat das Gespür für seine Partner verloren. Es handelt eigensinnig. Wie im Tunnel. Mitten in einer existenziellen Krise. Es ist ein schwerer Vorwurf, gerade aus dem Mund des französischen Präsidenten. Wenn Deutschland so von Viktor Orbán kritisiert wird: geschenkt. Doch der Auftritt Macrons zeigt, wie sehr Deutschland plötzlich unter Druck steht. Wie sehr der Krieg und die Bewältigung seiner Folgen die Bundesregierung unter Stress gesetzt haben. So sehr, dass sie den Blick auf die Partner verloren hat.

»Hat die EU ein Deutschland-Problem?«, wird der lettische Ministerpräsident Krišjānis Kariņš an diesem Nachmittag von Journalisten gefragt. Und allein eine solche Frage müsste in Berlin schon die Alarmglocken schrillen lassen. Kariņš' Antwort weist das Deutschland-Problem nicht diplomatisch-routiniert zurück ins Reich der Mythen, wie man das meistens in solchen Fällen erlebt. Sie relativiert auch nicht. Kariņš antwortet schlicht und kühl: »Die Debatte liegt noch vor uns.« Die Debatte, ob die EU ein Deutschland-Problem hat. Und seine estnische Kollegin Kaja Kallas legt nach: »Ich hoffe, dass Deutschland sein Gespür für Kompromisse wiederfindet.« Macron hat mit seinem Auftritt das Licht angeschaltet. Man sieht den riesigen Elefanten im Raum. Ein Deutschland, das mit sich selbst beschäftigt ist. Der selbstsichere Klassenprimus ist abgestürzt. Schon in den Tagen zuvor hat mir ein Diplomat beschrieben, wie explosiv die Lage sei. »Deutschland ist damit konfrontiert, dass sein ganzes Modell infrage gestellt ist. Das Modell, mit dem es eine ziemlich lange Zeit prosperiert hat. Der Krieg in der Ukraine bringt die deutsche Energieversorgung und sein Konzept von Verteidigung ins Wanken.« Deutschland-Bashing ist schon immer ein beliebter Zeitvertreib in Brüssel, unter Politikern, Diplomaten und Journalisten. Wieder und wieder begegnet mir als Journalist das Stereotyp, Deutschland beherrsche die EU, die letztlich nur ein Mittel sei zur Vollstreckung der Berliner Politik. Frans Timmermans und das Bayern-München-Phänomen dienen als Erklärung: Seriensieger mag keiner.

Doch in diesen Tagen geht die Kritik tiefer. Nicht nur Macron wundert sich über Deutschland. Nicht nur die baltischen Staaten und Polen. Auch Spanien und Portugal haben kaum noch Verständnis für Deutschland. Genauso wenig die traditionell ganz eng verbündeten Niederländer. Die vergangenen Monate – mit dem Krieg in der Ukraine als Auslöser – haben vielen EU-Partnern deutlich gemacht: Die oft so selbstbewusst auftretende Bundesrepublik ist nicht unfehlbar. Oft konnte Berlin in der Vergangenheit im Streit mit glänzenden Wirtschaftszahlen argumentieren. Wer so erfolgreich ist, der muss doch recht haben. Aber die Gemeinschaft sieht nun, dass die deutschen Erfolge auf tönernen Füßen stehen. Deutschland, die vernünftige, abgeklärte Nation, hat eine Reihe gravierender Fehlentscheidungen getroffen. Es hat wie ein Spieler gewettet auf eine stabile Welt. Und die Wette scheint nicht mehr aufzugehen. Deutschland war nicht nur clever, sondern auch leichtsinnig. Warum sollte es jetzt weiter die Richtung vorgeben, wenn es darum geht, Entscheidungen für die Zukunft zu treffen? Wenn es gerade bewiesen hat, wie fundamental es sich irren kann? Die Fragen sind berechtigt. Aber es ist auch heimliche Genugtuung zu spüren, dass der Musterschüler nun bescheiden auftreten muss.

Polen

Besonders aus einem Land wird die Bundesrepublik nun hart und beständig kritisiert: aus Polen. Die dort regierende Partei »Recht und Gerechtigkeit« (PiS) hat antideutsche Politik von jeher in ihrem Repertoire. Sie nutzt sie ganz gezielt, um Stimmung zu machen und Wähler zu mobilisieren. Ich spreche kein Polnisch, aber der pure Blick in polnische Fernsehnachrichten zeigt, wie absurd die Deutschland-Obsession der dortigen Regierung ist. Als die EU Ende 2021 Gelder für Polen zurückhält, werden im Sender TVP minutenlang simple Tweets zweier deutscher Europaabgeordneter besprochen. Daniel Freund von Bündnis 90/Die Grünen und Moritz Körner von der FDP haben entscheidend am sogenannten EU-Rechtsstaatsmechanismus mitgearbeitet, der jetzt zum Einfrieren der EU-Subventionen führt. Dass man ihre 140-Zeichen-Texte auf Twitter aber so genau analysiert, diese Ehre wird den beiden weder in Deutschland noch irgendwo anders in der EU zuteil. Bei TVP, dem größten polnischen Fernsehsender, werden sie hingestellt als die Speerspitze einer deutschen Feindseligkeit gegenüber Polen. Ungefähr zur gleichen Zeit versuchen mein Team und ich, ein Interview mit dem früheren polnischen Regierungschef und EU-Ratspräsidenten Donald Tusk zu bekommen. Doch unsere polnische Kollegin im ARD-Studio Warschau macht mir keine Hoffnung. »Er kann das nicht machen«, sagt sie unumwunden. »Wenn er mit einem deutschen Sender spricht, wird ihm das hier extrem schaden. Noch dazu, wenn es um Probleme Polens geht.« Damit ich es richtig verstehe, empfiehlt sie mir, »Für Deutschland« anzuschauen. Es ist ein Video, bei dem aus einer alten Glückwunschrede Tusks, einer langweiligen Grußbotschaft an die neu gewählte deutsche Ampelregierung, nur diese beiden, auf Deutsch gesprochenen Worte herausgeschnitten sind – und dann in Endlosschleife laufen. »Für Deutschland. Für Deutschland. Für Deutschland. Für Deutschland«, sagt Tusk immer und immer wieder. Tusk wird per Videoclip gebrandmarkt als deutsche Marionette. So versucht man in Polen, politische Karrieren zu zerstören.

Doch jetzt muss die polnische Regierung gar keine deutschen Verschwörungen herbeifantasieren. Es ist offensichtlich, dass Kritik an Deutschland eine berechtigte Grundlage hat. Und Polen nutzt den Moment. Schon zwei Tage nach Kriegsbeginn, am 26. Februar 2022, legt der polnische Regierungschef Mateusz Morawiecki los: Deutschland müsse seine »Selbstbezogenheit« und seinen »Egoismus« aufgeben, sagt er vor einem Treffen mit dem Bundeskanzler und dem litauischen Präsidenten Gitanas Nausėda in Berlin. »Nichts wird Putin stoppen, wenn wir nicht entschlossen genug sind. Dies ist ein historischer Moment, wir haben keine Zeit zu verlieren.« Morawiecki schlägt hier den Ton an, den er über lange Zeit halten wird. Bei jedem weiteren Sanktionsschritt gegen Russland oder bei der Frage nach Waffenlieferungen: Polen erkennt den Ernst der Lage, Deutschland nicht. Polen handelt, Deutschland zaudert. Polen sieht die großen Linien der Geschichte, Deutschland steckt im Klein-Klein der Gegenwart. Und Morawiecki verwandelt souverän und mit Freude jede Vorlage, die ihm die Bundesregierung bietet: »Was für eine Hilfe wurde denn bisher an die Ukraine geliefert?«, fragt er spöttisch.

»5000 Helme? Das muss ein Witz sein!« Die polnische Regierung nutzt den Moment, um sich in der EU, aber auch in der NATO neu zu positionieren. Als ein mächtiger Spieler, ein zentrales Land.

Im April 2022 lande ich auf dem Flughafen Rzeszów im Osten Polens. Der Ort liegt rund 100 Kilometer von der Grenze zur Ukraine entfernt. Die ist mein Ziel, von dort werde ich für die ARD über den Krieg berichten. Doch schon hier, auf polnischer Seite, habe ich den ersten bleibenden Eindruck. Rechts und links der Landebahn stehen mehrere amerikanische Flugabwehrsysteme vom Typ Patriot, die Raketen gen Himmel gerichtet. Geparkt daneben mehrere Boeing C-17. Graue Riesen, Transportflugzeuge der US-Armee. Und auch die europäischen A400M. Aus ihrem Inneren werden große Paletten geschoben, offenbar militärische Ausrüstung. Auf dem Rollfeld fahren Dutzende Hummer in Tarnfarben hin und her, die gewaltigen Multifunktionsfahrzeuge des amerikanischen Militärs. Es wird ein- und ausgeladen, überall das orange Licht von Rundumleuchten, das Piepen von rangierenden Fahrzeugen. Und neben den polnischen Soldaten sieht man hier US-Marines mit dem Sternenbanner am Arm in noch größerer Zahl. Binnen kürzester Zeit ist Rzeszów, ist Polen, zum Drehkreuz der militärischen Unterstützung der Ukraine geworden. Das liegt natürlich an der geografischen Lage. Aber auch daran, dass Polen diese Rolle und die neue Bedeutung aktiv sucht.

Schon vor Kriegsbeginn in der Ukraine erfüllte Polen das Zwei-Prozent-Ziel der NATO bei den Militärausgaben. Es gab also mehr als zwei Prozent seiner Wirtschaftsleistung für die Armee aus. Jetzt kündigt es eine Erhöhung auf fünf Prozent an. Das Land verfügt über mehr Panzer und Haubitzen als das deutlich größere Deutschland. Und mit 150 000 Soldatinnen und Soldaten hat es nur unwesentlich weniger als der Nachbar, der auf 180 000 kommt. Diese Aufstellung kann schon als Beleg für die veränderte Lage gesehen werden. Panzer zu zählen war vor Kurzem noch völlig sinnlos. Aus der Zeit gefallen. Jetzt wird es wichtig, ein hoher Bestand ist plötzlich wieder ein Ausweis von Stärke. Und Polen will noch mehr. »Polen ist derzeit unser wichtigster militärischer Partner in Europa«, sagt mir ein amerikanischer Diplomat. Das Land setzt auf massive Abschreckung. »Die deutsche Zeitenwende mit der angestrebten Modernisierung der Bundeswehr wirkt im Vergleich dazu geradezu bescheiden«, schreibt der Deutsche Bundeswehrverband. Man muss sich das auf der Zunge zergehen lassen. Selbst ein Riesenprojekt wie die historische Aufrüstung der Bundeswehr ist, wenn sie überhaupt gelingt, nichts gegen das, was Polen vorhat. Selbst Gelder aus dem Corona-Wiederaufbaufonds will das Land nutzen, um die aus seiner Sicht nun dringendste Aufgabe anzugehen. Bei der Beschaffung von Waffen setzt Polen übrigens nicht auf europäische Lösungen: Gekauft werden Panzer, Haubitzen und Kampfjets in den USA oder Südkorea.

Ende Mai 2022 macht der deutsche Bundeskanzler eine in ihrer Klarheit bemerkenswerte Aussage. Und eine, die in ihrer Direktheit mit der deutschen, historisch gewachsenen Bescheidenheit bricht. »Deutschland wird in Europa bald über die größte konventionelle Armee im Rahmen der NATO verfügen«, sagt er in einem Interview mit der *Stuttgarter Zeitung*. Doch Polen ist nicht weniger ambitioniert. Im Juli kündigt Verteidigungsminister Mariusz Błaszczak an: »Wir streben danach, dass die polnischen Landstreitkräfte die stärksten in Europa sind. Und das werden wir auch schaffen.« Warschau plant mit bis zu 300 000 Soldaten bis 2035. Ein solches Ziel auszugeben benötigt viel Zuversicht. Die Rekrutierung von Soldaten ist in Polen deutlich einfacher. Das Militär hat ein positives Image in der Bevölkerung, gilt als modern und gut ausgestattet. Es ist ein deutlich attraktiverer Arbeitgeber für potenzielle Bewerber als die als marode wahrgenommene Bundeswehr in Deutschland. Im November betont Morawiecki noch einmal die Ambitionen. »Die polnische Armee muss so stark sein, dass sie nie kämpfen muss, weil sie so stark ist.«

Polen versucht, diese militärische Stärke und seine nun strategisch bedeutsame geografische Lage auch in politischen Einfluss umzusetzen. Es stilisiert sich als Avantgarde in diesem Europa des Ukraine-Krieges. Die Zeitungen sind voll mit Artikeln, die die Kräfteverschiebung in Europa beschreiben. Weg von Paris und Berlin, weiter Richtung Osten. »Meet Europe's coming military superpower: Poland«, lautet eine Überschrift.

Am 20. März 2023 hält der polnische Regierungschef eine Rede an der altehrwürdigen Universität in Heidelberg. Ausgerechnet auf deutschem Boden legt er – ähnlich wie Macron Jahre zuvor an der Pariser Sorbonne – vor einem ausgewählten Publikum dar, wie er sich Europa künftig vorstellt. Aber nicht, bevor er den geladenen Gästen an Deutschlands ältester, 1386 gegründeter Universität das kleine Detail mitgibt, dass Krakau schon 22 Jahre früher, im Jahr 1364, eine Universität hatte. Morawiecki wirbt für ein starkes Europa. Das sei ohnehin viel stärker als Russland. Aber es müsse auch mit China »mindestens auf Augenhöhe sein«. Er wirbt für ein Europa der traditionellen Werte. Behauptet selbstbewusst, dass Polen Rechtsstaatlichkeit genauso ernst nehme, wie Deutschland das tue. Er warnt vor Zentralisierung in Brüssel. »Wir brauchen ein Europa, das stark ist wegen seiner Nationalstaaten. Und nicht, weil es auf deren Ruinen aufgebaut ist.« Es ist der polnische Moment. Morawiecki entwirft selbstbewusst Visionen für die EU. Visionen, die anders klingen als das, was man in Brüssel, Paris oder Berlin hören würde. Es ist damit auch eine politische Kampfansage an Deutschland.

Echo, Echo, Echo, India

Taubenblau und blitzblank stehen die beiden Eurofighter im Hangar. Die Techniker schreiten das Flugzeug ab, checken jedes technische Detail. Mit der Taschenlampe wird von hinten ins Triebwerk geleuchtet. Dort hinein, wo der mehr als 1000 Grad heiße Düsenstrahl im Flug nach draußen schießt. Sieht alles gut aus. Keine Risse, keine Verschmutzungen. Oberstleutnant Christoph Hachmeister klettert mit mir die Leiter zum Cockpit hoch, in das er zu jeder Tages- und Nachtzeit klettern muss. »Innerhalb von 15 Minuten sind wir in der Luft, um den NATO-Luftraum zu verteidigen.« Immer dann, wenn unbekannte Flugzeuge über der Ostsee auftauchen. Piloten, die nah am estnischen Luftraum fliegen, sich aber weder per Transponder noch nach Funkkontakt identifizieren wollen. Dann rollt Hachmeister aufs Rollfeld und steigt mit einem zweiten Flieger an seiner Seite, dem sogenannten Wingman, in die Lüfte des Baltikums auf. Was er dort oben zu sehen bekommt, weiß er meist schon vorher: russische Militärflugzeuge, oft auf dem Weg zwischen Kaliningrad und St. Petersburg. MIG-Kampfjets, Transporter, Aufklärer. Dass der Pilot, der bei der Bundeswehr eigentlich in Norddeutschland stationiert ist, hier Dienst tut, hat einen einfachen Grund: Estland hat selbst keine Luftwaffe. Keine eigenen Jets. Auch in den anderen baltischen Staaten sieht es nicht besser aus. Deshalb ist die Ämari Airbase in der Nähe der estnischen Hauptstadt schon seit Monaten sein Einsatzort. Codename: EEEI – Echo, Echo, Echo, India.

Nach der Annexion der Krim durch Russland im Jahr 2014 hatte die NATO die Präsenz im Osten verstärkt. Enhanced Forward Presence. Die Amerikaner sind zuständig für Polen, die Briten und Kanadier für Estland und Lettland. Und die Bundeswehr ist mit wechselnden Einheiten in Litauen vor Ort. Dazu immer wieder zeitlich begrenzte Einsätze für »luftpolizeiliche Aufgaben«, wie hier in Ämari. Zu diesem Zeitpunkt, im März 2023, fliegt Christoph Hachmeister gemeinsam mit Piloten und Jets aus Großbritannien. Man sollte meinen, die Balten müssten dankbar sein. Dafür, dass die ohnehin so knapp ausgestattete Bundeswehr hier so hilft. Und das sind sie auch. Doch der deutsche Beitrag reicht ihnen nicht. Entsprechend erhöhen die baltischen Staaten nun den Druck auf Deutschland. Nicht mehr nur rotierend, mit immer wieder neuen Einheiten, sollen die Deutschen in Litauen sein, sondern permanent präsent. Mit einer ganzen Brigade. Bis zu 4000 deutsche Soldaten sollen bitte dauerhaft verlegt werden. Für Litauen wäre das ein großer Sicherheitsgewinn, für die Bundeswehr eine aus dem Stand kaum zu schaffende Aufgabe. Schon 2016 hatten die Balten eine solche dauerhafte Stationierung gefordert. Jetzt, im Angesicht des Ukraine-Krieges, mit einer deutlich veränderten Bedrohungslage, sehen die Länder die Chance, einem geschwächten Deutschland, das sich ohnehin dauernd für seine Zögerlichkeiten, etwa bei Waffenlieferungen an die Ukraine, rechtfertigen muss, diese Brigade abzuringen.

Die Argumente der Balten dafür sind eindeutig: Ihre Länder seien so klein, dass ihre Verteidigung im Falle eines russischen Angriffs sofort an der Grenze beginnen müsse. Dazu müssten NATO-Verbände jederzeit im Land sein. Ansonsten liefe man Gefahr, dass Russland sofort und im Handstreich das ganze Land besetzen könnte und es sich dann nur noch von außen zurückerobern ließe. Bisher hatte man einen russischen Angriff auf eines der baltischen Länder, die ja allesamt Mitglieder der NATO sind, für ziemlich unwahrscheinlich gehalten. Lediglich rotierende Einheiten aus den USA, Großbritannien oder Deutschland sind in der Region präsent – innerhalb des Bündnisses spricht man von »Stolperdraht«. Ihre Anwesenheit soll Russland klarmachen, dass es bei einem Angriff sofort in einem Konflikt mit der NATO stünde. Aber wirklich militärisch aufhalten könnten diese rund 1500 Mann starken Truppen die russische Armee im Ernstfall nicht. Daher fordern die baltischen Staaten nun, nicht weiter zu pokern. Sondern so zu planen, dass ein russischer Angriff nicht nur ins Stolpern gebracht, sondern tatsächlich gestoppt werden könnte. Esten, Letten und Litauer haben die Ukraine vor Augen: Sie sehen, was in besetzten Orten wie Butscha geschehen ist. Sie sehen, wie schwer es ist, russisch besetzte Gebiete zurückzuerobern. Das in der Ukraine von Russland eroberte Gelände ist deutlich größer als ihre jeweiligen Landesflächen.

Am 7. Juni 2022 ist Olaf Scholz in Vilnius, der Hauptstadt Litauens. Er besucht auch den Truppenstandort Pabradė, wo die Bundeswehr mit rotierenden Soldaten seit 2017 eine der NATO-Kampftruppen anführt. 1500 deutsche Soldaten sind dort im Einsatz. An diesem Tag unterzeichnet Scholz gemeinsam mit Litauens Präsident Nausėda eine Erklärung, die das neue Verantwortungsgefühl der Bundesrepublik unterstreichen soll: »Deutschland ist bereit, eine robuste und kampfbereite Brigade in Litauen zu führen, dazu bestimmt, abzuschrecken und gegen eine russische Aggression zu verteidigen.« Diese Worte werden noch wichtig. »In Litauen«, steht da. Nicht: »für Litauen«. Die Erklärung, dieser eine Satz, wird in den kommenden Monaten immer wieder hervorgeholt, wenn ich mit Politikern oder Diplomaten aus Litauen spreche. Sogar ausgedruckt, auf Papier, wird er mir nach einem Gespräch manchmal in die Hand gedrückt, damit ich es bloß nicht vergesse. In Litauen. Nicht: für Litauen, so wie Deutschland den Text offenbar versteht.

Die Bundeswehr hat jedoch erst mal weder die Absicht noch die Kapazitäten, dauerhaft 4000 Soldaten nach Litauen zu verlegen. Selbst jetzt nicht, nach Beginn des Krieges in der Ukraine. Stattdessen plant sie, in Deutschland konkrete Einheiten zu benennen, die im Ernstfall sofort nach Litauen verlegt werden könnten. Für die Litauer aber ist das nicht das Gleiche. Das kleine Land ist sogar bereit, eine Milliarde Euro zu investieren, um den Deutschen neue Kasernen und Unterkünfte zu bauen. Für Litauen, mit rund 2,8 Millionen Einwohnern, ist eine Milliarde Euro eine astronomische Summe. Doch Berlin winkt ab. Die Brigade stehe zwar bereit, keine Sorge. Der Führungsstab werde sogar dauerhaft in Litauen sitzen. Aber die 4000 Soldaten bleiben »earmarked« zu Hause in Deutschland. Vorbestimmt für Litauen, sozusagen mit der Marke im Ohr, aber nicht dauerhaft vor Ort.

Der diplomatische Schaden ist gewaltig. Auch die Regierung in Vilnius steht daheim unter Druck. Die Menschen dort verlangen von ihr, dass sie nach dem, was in der Ukraine geschieht, die Sicherheit des Landes zügig verbessert. Das Engagement der Deutschen wäre da ein Erfolg. Aber er scheint nicht zu kommen. »Das ist durchaus etwas, worüber unsere Regierung stürzen könnte«, sagt mir ein hoher Vertreter des baltischen Landes. Berlin war das wahrscheinlich nicht klar, als es sich auf die unklar formulierte Erklärung einließ. Und das wäre die noch relativ schmeichelhafte Entschuldigung. Verheerender wäre, wenn Deutschland ein so weitreichendes Versprechen gemacht und erst hinterher erkannt hätte, dass es sich nicht halten lässt.

Im März 2023 reist der neue deutsche Verteidigungsminister Boris Pistorius nach Litauen. In Litauen, für Litauen? Pistorius schiebt die Entscheidung Richtung Brüssel: »Das hängt nicht davon ab, wer was will oder wer was bereitstellen will. Das hängt von der NATO ab«, sagt er. »Was ist von der militärischen Seite her notwendig, was ist erforderlich? Brauchen wir eine Brigade, die permanent in den baltischen Staaten stationiert ist?« Es ist das typische deutsche Herumdrucksen und Ausweichen in solchen Fragen. Die Balten sind frustriert. Aber: Das ist noch nicht das Ende der Geschichte, später mehr.

Freedom Fighters

Den Litauern und den Balten insgesamt dürfte es bei solchen Episoden schwerfallen, wirklich an die in Deutschland proklamierte Zeitenwende zu glauben. Die Worte hören sie wohl, allein es fehlt der Glaube. Um ihre Ziele zu erreichen, setzen die baltischen Staaten in EU und NATO nun auf maximale, offensive Kommunikation und auf weitreichende Vorschläge, die oft auch überraschend jenseits der Tagesordnung vorgebracht werden. Die Guerillataktik ist für die Kleinstaaten die einzige Chance. Estland hat 1,3 Millionen Einwohner, Lettland 1,9 Millionen und Litauen 2,8 Millionen. Zusammen: weniger als Hessen.

Doch in der Berichterstattung für die *Tagesschau* und in vielen Medien tauchen ihre Vertreter jetzt immer häufiger auf. Vier Personen, die anders als der gegenüber internationalen, nicht polnischen Medien eher kamerascheue polnische Regierungschef Morawiecki zu Gesichtern dieses Krieges werden. Manche in Brüssel nennen sie: die Freedom Fighters. Die estnische Ministerpräsidentin Kaja Kallas, früher Europaabgeordnete und Tochter eines früheren EU-Kommissars. Der litauische Präsident Gitanas Nausėda. Ein Ökonom, der auch eine Zeit in Deutschland gelebt hat. Der Premierminister Lettlands, Krišjānis Kariņš. Er ist in Wilmington, Delaware, in den USA geboren, war unter anderem Schüler am berühmten Lettischen Gymnasium – heute das Lettische Centrum – in Münster, hat als Unternehmer gearbeitet und war ebenfalls Europaabgeordneter. Und: Gabrielius Landsbergis, Außenminister Litauens und Enkel des ersten litauischen Präsidenten nach dem Ende der Sowjetunion. Auch Landsbergis saß früher einmal im Europaparlament. Das erste Mal aufgefallen ist er mir ein gutes Jahr zuvor, als in Litauens Nachbarland Belarus der dortige Machthaber Alexander Lukaschenko brutal gegen die Opposition vorging. Landsbergis nannte die Dinge beim Namen und trieb seine EU-Außenministerkollegen und -kolleginnen zu schnellem Handeln an.

Mit Kriegsbeginn bemühen sich die vier Freedom Fighters verstärkt um Kontakt zu den Medien, stehen für Hintergrundgespräche und Interviews zur Verfügung. Bei öffentlichen Auftritten fordern sie fast schon schmerzfrei stets das, was Länder wie Deutschland oder Frankreich kategorisch ablehnen – oder wobei sie zumindest zögern. Den Ausschluss von russischen Banken aus dem Swift-System. Ein Ölembargo. Die Lieferung von Panzern. Ein Gasembargo. Einen EU-Beitritt der Ukraine. Sanktionen gegen den russischen Atomkonzern Rosatom. Die Balten haben damit durchaus Erfolg. Vieles von dem, was sie wollen, wird irgendwann umgesetzt. Sie treiben die EU und auch Deutschland vor sich her. Sie lassen es nicht zu, dass Themen und Entscheidungen, die sie für wichtig halten, von der Agenda verschwinden. Die Freedom Fighters sind Kommunikationsprofis. Und dank dieser Fähigkeit boxen sie – mit zusammengenommen nur sechs Millionen Einwohnern – in der europäischen Schwergewichtsklasse. Teilweise setzen sie Wirkungstreffer in nur wenigen Wochen.

EU-Ratspräsident Charles Michel erzählt mir, wie Kallas im Februar 2023 bei einem EU-Gipfel das Wort ergriff. Michel hasst eigentlich solche spontanen Auftritte, schließlich ist ein Gipfel streng durchchoreografiert, um mit 27 Staaten halbwegs zu Ergebnissen zu kommen. Doch Kallas möchte plötzlich sprechen. Statt einer allgemeinen Bemerkung macht sie einen sehr konkreten Vorschlag: Die EU solle sich an die Impfstoffbeschaffung in Corona-Zeiten erinnern – und auch Munition für die Ukraine gemeinsam einkaufen. Nichts davon war angedacht, kein Diplomat hat dieses Thema vorbereitet. Geht das? Funktioniert das? Welche Vorteile gibt es? Welche Nachteile? Normalerweise sind die Themen des Gipfels präzise vorbesprochen, sodass Regierungschefs eine informierte Entscheidung treffen oder die jeweilige Fragestellung zumindest auf einer gesicherten Faktenbasis besprechen können.

Spontane Diskussionen ohne Grundlagen sind der Horror für den Ratspräsidenten. Doch Kallas' Auftritt überzeugt ihre Kolleginnen und Kollegen. Die Diplomaten bekommen Hausaufgaben, sollen aufschreiben, wie das konkret gehen kann. Viel Arbeit, diesmal für die Tage und Wochen nach dem Gipfel.

Kurz darauf beschließt die EU tatsächlich, der Ukraine eine Million Stück 155-Millimeter-Munition binnen zwölf Monate gemeinsam zu beschaffen. Ob das klappt oder die Zahl viel zu hoch gegriffen ist, wird sich später zeigen. Doch dass die EU es versucht, hat Präsident Selenskyj Kaja Kallas zu verdanken, den Freedom Fighters und der baltischen Guerilladiplomatie. Und ich finde, auch die EU muss Kallas für diese Initiative dankbar sein. Selbst wenn die Lieferung von Munition an die Ukraine zunächst das gesteckte Ziel verfehlt: Wer sich erinnert, wie peinlich genau gerade bei den Armeen in Europa über Jahrzehnte national gearbeitet wurde, kann sich nur die Augen reiben über diesen Pragmatismus. Womöglich stößt die Initiative mittelfristig eine Vertiefung der militärischen Zusammenarbeit an: Sollte sich zeigen, dass auf dem für die Ukraine beschrittenen Weg tatsächlich schneller, effizienter, billiger eingekauft werden kann, könnte sich dieses Modell auch für künftige Rüstungs- und Beschaffungsprojekte durchsetzen, die gar nichts mit der Ukraine zu tun haben.

Nachbarn

Und noch ein Land versucht, sich nach Möglichkeit neues Gewicht zu verschaffen. Oder doch mindestens: den eigenen Prioritäten mehr Druck zu verleihen. Frankreich hat lange still unter der deutschen Dominanz in der EU gelitten. Darunter, dass in der Welt von gestern vor allem die deutsche Wirtschaftskraft zählte. Und nicht so sehr das potenziell stärkere französische Militär inklusive eigener Atomwaffen. Oder die längere diplomatische Tradition, die man in Paris zu haben glaubt. Inklusive eines ständigen Sitzes als Vetomacht im Weltsicherheitsrat. Als »fruchtbare Konfrontation« hat Präsident Macron die Beziehung zu den Deutschen mal beschrieben. Und daraus sprach nicht nur Ironie, sondern auch versteckte Bitterkeit.

Wenn Frankreich nun, zu Beginn des Ukraine-Krieges, nach Osten schaut, dann sieht es seinen direkten Nachbarn auf der anderen Seite des Rheins mit anderen Augen. Es sieht ein geschwächtes Deutschland. Angeschlagen. Erschüttert in seinen wirtschaftlichen Fundamenten. Militärisch, selbst nach eigener Auskunft, praktisch wehrlos. Moralisch mit wenig guten Argumenten. Ein Land, das in Europa wieder Vertrauen aufbauen muss. Dessen Urteilsvermögen nach seiner fatal gescheiterten Russland-Politik bei seinen Partnern infrage steht. Das Verbündete gut gebrauchen kann. Es sieht ein Land mit einer neuen, kaum drei Monate im Amt befindlichen Regierung. In weiten Teilen unerfahren, zugleich konfrontiert mit der vielleicht fundamentalsten Krise seit Bestehen der Bundesrepublik.

Emmanuel Macron hat in diesen Monaten den Vorteil, dass er – ungeachtet der großen französischen Ambitionen – in Europa von niemandem in die Pflicht genommen wird. Das ist übrigens auch eine spannende Erkenntnis dieses Krieges: Trotz größter Herausforderungen gibt es keinen natürlichen Reflex in der EU, auf Frankreich zu schauen, von Frankreich die Lösung oder die klare Führung zu erwarten. Woran das liegt, kann ich nicht genau sagen. Die wirtschaftliche Stärke Deutschlands ist sicher zentral. Vielleicht liegt es aber auch daran, dass die kulturellen und historischen Verbindungen der Deutschen in Mittel- und Osteuropa viel tiefer gehen? Oder weil Frankreich seit jeher und ganz besonders in der NATO auf einer eigenständigen Rolle beharrt hat – und damit nicht unbedingt attraktiv wirkt als der Partner, mit dem man durch jede Krise gehen kann?

Macron versucht trotzdem immer wieder, sich zu profilieren. Er kündigt jeweils wenige Tage vor den Treffen der NATO-Verbündeten im sogenannten Ramstein-Format Waffenlieferungen an die Ukraine an. Er will Haubitzen liefern, kurz bevor sich die Deutschen dazu durchringen. Spähpanzer schicken, kurz bevor auch die Deutschen ihre Marder zusagen. Wiederholt telefoniert der französische Präsident zu Kriegsbeginn mit Putin. Als selbst ernannter Chefvermittler Europas. Bis er merkt, dass das wirklich aussichtslos ist, wie es Balten und Polen schon lange gesagt haben. »Die Spielchen nerven«, sagt ein Beamter in Berlin. »Zumal jeder sieht: Geliefert und erreicht wird von Frankreich nicht viel. Wo ist denn die vermeintlich stärkste Militärmacht der EU?«

Doch solche offensichtlichen Widersprüche stören Macron nicht. Er macht auch an anderer Stelle Druck, beim Geld. Der französische Präsident hat seit der Auflage des EU-Corona-Fonds ein Ziel: Es soll erneut einen großen europäischen Geldtopf geben, erneut finanziert mit gemeinsamen Schulden. Diesmal aber steht nicht die Bekämpfung der Pandemiefolgen im Mittelpunkt, sondern Industriepolitik im französischen Stil für ganz Europa. Mit einem sogenannten Resilienzfonds oder Souveränitätsfonds will Macron besonders wichtige Teile der europäischen Industrie fördern beziehungsweise aufbauen – um »souverän« zu werden gegenüber den USA und China. Und das Ganze, so erklärt es Macron Anfang März 2022 beim EU-Gipfel im Schloss Versailles vor den Toren von Paris, mit neuen EU-Schulden. Das deutsche Mantra von der einmaligen Episode der Covid-Hilfen in Zeiten einer einmaligen Pandemie möchte Macron möglichst schnell widerlegen. Dass ganz Europa unter rasant gestiegenen Energiepreisen leidet, könnte ein guter Anlass für solch einen neuen, gemeinsamen Geldtopf sein. Genauso wie der sogenannte Inflation Reduction Act (IRA) in den USA – ein Hunderte Milliarden Dollar schweres Subventionspaket für Firmen, die klimafreundliche Produkte in Amerika herstellen. Dem, so heißt es immer wieder aus Paris, müsse Europa etwas entgegenstellen. Dass Macron die Begründungen ständig wechselt, zeigt, dass es weniger um Souveränität geht. Oder um Industriepolitik. Oder den IRA. Oder die Energiepreise. Sondern vor allem darum, erneut gemeinsame Schulden in der EU zu machen.

Am 1. Februar 2023 steht Ursula von der Leyen vor der blauen Wand im Pressesaal der EU-Kommission in Brüssel. Sie fordert: einen milliardenschweren EU-Souveränitätsfonds. Das klingt fast so wie die strategische Autonomie, von der Macron immer spricht. Es sind offensichtliche taktische Erfolge für Frankreich. Etwas, womit sich Macron zu Hause für zwei Tage als aktiv und überlegen präsentieren kann.

Aber diese Profilierungsversuche verschlechtern die Stimmung mit Deutschland und werden am Ende auch nicht in der von Macron erhofften Größenordnung Realität. Die Corona-Milliarden sind noch längst nicht ausgegeben, die Schaffung eines neuen Fonds wäre in der rechtlichen Konstruktion aufwendig und würde in vielen Ländern, darunter Deutschland, Österreich, den Niederlanden, zu scharfen innenpolitischen Konflikten führen. Berlin hat keine Zeit für so etwas, mitten im Krieg. Der Schuss geht nach hinten los. Statt ein Entgegenkommen der Deutschen zu bewirken, verstärken die französischen Vorstöße eine in diesen Monaten tiefe Entfremdung zwischen den beiden wichtigsten EU-Staaten. Die unter Stress stehende Bundesregierung zeigt Paris zunehmend die kalte Schulter. Sie hat Druck aus Polen. Druck aus dem Baltikum. Druck aus Paris. Das sind die Kräfte, die in Europa auf Deutschland wirken. Doch wie gesagt: Die Bundesrepublik hat gerade andere, noch viel größere Sorgen.

Kapitel 6

PANIKMODUS

Der seltsame Herr Scholz

Im März 2023 stehen mir Türen offen, die sonst verschlossen sind. Viele Jahre habe ich über die EU berichtet, unendliche Gipfelnächte in den Kathedralen der Brüsseler Bürokratie verbracht. Doch so nah dran war ich noch nie. Monatelang haben wir mit der Verwaltung des Europäischen Rats gesprochen, mit dem Team von Ratspräsident Charles Michel. Immer wieder lautete die Antwort: Nein, das geht nicht. Doch plötzlich geht doch etwas: ein Filmdreh, behind the scenes. Während des Europäischen Rates, wie die EU-Gipfel offiziell heißen, dürfen wir mit unserer Kamera in den Bereich, in dem alle paar Meter ein mannshohes »Leaders only«-Schild steht. Auch wenn der eigentliche Sitzungssaal, die Gespräche der Staats- und Regierungschefs bei den Beratungen tabu sind, die Flure und Delegationsbüros geben neue, faszinierende Einblicke in die Brüsseler Machtmaschine. Und ganz buchstäblich auch manchmal, wenn sich die Türen öffnen, einen Einblick in den Sitzungssaal selbst.

Am frühen Nachmittag an diesem Freitag, dem 24. März 2023, stehen die Türen weit offen. Der Gipfel ist vorüber. Lachend, im Small Talk, verlassen viele den Raum. »Giorgia, Giorgia«, ruft Ursula von der Leyen, dreht auf dem Absatz um und geht zurück. Irgendwas will sie der italienischen Regierungschefin Giorgia

Meloni noch sagen. Ganz hinten, am Kopfende des Raums, stehen die Franzosen. Macron scherzt mit EZB-Chefin Lagarde, mit Küsschen auf die Wange verabschiedet man sich à la française ins Wochenende. Macron wird beim Rausgehen von einer älteren Dame angesprochen, offensichtlich einer Saaldienerin. Ich stehe zu weit weg, um zu verstehen, was gesagt wird. Vielleicht geht sie in Rente. Macron jedenfalls ruft plötzlich seine Fotografin heran, die ein Bild der beiden macht. Macron und die Dame. Daumen hoch von Macron, das Bild wird ihr wahrscheinlich in den nächsten Tagen zugeschickt. Die Atmosphäre könnte nicht gelöster sein. Erst da fällt mir auf, dass mitten in diesem Saal noch jemand sitzt.

Olaf Scholz macht den Eindruck, als bekäme er von all dem, was um ihn herum geschieht, nichts mit. Immer wieder nimmt er einen Schluck aus seiner Kaffeetasse, greift unter den Tisch, um Dokumente hervorzuheben aus einem der großen ledernen Aktenkoffer, von denen er zu jeder Sitzung gleich zwei förmlich in den Raum schleppt. Während die anderen den Moment nutzen für einen informellen Chat, für ein Lächeln, für eine persönliche Verbindung, studiert Scholz irgendwelche Papiere. Stoisch, wie ein Sachbearbeiter im Büro. Nicht wie der Kanzler des größten europäischen Landes. Nicht wie ein Mann, der gerade Allianzen braucht. Scholz arbeitet Politik. Oder vermeidet er gar bewusst den Kontakt, jetzt, wo Deutschland so oft kritisiert wird? »Sorry, aber der ist wirklich speziell«, flüstert mir eine Mitarbeiterin des Rates zu. »Niemand anderes verhält sich so.« Früher, fügt sie hinzu, hätten höchstens die Esten so verschlossen, so abwesend und unnahbar gewirkt wie jetzt Scholz. »But now they have this gorgeous Prime Minister«, sagt sie und meint damit die estnische Regierungschefin Kaja Kallas. »Sorry, Germany.« Sie lächelt mich charmant an, als würde sie um Verzeihung bitten. Aber diese Beschreibung des Bundeskanzlers, aus dem Mund einer Frau, die über Jahre Spitzenpolitiker in Aktion erlebt hat, sagt einiges.

Auch jenseits dieser Gipfelimpression hört man in Brüssel wenig

Begeistertes über den neuen deutschen Kanzler. »Besserwisser« ist ein Wort, das sehr oft fällt. »Scholz weiß alles schon. Er gibt anderen das Gefühl, dass sie einfach nicht verstehen, um was es geht.« Ein Diplomat erzählt von einer Begegnung zwischen Scholz, Macron und dem niederländischen Regierungschef Mark Rutte. »Es war eine relativ lockere Runde. Rutte macht einen Vorschlag. Macron sagt, er finde das gut.« Danach hätten sich die Augen auf Scholz gerichtet. »Doch der grinste nur«, erzählt der Diplomat. »Olaf? War das jetzt ein Ja oder ein Nein?«, fragte ihn Rutte. Aber Scholz habe nicht geantwortet, nur gelächelt. »Ernsthaft, das muss man sich mal vorstellen. So als hätte nur er verstanden, worum es eigentlich gehe. Oder so, als sei ihm ohnehin schon klar, wie die Sache ausgeht. Und er deshalb auch nicht groß drüber reden muss.« Ich kann mir die Szene lebhaft vorstellen, das Befremden, das verzweifelte Suchen nach einer sinnvollen Interpretation von Scholz' Gebaren. »Lebhaft« aber wäre in dem Fall wohl das falsche Wort. »So was ist für Gesprächspartner schon schwierig einzuordnen«, sagt der Diplomat. Irgendwann habe man – halbwegs elegant – das Thema gewechselt.

Jeder Politiker hat seine eigene Mentalität. Seinen eigenen Charakter, seine eigene Arbeitsethik. Sich auszukennen, die Akten gelesen zu haben, akribisch zu sein, das sind durchaus Tugenden in einer Welt, in der auch auf höchster Ebene gelegentlich ziemlich ahnungslose Selbstdarsteller ankommen. Das muss man Scholz zugutehalten. Er arbeitet. Er kennt die Zusammenhänge und Details. Stellt man ihm bei nächtlichen Gesprächen nach einem Gipfel eine Frage, hat man nie das Gefühl, dass er sich darüber noch keine Gedanken gemacht hat. Auch wenn ich oft die Ansichten nicht teile, Scholz denkt, liest und streitet. Und diese Kopfarbeit ist eine Stärke. Aber ich weiß auch, wie wichtig gerade in Europa das Zwischenmenschliche ist. Die Fähigkeit, mit anderen Kontakt aufzunehmen, ein Gespür für deren Kultur zu haben, Vertrauen aufzubauen. Nicht nur theoretisch-nüchtern-technokratisch und mit angelesenem Wissen zu argumentieren, selbst wenn man recht hat. Das diplomatische Zusammenführen von Polen und Griechen ist nicht allein über die Arithmetik gemeinsamer Interessen möglich. »Macron ist ein Typ, der viel redet. Auch, weil er die Debatte als solche liebt und den Wettstreit von Argumenten«, erzählt der Außenminister eines EU-Landes. »Die Diskussion ist für ihn ein Wert an sich.« Und er fährt fort: »Merkel war da sicher ganz anders. Aber sie war ein Dealmaker. Sie hat im entscheidenden Moment gern die anderen zusammengerufen. Eine Koalition, einen Kompromiss geschmiedet.«

Scholz aber ist in diesen Tagen der Botschafter der verstaubtesten Klischees, die man in der EU über Deutsche hat. Steif, verkniffen, humorlos. Die menschliche Ebene ist nicht das Einzige, womit Deutschland in Brüssel verstört. Der Krieg in der Ukraine führt zu einer Reihe von Entscheidungen, die die europäischen Partner vor den Kopf stoßen. Die keine Stringenz erkennen lassen. Die trotz allen Aktenstudiums handwerklich schlecht sind. Deutschland ist fundamental herausgefordert – und operiert im Panikmodus.

Brandbrief

Rund um die Ständige Vertretung in Brüssel bemüht man sich um Schadensbegrenzung. Das große, schlichte Gebäude steht in der Rue Jacques de Lalaing, in der auch die ARD ihr Studio hat. Die Ständige Vertretung ist so etwas wie die Botschaft der Bundesrepublik bei der Europäischen Union. Die »PermRep«, Permanent Representation, wie es im Brüsseler Jargon heißt. Hier arbeiten viele, viele Dutzend deutsche Beamte, um die Europapolitik der Bundesregierung im Zusammenspiel mit EU-Kommission, EU-Parlament und den anderen Mitgliedsstaaten zu konkreten Gesetzen werden zu lassen. Von der Agrarpolitik bis zu den Regeln für europaweite Fahndungen, es gibt Experten für alle Spezialitäten, die die EU so kompliziert und liebenswert machen. Michael Clauß ist der Ständige Vertreter. »Mehr ständig als Vertreter«, scherzt er angesichts von Arbeitszeiten praktisch rund um die Uhr. Zuvor war er deutscher Botschafter in Peking, davor lange im Auswärtigen Amt in Berlin, davor schon mal in Brüssel. Michael Clauß hat eine der wichtigsten Positionen in der deutschen Europapolitik. Und dennoch kennt ihn kaum jemand. So soll das eigentlich auch sein als Diplomat. Nur: Jetzt sieht die Lage anders aus. Der Name Clauß wird sehr prominent genannt. Sogar im Bundestag wird in der Debatte über ihn gesprochen. Und deshalb das Bemühen um Schadensbegrenzung, rund um die »StäV«.

Am 8. Februar 2023 steht Friedrich Merz am Rednerpult im Reichstagsgebäude. Der Oppositionsführer greift die Bundesregierung scharf an – und führt den Ständigen Vertreter als Kronzeugen dafür ins Feld, wie dilettantisch gerade die Europapolitik unter Kanzler Scholz sei. Den Anlass dafür hat Michael Clauß mit einem Schreiben am 9. Januar gegeben, der in manchen Medien als »Brandbrief« nach Berlin bezeichnet wurde. Im Prinzip erklärt er der neuen Regierung darin sicherheitshalber noch mal, wie Europapolitik funktioniert. Dass man sich frühzeitig umhört, wenn Gesetzgebungsverfahren auf europäischer Ebene starten. Dass man dabei vor allem der EU-Kommission eine möglichst konkrete Idee davon gibt, was man sich selbst vorstellen könnte. Schließlich ist es die Brüsseler Behörde, die einen ersten Gesetzestext formuliert. Je näher der an den eigenen Vorstellungen ist, desto weniger muss der Ständige Vertreter dann im AStV, dem mehrmals pro Woche tagenden Ausschuss der Ständigen Vertreter, um Änderungen kämpfen. Gut ist es auch, frühzeitig andere Länder für eine gewisse Richtung innerhalb eines Gesetzgebungsverfahrens zu gewinnen. Denn wenn man der EU-Kommission signalisieren kann, dass die Länder A, B, C bereits klare Prioritäten haben, macht es Sinn für die Kommission, diese bei der Vorlage des Gesetzesvorschlags zu berücksichtigen. Die Grundvoraussetzung dafür aber ist: dass Deutschland selber weiß, was es will. Genau das ist in diesen Monaten oft nicht der Fall.

Stattdessen kommt Deutschland mit seiner zerstrittenen Ampelregierung oft erst im letzten Moment vor der Abstimmung mit seinen konkreten Anliegen um die Ecke, wenn vieles schon festgeklopft ist. Dann ist es entweder zu spät – oder mühsam geformte Kompromisse müssen wieder aufgemacht, Zeitpläne verschoben werden. Selbst bei großen, wichtigen Dossiers ist das der Fall. Bei der Reform des Asylsystems. Bei der Entscheidung, Verbrennungsmotoren weitgehend zu verbieten. So Politik zu machen ist nichts, was dem Ansehen Deutschlands guttut. Nichts, was dem effizienten Funktionieren Europas hilft. Und nichts, was Michael Clauß besonderen Spaß machen dürfte: Ohne klare Weisung aus Berlin muss er in den Tagungen mit seinen Botschafterkollegen lavieren, verzögern oder mit seiner langen Erfahrung schlicht erahnen, wohin Deutschland am Ende wohl wollen wird. Und genau das wirft Merz dem Bundeskanzler nun im Bundestag genüsslich vor: »Wenn sich der Ständige Vertreter der Bundesrepublik Deutschland, also der Botschafter bei der EU, öffentlich darüber beklagt, dass er nicht sprechfähig ist in den Gremien der EU, weil es keine gemeinsame Position der deutschen Regierung gibt, wenn er alleine ist mit dem Vertreter aus Malta, aus Zypern und dann Deutschland, wenn diese drei Staaten nicht sprechfähig sind in der Europäischen Union, wenn es um eine Antwort auf diesen IRA (Inflation Reduction Act der USA) geht, dann ist die Wettbewerbsfähigkeit Europas nicht durch Brüsseler Politik beschädigt und infrage gestellt. Sondern durch die wochenlangen Streitereien in Ihrer Koalition, Herr Bundeskanzler.« Oppositionsreden sind immer zugespitzt. Aber Merz hat durchaus recht. Er schlägt Scholz im Prinzip die Worte seines höchsten Brüsseler Beamten um die Ohren. Keine gute Lage für einen Diplomaten. Vor allem aber: keine gute Lage für Deutschland.

Bestellvorgänge

»Wir erleben eine Zeitenwende.« Dieser Satz des Bundeskanzlers, gesprochen am 27. Februar 2022 im Bundestag, geht um die Welt. »Klar ist, wir müssen deutlich mehr in die Sicherheit unseres Landes investieren. Das Ziel ist eine leistungsfähige, hochmoderne, fortschrittliche Bundeswehr.« Scholz kündigt die berühmten 100 Milliarden Euro Sondervermögen für die deutsche Armee an. Er sagt, dass Deutschland »von nun an Jahr für Jahr mehr als zwei Prozent des Bruttoinlandsprodukts« in die Verteidigung investieren werde.

Nur wenige Tage danach spreche ich in Brüssel mit Samantha Power. Die frühere US-Botschafterin bei den Vereinten Nationen hat einst eng mit US-Präsident Obama zusammengearbeitet. In einer Zeit, als auch Obama mehr deutsches Engagement, mehr deutsche Stärke und letztlich eine Aufrüstung Deutschlands forderte. Power ist überrascht vom Kurswechsel in Berlin: »Es ist faszinierend zu sehen, welche großen Schritte Deutschland nun unternimmt«, sagt Power. Der Krieg verändert die Welt, er verändert Deutschland. Die neue Lage, der neue Tatendrang, sie könnten auch der Ansatz für mehr Gemeinsamkeit in Europa sein.

Der Bundeskanzler verspricht in seiner Bundestagsrede: »Darum ist es mir zum Beispiel so wichtig, dass wir die nächste Generation von Kampfflugzeugen und Panzern gemeinsam mit europäischen Partnern und insbesondere Frankreich hier in Europa bauen. Diese Projekte haben oberste Priorität für uns. Bis die neuen Flugzeuge einsatzbereit sind, werden wir den Eurofighter gemeinsam weiterentwickeln.« Diese Verzahnung der Rüstungsindustrie, die Fertigung der eigenen Waffen in der EU, erscheint derzeit besonders dringlich. Vor allem Frankreich hat diesen Punkt seit Jahren immer wieder vorgebracht: Eine europäische Souveränität, die Chance, sich dauerhaft selbst zu verteidigen, kann man nur haben, wenn man auch die Waffen selbst produziert. Wenn man nicht abhängig ist von Dritten. Und da Waffen teuer in der Entwicklung sind, müssen sie zur Amortisierung auch an andere Länder außerhalb der EU verkauft werden können. Genau da aber ist Deutschland von jeher deutlich zurückhaltender. Der Verkauf von Waffen ist aus Sicht der Franzosen letztlich Bedingung für eine wirtschaftliche eigene Produktion. Und die eigene Produktion ist wiederum Bedingung für eigene militärische Stärke. Nimmt man dieses Argument ernst, könnten die 100 Milliarden Euro, die Deutschland nun plötzlich ausgeben will, eine kraftvolle Anschubfinanzierung für eine Kapazitätsausweitung der europäischen Rüstungsindustrie sein. Die Saat für neue Investitionen. Doch schon in seiner Zeitenwende-Rede deutet Scholz an: Ein Großteil des frischen deutschen Geldes wird wohl außerhalb der EU ausgegeben. »Die Anschaffung der bewaffneten Heron-Drohne aus Israel treiben wir voran«, sagt der Kanzler. Und: »Für die nukleare Teilhabe werden wir rechtzeitig einen modernen Ersatz für die veralteten Tornado-Jets beschaffen.« Doch nicht etwa in Europa, sondern in den USA: »Das Kampfflugzeug F-35 kommt als Trägerflugzeug in Betracht«, sagt der Kanzler. Nur knapp drei Wochen später ist aus dem »in Betracht kommen« schon eine offizielle Entscheidung geworden: 35-mal F-35-Kampfjets, bitte. Die Bundeswehr wird den modernsten Düsenjäger der Welt kaufen. Der vielleicht größte Einzelauftrag des deutschen Sondervermögens geht nach Amerika, an den US-Hersteller Lockheed Martin.

Ein französischer Diplomat ist entgeistert. »Die Deutschen denken einfach nicht strategisch«, sagt er. Er verstehe durchaus gewisse Argumente: Die F-35 ist ein Tarnkappenflugzeug, auf dem Radar kaum zu erkennen. Das ist ein Vorteil, wenn es eine Atombombe transportieren soll. Er versteht auch das Zeitargument. Deutschland wolle jetzt, im Krieg, schnell handeln. Die F-35 ist bereits entwickelt. Man kann sie kaufen. Das hochmoderne europäische Kampfjetsystem FCAS dagegen existiert nur als Computersimulation. Auch die Tatsache, dass andere europäische Staaten wie Belgien, Finnland, Polen, Tschechien, Großbritannien, Italien, Dänemark oder die Niederlande die F-35 bestellen, erleichtere sicher eines Tages die Zusammenarbeit. Doch genau dieser Blick auf »eines Tages« macht dem Mann aus Paris Sorgen. »Was passiert, wenn die USA sich verändern? Wenn Donald Trump zurückkommt? Dann haben wir womöglich ein Problem. Wir sind abhängig, dass sie uns Flugzeuge, Ersatzteile, Bewaffnung liefern. Und wir hätten keine eigene Antwort, keinen Plan B, wenn sie es nicht mehr tun würden.« Der Diplomat klagt, Deutschland fehle die Weitsicht. Rüstungsprojekte und Beschaffungen seien Festlegungen für Jahrzehnte. Die Kosten für die Anschaffung zum Beispiel von Kampfflugzeugen und den Aufbau der für ihren Betrieb nötigen Logistik sind so hoch, dass es automatisch Initiativen zu eigenen Entwicklungen bremst. Man kennt das aus dem Alltag: Wer anfängt, Apple zu kaufen, kauft noch mehr Apple. Und wer im Android- oder Microsoft-Universum arbeitet, für den macht es Sinn, sich weiter an diese Produkte zu halten. Paris jedenfalls fürchtet in unendlich größerem Stil genau diesen Effekt: dass die F-35 der Sargnagel ist – für die bis 2040 geplante Entwicklung von FCAS, des europäischen Kampfjets Future Combat Air Systems, an dem hauptsächlich Deutschland, Frankreich und Spanien beteiligt sind.

»Der Kauf der amerikanischen F-35 ruiniert die Idee einer europäischen Verteidigung«, schreiben französische Zeitungen. Bei unserem wichtigsten Nachbarn ist man verwundert, warum Deutschland möglichst schnell bestellen will und dabei in Kauf nimmt, sich langfristig Optionen zu verbauen. Und man wundert sich noch mehr darüber, dass in einer aus Sicht Frankreichs so zentralen und hochpolitischen Frage keine Konsultation stattfindet. Kein Anruf in Paris, keine gemeinsame Beratung. Was für Berlin offenbar nur ein simpler Bestellvorgang ist, ist für Paris Teil einer Schicksalsfrage. Was für Berlin ein Bestellvorgang ist, ist für Paris ein Misstrauensvotum. »Keep the Americans in« ist offenbar die oberste Prämisse in Berlin. Deutschland will in diesen Tagen die USA als Partner an der Seite wissen. Ähnlich wie Polen oder Litauen, die schon seit Jahren noch deutlicher formulieren: »Macron hilft uns im Ernstfall nicht. Die einzige wirksame Abschreckung gegen Russland ist eine amerikanische Fahne.«

Die Verstimmung der Franzosen bei der früher so oft von Deutschland geforderten Verstärkung seines Militärs setzt sich fort. Am 13. Oktober 2022 bin ich im NATO-Hauptquartier, als dort die Verteidigungsminister von 14 NATO-Staaten und der damals noch nicht dazu zählende Kollege aus Finnland ihre Unterschrift unter die Absichtserklärung für ein außergewöhnliches Projekt setzen: European Sky Shield Initiative. Ein System zum Schutz vor Raketen und anderen Bedrohungen aus der Luft, die Bündelung von Kräften und Ressourcen. Die dazu notwendige Technik soll gemeinsam beschafft werden. Das Projekt wird von Deutschland angeschoben. »Spearheaded by Germany«, wie man das bei der NATO ausdrückt. Die damalige deutsche Ministerin Christine Lambrecht in der Führungsrolle, ein eher seltener Anblick. Belgien ist dabei, Bulgarien, Tschechien, Ungarn, die baltischen Staaten, die Niederlande und Norwegen, die Slowakei, Slowenien, Rumänien und Großbritannien. Doch ein Land fehlt erneut: Deutschlands größter Nachbar und wichtigster Partner auf dem Kontinent, Frankreich. Auch diesmal sieht Frankreich die europäische – und damit die französische – Rüstungsindustrie übergangen.

Paris denkt das Militär und die Rüstungsindustrie stets zusammen. Genau das aber geschieht auch bei diesem möglichen Neustart einer europäischen Zusammenarbeit aus Sicht von Paris nicht. »Die Initiative erlaubt es allen teilnehmenden Ländern, gemeinsam ein Flug- und Raketenabwehrsystem zu entwickeln. Dazu werden interoperable, bereits verfügbare Lösungen verwendet«, teilt die NATO mit. Bereits verfügbare Lösungen. Die sogenannten Off-the-shelf-Systeme, solche also, die schon im Regal stehen, stammen erneut vor allem von außereuropäischen Herstellern: aus Israel und den USA mit dem System Arrow 3, aus den USA mit den bekannten Patriot-Raketen und auch aus Deutschland mit dem Luftverteidigungssystem Iris-T. Dass Frankreich und Italien gerade eine neue, europäische Technik entwickelt haben, wird nicht berücksichtigt: SAMP/T beziehungsweise MAMBA heißt deren Flugabwehrsystem. Entsprechend verweigern sich Frankreich und Italien der European Sky Shield Initiative.

Deutschland zieht seine Konsequenzen aus dem russischen Angriffskrieg im ersten Jahr oft allein. Der innenpolitische Druck auf die Bundesregierung ist groß. Denn nicht zu reagieren wäre politische Führungsschwäche. Vielleicht sogar ein Bruch des Amtseids für einen Kanzler, der sein Volk schützen soll. Für Scholz geht es in diesen Tagen nach Kriegsbeginn darum, konkrete Schritte zu gehen, mit denen sich Deutschlands Schwächen und Fehler aus der Vergangenheit korrigieren lassen. Doch da das realistischerweise nur langfristig gelingen wird, braucht es auch Symbole im Hier und Jetzt. Symbole, die Tatkraft, Umdenken, Entschlossenheit zeigen. Wie die F35.

Ich denke, die französischen Bedenken sind durchaus berechtigt. Natürlich muss Deutschland das Bündnis zu den USA als stärkstem und auf absehbare Zeit einzigem glaubwürdigen Sicherheitsgaranten pflegen. Und dazu zählt traditionell auch der wirtschaftliche Deal, Waffen in Amerika zu kaufen. Doch das Argument, man müsse sich jetzt auf der Stelle gegen einen unmittelbar drohenden Angriff Russlands wappnen, ist für mich nicht mehr schlagend. Paradoxerweise sorgt der Krieg in der Ukraine auch dafür, dass Deutschland und die europäischen EU- und NATO-Staaten Zeit gewinnen, da eine sofortige Ausweitung des Krieges durch Russland nicht zu erwarten ist. Es wäre wohl ein »imperial overstretch«, eine Überforderung der russischen Kräfte. Und selbst wenn der Krieg in der Ukraine eines Tages zum Ende kommt –

fast egal mit welchem Ergebnis –, könnte die russische Armee nach großen Verlusten schwächer sein als vorher. Etwas Zeit, eigene Lösungen zu entwickeln, eigene Rüstungsprojekte voranzutreiben, wäre also vielleicht da.

Doch es fehlt der politische Wille, sie mit dem gleichen Nachdruck anzugehen wie den Kauf bestehender Systeme. In meinen Augen sollte die Bundesrepublik als zentraler Player in Europa dieser französischen Denkweise mehr Zeit und Respekt widmen. Aber Deutschland entscheidet sich anders. Es soll schnell gehen. Pragmatismus vor Strategie. Fundamentale Entscheidungen, vor denen sich das Land und seine Regierungen Jahre oder gar Jahrzehnte gedrückt haben, fallen binnen weniger Tage. Auch wenn der Krieg in der Ukraine und nicht auf deutschem Boden tobt, die Bundesrepublik spürt eine Art existenzieller Bedrohung. Und das bei hoher eigener Verletzlichkeit. Noch stärker als beim Zustand der Bundeswehr trifft das bei einem anderen Thema zu: bei der Versorgung Deutschlands mit Energie.

Whatever it takes

Das Katz-und-Maus-Spiel läuft schon seit Wochen. Erst Wartungspausen. Dann die Diskussion über SGT-A65. Eine Gasturbine, von der Russland so lange behauptet, dass der deutsche Hersteller Siemens Energy sie nicht liefern kann, bis Olaf Scholz selbst ins Werk nach Mülheim fährt, um sich vor dem Metallkoloss ablichten zu lassen. Bitte schön, da ist das Ding, wir können liefern, ist die Botschaft. Doch als die Turbine einige Zeit später am Ziel ist, folgt die nächste Volte des Kreml. Russland verbreitet auf Twitter Fotos von Ölflecken an den Turbinen. Leider schon wieder kaputt. Die Flecken sehen zwar eher nach verschüttetem Kaffee aus. Aber um ernsthafte technische Probleme geht es längst nicht mehr.

Russland spielt mit der Pipeline Nordstream. Es spielt mit einer Schlagader der deutschen Wirtschaft. Der Kreml versucht, den Deutschen Angst zu machen. Vor einem Stillstand der Industrie. Vor einem kalten Winter. Vor einem Ende des deutschen Wohlstands. Und Putin versucht, eine behördliche Zustimmung zu erpressen. Wenn kein Gas durch Nordstream 1 fließt, könnte doch Nordstream 2 in Betrieb gehen. Der zweite Pipelinestrang, der schon so lange in der Kritik steht. Und dessen offizielle Zertifizierung Deutschland kurz vor Kriegsbeginn gestoppt und später verweigert hat. Für den Fall, dass die Betriebserlaubnis nicht kommen würde, hatte Russlands Ex-Präsident Medwedjew schon am 22. Februar 2022 auf Twitter gedroht:»Na dann: Willkommen in der neuen Welt, in der die Europäer bald 2000 Euro für 1000 Kubikmeter Gas bezahlen.«

Doch die Bundesregierung lässt sich nicht mehr erpressen. Der Kreml hat mit dem Einmarsch in die Ukraine sein hässliches Gesicht gezeigt. Und das ist noch abschreckender als das, was vor Kurzem als eine unbeherrschbare wirtschaftliche Katastrophe angesehen wurde: ein Stopp der Gasversorgung aus Russland und explosionsartig steigende Preise. Am 2. September 2022 kündigt Gazprom genau diesen Schritt an. Die Gasversorgung werde »vorerst« nicht wieder aufgenommen. In Berlin reagiert das Bundeswirtschaftsministerium.»Die Unzuverlässigkeit Russlands haben wir in den vergangenen Wochen bereits gesehen. Unsere Maßnahmen für mehr Unabhängigkeit von russischen Energieimporten werden unbeirrt und konsequent fortgesetzt.«

Es ist die größte akute Herausforderung für Deutschland in Jahrzehnten. Dass die Infrastruktur des Landes marode ist, führt nicht gleich morgen zum weiteren wirtschaftlichen Abstieg. Dass die Bundeswehr heruntergewirtschaftet wurde, wird nicht gleich morgen zum Problem, da keine unmittelbare Kriegsgefahr besteht. Doch wenn die viertgrößte Industrienation nicht mehr ausreichend Energie bezieht, dann drohen schnell, innerhalb weniger Wochen, irreparable Schäden. Dann gehen buchstäblich die Lichter aus. Dann könnten Hunderttausende Jobs verloren gehen, Firmen ihre Kunden weltweit für immer verlieren, Industrieanlagen, die auf Energie für einen Dauerbetrieb rund um die Uhr angewiesen sind, zerstört sein. Und andere müssten die Arbeit zumindest vorübergehend einstellen. Bäcker überlegen, keine Brötchen mehr zu backen, Gewächshausbesitzer, keine Tomaten mehr zu ziehen. Denn Brötchen und Tomaten wären bei den prognostizierten Energiepreisen so teuer, dass sie keinen Käufer fänden. Neben den finanziellen Einbußen drohten in dem Fall gewaltige gesellschaftliche Verwerfungen.»Volksaufstände«, wie Annalena Baerbock orakelt hat. Die Preise für Energie schössen nach oben, die Inflation stiege insgesamt auch. Es wäre ein Super-GAU für die Berliner Politik. Einer, der sofortiges und notfalls rücksichtsloses Handeln erforderte, kein langfristiges Konzept. Deutschland ist ins Mark getroffen. Es muss Gas her, jetzt. Und für Firmen, Beschäftigte, Bürger eine breite Unterstützung und Absicherung. Egal wie. Egal wie teuer. Whatever it takes. Auch der Rest Europas hat ein Interesse daran, dass Deutschland diese Herausforderung meistert.»Wenn die deutsche Wirtschaft ein Problem hat, dann haben wir alle eins«, sagt Belgiens Regierungschef Alexander de Croo bei einem EU-Gipfel in Brüssel. Schließlich ist die Bundesrepublik das Herzstück der europäischen Wirtschaft, Auftraggeber für viele Zulieferer im Binnenmarkt. Doch wie Deutschland dann, im Panikmodus, operiert, sorgt für viel Ärger in der EU.

Die Firma, die Deutschland retten soll, sitzt in einem unscheinbaren Bau in Ratingen bei Düsseldorf. Gerade mal gut ein Jahr alt, wird Trading Hub Europe eine zentrale Rolle spielen bei Deutschlands Jagd nach neuem, nicht russischem Gas. Öffentlich werden vor allem die Reisen des Wirtschaftsministers Robert Habeck in die Golfstaaten wahrgenommen. Die Verneigung vor, der Handschlag mit dem Emir von Katar. Prinzipienlos für einen Politiker der Grünen, meinen die einen – wegen der Menschenrechtslage in Katar und weil mehr fossiles Gas nichts mit Klimaschutz zu tun hat. Erfreulich pragmatisch und verantwortungsvoll gegenüber seinem Amt, sagen die anderen über die Energiediplomatie des Ministers. Doch was Habeck da bespricht und verabredet, löst kein einziges Problem in den nächsten Wochen und Monaten. Katar liefert nicht so schnell. THE, wie die Firma Trading Hub Europe in Ratingen abgekürzt wird, macht die wirkliche Arbeit. Ausgestattet mit Milliarden aus Berlin ist die Mission klar definiert. Die im Winter 2021/22 von Russland offenbar ganz bewusst möglichst leer gehaltenen deutschen Gasspeicher wieder füllen, so schnell wie möglich.

Schon im April 2022 hat die Bundesregierung die Voraussetzungen dafür geschaffen. Die Firma Gazprom Germania, der die deutschen Gasspeicher in der Zeit blinden Vertrauens in Russland verkauft wurden, wird unter die Verwaltung der Bundesnetzagentur gestellt. Darüber hinaus bekommen die Speicher eine neue Aufgabe.

Die Bundesrepublik Deutschland hat nämlich zu dem Zeitpunkt – anders als bei Erdöl – keine strategische Gasreserve. Aus heutiger Sicht kaum zu fassen, doch so weit gingen einst Gutgläubigkeit und Naivität. Die Gasspeicher waren letztlich nur Puffer, Zwischenspeicher und Umschlagplätze für die Unternehmen. Vorgaben, wie sie wann befüllt sein sollen, gibt es nicht. Doch nun legt die Bundesregierung den Schalter um. In mehreren Schritten werden klare Vorgaben gemacht, mit wie viel Gas in den Speichern Deutschland in den Winter gehen will. Auch die EU-Kommission in Brüssel macht nun allen Ländern Vorschriften zur Bevorratung von Gas – entweder in den eigenen Speichern oder in solchen, die in Nachbarländern angemietet werden. 90 Prozent Füllstand zum 1. Dezember eines jeden Jahres ist zunächst die Vorgabe in Deutschland – zum Vergleich: Am Tag des russischen Einmarsches in der Ukraine lag der Wert bei rund 25 Prozent. Dann eine Verschärfung: Die 90 Prozent sollen schon zum 1. November erreicht sein. Am 28. Juli 2022 erlässt Minister Habeck eine noch weitergehende »GasSpFüllstV«, Gasspeicherfüllstandsverordnung. Ein Wort übrigens, für das die deutsche Sprache in Brüssel geliebt wird. Dieser neue Text legt fest, dass der Füllstand der Speicher vor Beginn des Winters sogar bei 95 Prozent liegen muss. Und damit mögliche Liefer- und Bevorratungsprobleme nicht erst Mitte Oktober offenbar werden, wird ein Pfad zur Befüllung der Speicher definiert. 75 Prozent zum 1. September, 85 Prozent zum 1. Oktober. Deutschland steuert also per Gesetz mit angehängter Verordnung radikal um.

Und das hat praktische Folgen am Gasmarkt. Folgen, die unsere europäischen Nachbarn teuer zu spüren bekommen. Denn wenn das größte Industrieland des Kontinents unter einem durch Verordnung geregelten, öffentlich bekannten Zeitdruck, in einem Moment, in dem die Versorgung mit Gas deutlich knapper wird, gewaltige Mengen Gas einkauft, dann hat das eine klar absehbare Wirkung: Der Preis schießt in astronomische Höhen. Und da Erdgas, als Flüssiggas namens LNG, ein relativ homogenes Produkt ist, steigt der Preis für alle Gasimporteure in ganz Europa. 15 Milliarden Euro Steuergeld hatte die Bundesregierung THE am 22. Juni 2022 für die Einkäufe zugesagt. Unterstützung, die andere Länder ihren Firmen in dieser Großzügigkeit nicht gewähren können. Wo immer nun Kubikmeter von Gas angeboten werden, versucht Deutschland zuzuschlagen. Eine Koordinierung mit den europäischen Nachbarn findet nicht statt. So kommt es, dass sich EU-Staaten gegenseitig überbieten und ausstechen. Welcher Käufer auch immer am Ende den Zuschlag für die Lieferung bekommt, er hätte es deutlich billiger haben können, wenn sich die anderen Nachbarn für einen Moment zurückgehalten hätten. Ein geregelter Einkauf, zeitlich gestaffelt, hätte in den EU-Staaten Milliarden Euro gespart. Ein gemeinsamer Einkauf der EU wohl sogar noch viel mehr.

Schon im Frühjahr 2022 hatte ein polnischer Diplomat gewarnt: »Die EU ist auf so einen Wettkampf untereinander nicht vorbereitet. Die EU-Kommission müsste Regeln formulieren, damit einige Länder nicht völlig egoistisch agieren. Wir haben Sorge, dass diese Länder, wenn sie es haben, das Gas dann auch nicht teilen würden.« Und ein belgischer Beamter will vor allem nicht sinnlos Milliarden in die Golfstaaten und nach Norwegen bringen. »Wir müssen wie bei Covid und den Impfstoffen vorgehen. Und mit gemeinsamem Druck auf die Lieferanten für eine sichere Versorgung zu niedrigen Preisen sorgen.« Ein Punkt, der auch seinem Regierungschef Alexander de Croo wichtig ist. Im Oktober stehe ich mit ihm und ein paar anderen Journalisten auf der Prager Burg. Das Wetter ist sonnig und mild, er hat etwas Zeit, in der Sitzungspause am Rande eines Gipfeltreffens. »Das Schlimme ist«, sagt er, »wir haben Jahrzehnte gebraucht, um in Europa nach dem Zweiten Weltkrieg unseren Wohlstand aufzubauen.« Jede Milliarde sei sauer und langsam verdient worden. »Und jetzt geben wir viele Milliarden Euro unseres Wohlstands jede Woche in die Länder ab, die Gas oder Öl haben.« Der Abfluss des Vermögens, so klagt de Croo, passiere viel zu schnell, verglichen damit, wie lange der Vermögensaufbau gedauert habe. Und besonders ärgert er sich darüber, dass viel mehr Geld abfließt, als eigentlich nötig wäre. Wenn man einen gemeinsamen Einkauf in der EU hätte. Oder mindestens einen koordinierten. Oder gar: eine festgelegte Obergrenze für Gaseinkäufe aus Drittstaaten. Einen Gaspreisdeckel beim Import.

Doch gegen genau diese Dinge wehrt sich Deutschland nach Kräften. Vorschläge der EU-Kommission zum Gaseinkauf oder zum Gaspreisdeckel wehrt Deutschland immer wieder ab. Generell eine gute Idee, durchaus überlegenswert, heißt es regelmäßig aus Berlin. Die Vorschläge müssten aber weiter geprüft werden, viele rechtliche Fragen seien ungeklärt. Die Strategie dahinter ist offensichtlich. THE in Ratingen soll einkaufen und die Speicher füllen. Restriktionen aus Brüssel kann Berlin nicht gebrauchen. Für Olaf Scholz geht es um das Rückgrat der deutschen Wirtschaft. Eine sichere Energieversorgung. Nicht durch schöne Absichtserklärungen kann die gewährleistet sein. Sondern das muss physisch geschehen. Deutschland braucht die Gasmoleküle, viele Millionen Kubikmeter davon. Und Deutschland ist als relativ reicher Staat im Vorteil gegenüber den meisten anderen EU-Staaten. Sich Brüsseler Beschränkungen auferlegen zu lassen, potenzielle Verzögerungen zu akzeptieren wäre irrational aus der rein nationalen Berliner Sicht. Eine Bündelung der europäischen Nachfrage könnte zwar vielleicht dazu führen, dass die Preise wieder sinken. Aber das ist für Deutschland in diesem Moment eher zweitrangig. Hauptsache, das Gas ist da – auch wenn es teuer ist. Whatever it takes.

Die Gaspreise an der zentralen Börse in Amsterdam, Title Transfer Facility oder TTF genannt, erreichen jedenfalls genau dann ihren Höhepunkt, als Deutschland die Weichen für den Großeinkauf stellt. Anfang Februar 2022, also kurz vor Beginn des Krieges in der Ukraine, liegen die Gaspreise bei 77 Euro pro Megawattstunde. Am 20. Juni, kurz vor der Habeck-Verordnung zur Befüllung der Speicher, schlagen 128,50 Euro zu Buche. Anfang Juli werden dann rund 175 Euro verlangt, Anfang August 196 Euro, am 22. August wird der Höchststand erreicht: 339 Euro. In der gleichen Zeit hat Deutschland seine Speicher gefüllt: von 56 Prozent am 15. Juni auf 88 Prozent am 12. September 2022. Danach geht der Gaspreis beinahe kontinuierlich zurück und liegt 2023 sogar wieder deutlich unter dem Niveau von vor Ausbruch des Krieges. »Deutschland hat wie im Rausch gekauft«, sagt mir ein Kommissionsbeamter. »Und erst jetzt, wo sie fertig sind, lassen sie sich auf Diskussionen über Begrenzungen der Preise ein.« Natürlich haben die EU-Vorgaben dazu geführt, dass auch andere europäische Länder verstärkt und schneller versuchten, Flüssiggas zur Befüllung der Speicher zu beschaffen. Doch Deutschlands massives Auftreten auf einem Markt, auf dem es vorher fast gar nicht präsent war, darf durchaus als der wichtigste Preistreiber für Gas in Europa gesehen werden.

Der Präsident der Bundesnetzagentur, Klaus Müller, hatte schon im Mai 2022 gesagt, dass Deutschland »anderen Ländern Gas wegnehme« werde. »Auch das ist ein Teil der Wahrheit.« Müller meinte damit aber auch Staaten im Rest der Welt. Angeführt von Deutschland, nahmen die Europäer große Mengen LNG vom Weltmarkt. Das *Handelsblatt* berichtete unter Berufung auf das Marktforschungsunternehmen Icis, dass vor allem Schwellenländer von der Beschaffungsoffensive betroffen waren. Indien kaufte demnach 2022 rund vier Millionen Tonnen weniger LNG als im Jahr davor, ein Minus von 17 Prozent. Noch extremer der Rückgang in Brasilien: minus 72 Prozent. Pakistan: minus 18 Prozent. China: minus 21 Prozent. Zwar gibt es in allen Ländern auch Sondereffekte, die einen Teil des gesunkenen Gaseinkaufs erklären könnten, von Überschwemmungen und Dürren bis hin zu Covid-Lockdowns. Doch die Tendenz ist recht deutlich: Die deutsche Whatever-ittakes-Politik hat man bis hin in die Schwellenländer des sogenannten Globalen Südens gespürt. Bis in die Länder, um die sich gerade der Bundeskanzler dann wieder diplomatisch bemühte, damit auch sie Russlands Angriffskrieg in der Ukraine verurteilten.

Dass das deutsche Vorgehen vielleicht auch wirtschaftlich gar nicht so schlau war, wird sich später zeigen: Zum Jahresende wird aus Sicht vieler Länder endlich konkret und ziemlich erbittert über einen Gaspreisdeckel in der EU gestritten. Deutschland ist dagegen. »In den Verhandlungen aber hat Deutschland kurzzeitig auch mal einen Gaspreisdeckel angesprochen. Allerdings nicht als Höchst-, sondern als Mindestpreis, als Gaspreisboden sozusagen«, erzählt mir der Beamte. »Dafür sind sie aber ziemlich belächelt worden.« Deutschland hat jetzt nämlich offenbar Sorgen vor einem großen finanziellen Verlust. »Sie haben das teuerste Gas der Welt im Speicher. Die Preise liegen ja wieder deutlich unter den Mondpreisen, die THE bezahlt hat.«

Doppelwumms

Olaf Scholz hat immer Glück. Die Menschen sind sehr freundlich zu ihm. Ganz Europa spricht in dieser Zeit zwar ziemlich abschätzig von Deutschland, findet zum Teil scharfe Worte für das als egoistisch empfundene Vorgehen. Aber Scholz gegenüber wird dieses Missfallen offenbar nie erwähnt. Er sei da nicht drauf angesprochen worden, sagt der Bundeskanzler in diesen Wochen mehrfach. Oder: »Was ich hier in meinen Tickermeldungen sehe und was da vor Ihren Kameras passiert, das ist oft deutlich pointierter als das gute Gespräch, das ich hatte.« Alles kein Problem also? Keine Kritik am deutschen Vorgehen?

Es ist der 7. Oktober 2022. Die tschechische Ratspräsidentschaft hat zu einem Gipfeltreffen auf die Prager Burg eingeladen. Draußen klagt Alexander de Croo, Regierungschef aus Belgien, im kleinen Kreis über den rasant aus Europa abfließenden Wohlstand. Drinnen stehen überall Leinwände und Raumteiler, die das offizielle Logo der Tschechen tragen. Kreisförmig angeordnete, bunte Rauten. Auch der Bundeskanzler hat sich vor so einer Wand platziert. Wie ein Heiligenschein umringen die bunten Rauten Scholz' Haupt. Nur: Die Spitzen der Rauten wirken bedrohlich wie Speere, die auf den Kanzler gerichtet sind. Scholz ist umzingelt, könnte man meinen. Und das passt zur Stimmung.

Ein paar Tage zuvor hat die Bundesrepublik ein Unterstützungsprogramm aufgelegt. Mit der gewaltigen Summe von 200 Milliarden Euro sollen Abschlagszahlungen für Gasrechnungen übernommen, Gaspreise gedeckt und Steuern gesenkt werden. Für deutsche Bürger und Bürgerinnen. Und für deutsche Unternehmen. 200 Milliarden Euro. Scholz nennt das Programm den »Doppelwumms«. Und das ist nicht der einzige Grund, warum man es im Ausland nicht versteht. In Deutschland wird applaudiert. Endlich konkrete Schritte zur Entlastung angesichts der stark gestiegenen Energiepreise. Wer freut sich nicht, wenn er bares Geld vom Staat bekommt. Doch unsere Nachbarn sind schockiert. 200 Milliarden Euro, allein die Summe sprengt die Vorstellungskraft. Doppelt so viel wie das schon als historisch empfundene Sondervermögen für die Bundeswehr. So viel wie die Wirtschaftsleistung eines Jahres von Slowenien, Kroatien und Bulgarien zusammen. Und das nur zur Abfederung der Energiepreise. Auch wenn Konjunkturprogramme in Deutschland immer auch Konjunkturprogramme für Europa sind, die Nachbarn also indirekt profitieren – bei vielen EU-Regierungschefs überwiegt die Sorge, dass Deutschland sich selbst über Wasser hält, während ihnen die Mittel fehlen, die eigenen Firmen zu retten.»Meine Botschaft an Deutschland ist: Seid vereint und solidarisch mit allen anderen«, sagt Mateusz Morawiecki, Polens Regierungschef. EU-Kommissionspräsidentin von der Leyen mahnt:»Wettbewerb muss über Qualität laufen, nicht über staatliche Subventionen.« Und der lettische Ministerpräsident Kariņš warnt davor, dass die deutschen Subventionen den ganzen Binnenmarkt verzerren könnten.»Wir müssen eine gemeinsame Lösung finden. Sonst werden die Länder mit mehr Haushaltsspielräumen die anderen ausstechen«, sagt Kaja Kallas aus Estland – und meint die Bundesrepublik.

Deutschland, das Land, das stets auf fairen Wettbewerb und einen funktionierenden EU-Binnenmarkt drängt, weil der die Grundlage für den deutschen Wohlstand ist, führt nun potenziell marktverzerrende Hilfen und Subventionen in nie dagewesener Größenordnung ein. Und das: rein national. Ohne vorher mit den Partnern darüber gesprochen zu haben. Das mag ein Beleg dafür sein, dass die neue Regierung, nicht mal ein Jahr im Amt, noch unerfahren auf europäischem Parkett ist. Nur auf die heimischen Probleme schaut. Und erst später erkennt, dass gerade deutsches Handeln immer im europäischen Kontext beurteilt wird. Auf jeden Fall ist der unabgestimmte Doppelwumms ein weiterer Beleg dafür, dass Deutschland in diesen Monaten im Panikmodus arbeitet. Man stelle sich vor, Frankreich oder Italien würden so agieren. Ohne ein Wort an Berlin, ohne eine Art Vorprüfung in Brüssel würde Paris mit dreistelligen Milliardenbeträgen französische Konzerne stützen. Der Aufschrei in Deutschland wäre laut und deutlich. Von französischer »Planifikation« wäre die Rede, vom Merkantilismus, von Wettbewerbsverzerrung im Binnenmarkt. Doch Deutschland sieht in diesen Tagen kein Problem mit dem eigenen Handeln. Zurücknehmen kann es die Ankündigung jetzt ohnehin nicht mehr. Höchstens darauf verweisen, dass vielleicht ja nicht die ganzen 200 Milliarden Euro ausgegeben werden – und sowieso nicht alles auf einen Schlag, sondern bis 2024. Andere Länder würden ihren Leuten auch helfen, sagt der Kanzler. Spanien, Italien, Frankreich etwa, auch die Niederlande. Bezogen auf die Wirtschaftskraft sei die deutsche Unterstützung für die eigenen Bürgerinnen und Bürger sowie Unternehmen nicht großzügiger bemessen. »Ich würde sagen, wir liegen im oberen Drittel«, konstatiert Scholz. »Aber keinesfalls an der Spitze.« »Was Deutschland macht«, sagt Scholz in Prag, »ist richtig.« Der Rest der EU schüttelt den Kopf.

Deckel drauf

Gaseinkauf wie ein Bulldozer. Doppelwumms ohne Ankündigung. Der Ärger für die deutschen Beamten in Brüssel ist groß. Wenn schon angeblich nicht Olaf Scholz gegenüber, auf unterer politischer Ebene wird die Verwunderung über das robuste Auftreten Deutschlands durchaus angesprochen. Beide Punkte zeigen, welche faktische Macht die Bundesrepublik in der EU hat. Wie in der Flüchtlingspolitik und zu Beginn der Covid-Krise agiert sie auch jetzt, in dieser für Teile seiner Industrie existenziellen Krise, autark. Deutschland ist ein Gravitationszentrum und scheint sich dessen oft gar nicht bewusst zu sein. Ob es will oder nicht, seine Entscheidungen haben direkte Auswirkungen auf die Nachbarn. Und es kann die Gravitationskräfte niemals ausschalten, genauso wie ein großer Planet das nicht kann. Doch es gibt auch Möglichkeiten, Deutschland etwas abzutrotzen. Die oft nur zum Kreisen verdammten Monde wehren sich.

Schon seit Monaten kämpfen viele EU-Staaten darum, dass in Europa ein Preisdeckel für Gasimporte eingeführt wird. Ihre Logik: Wenn der stärkste Wirtschaftsraum der Erde, der EU-Binnenmarkt, als großer Abnehmer nicht über eine gewisse Grenze hinaus zahlt, dann werden die Preise sinken. Denn Gas ist zwar begehrt. Aber es ist für die Förderländer auch ein ziemliches Problem, wenn es nicht sofort jemand abnimmt. Pipelines führen nur von einer Quelle zu einem Ziel, ein Anschluss an einen Hafen, über den auch in Form von LNG Flüssiggas abtransportiert werden kann, besteht meist nicht. Und wenn, dann nicht mit Kapazitäten, die das Volumen der Pipelines ersetzen könnten. Die Förderer haben kurzfristig also oft gar keine Alternative, was die möglichen Kunden angeht. Und: Gasquellen lassen sich nicht einfach an- und abdrehen wie ein Wasserhahn. Eine Drosselung muss längerfristig geplant sein. Manchmal ist sie aufgrund von Druckverhältnissen und ungünstigen geologischen Formationen in der Erde gar nicht möglich. Läuft die Förderung in einer gewissen Größenordnung, dann muss das Gas im Allgemeinen schnell irgendwohin, es muss verkauft werden. Ansonsten bleibt nur: abfackeln. So wie es Russland nach dem Stopp seiner Lieferungen durch Nordstream für eine Zeit tun musste. Die riesigen, gelb-rot leuchtenden Gasfackeln in winterlicher Landschaft werden mir für immer im Gedächtnis bleiben – als politische Bankrotterklärung, als Ausdruck der ganzen Absurdität und Perversität der russischen Kriegspolitik. Die Verfechter eines EU-einheitlichen Gaspreisdeckels glauben nun aufgrund dieser Überlegungen, dass sie gegenüber den Gasförderländern letztlich in der stärkeren Position sind. Dass durch ihr Verhalten die Preise fallen werden. Und dass, wenn Europa weniger zahlt, auch Kunden weltweit sagen: Warum sollen wir mehr auf den Tisch legen? Japaner etwa. Oder Südkoreaner. Dann würde sich der Effekt der Preissenkung womöglich noch verstärken.

Doch Olaf Scholz ist das zu hoch gepokert. Er ist der Überzeugung, etwas anderes werde eintreten. Europa werde jede einzelne Gasauktion verlieren, weil sich angesichts der angespannten Versorgungslage weltweit immer jemand finde, der genau einen Euro mehr zahle als den Preis, der in der EU als Deckel festgelegt sei. Die Flüssiggastanker würden dann vor Europa umdrehen und Häfen anderswo in der Welt anlaufen.»Es nutzt ja nichts, dass wir Dinge machen, die in der Theorie gut klingen, wo am Ende dann aber kein Gas da ist«, sagt er mir mehrfach. Er spricht es immer als »Gasss« aus, als hörte er es förmlich schon durch die Rohre rauschen. Doch eines weiß Scholz ganz genau: Er kann eine EU-Entscheidung letztlich gar nicht verhindern. Die Einführung eines Gaspreisdeckels ist im Rat der Energieminister, in dem Deutschland durch Robert Habeck vertreten ist, mit sogenannter qualifizierter Mehrheit möglich. Also auch gegen den Willen Deutschlands. Qualifizierte Mehrheit bedeutet, 55 Prozent der Mitgliedsstaaten – also 15 von 27 – müssen zustimmen. Und diese Staaten müssen mindestens 65 Prozent der EU-Bevölkerung repräsentieren. Scholz, das ist für ihn das Unangenehme, hat mehrfach, auch in einer Grundsatzrede vor Studenten in Prag, gesagt, wie wichtig er es fände, dass die EU künftig weniger auf Einstimmigkeit setze, sondern auf Mehrheitsabstimmungen. Damit die EU handlungsfähiger wird, agiler und effektiver auftritt. Doch bei so einem wichtigen Punkt? Immerhin geht es bei der Energieversorgung für Deutschland um alles.

Zunächst versucht die Bundesrepublik, mit inhaltlichen Bedenken die Operation Gaspreisdeckel zu torpedieren. Immer neue Prüfaufträge an die Kommission, Wiedervorlage beim nächsten Treffen in einem Monat. Die Uhr runterspielen, wie man im Sport sagt. So lange, bis die eigenen Gasspeicher gefüllt sind. Doch die Deutschen spüren den Druck der anderen Länder. Als Nächstes versucht Berlin, die Diskussion in eine andere Richtung zu verlagern. Wie wäre es, wenn es nur eine Deckelung für ganz extreme Preisausschläge gibt? Für die Spitzen außerhalb üblicher Korridore und »Preisbänder«. Schon dieser Satz lässt erahnen, wie kompliziert die Ideen dazu sind. Auch Scholz schmunzelt bei einer Pressekonferenz in Brüssel. »Wir haben dazu einen Beschluss gefasst, der im Englischen schon große Literatur ist, wenn ich das so sagen darf: Es geht da um ›limited episodes of excessive prices‹.« Scholz kriegt die Wörter selbst kaum heraus. Später nennt er die Preisspitzen immer »spikes«. Es ist ein weiterer Versuch Deutschlands, das zu verhindern, was Länder wie Belgien oder Spanien wollen. Die reden nicht über begrenzte Episoden. Sie wollen einen allgemeinen Höchstpreis für Gasimporte. Egal ob Spitze oder nicht.

Doch Scholz zieht noch eine ungewöhnliche Karte: Auf dem EU-Gipfel in Brüssel am 20. und 21. Oktober 2022 beharrt der deutsche Bundeskanzler darauf, dass die Einführung eines Gaspreisdeckels nur einvernehmlich geschehen könne. Sollte die Entscheidung der Energieminister am Ende nicht einstimmig getroffen werden, müsse sich der EU-Gipfel erneut mit dem Thema beschäftigen, fordert der Kanzler. Ungeachtet der Tatsache, dass die Minister, juristisch absolut wasserdicht, mit einer qualifizierten Mehrheit jederzeit eine für alle bindende Entscheidung treffen können. Scholz macht hier im Prinzip Politik wie sonst oft Viktor Orbán aus Ungarn. Auch der hat – etwa bei der Einführung des Rechtsstaatsmechanismus, mit dem seinem Land Gelder entzogen werden können – mehrfach versucht, Entscheidungen der EU-Kommission, die seinem Einfluss entzogen sind, oder solche des Ministerrates, wo meist mit Mehrheit abgestimmt wird, zurück auf den EU-Gipfel zu holen. Denn dort gilt die Einstimmigkeit.

Was Deutschland aber unterschätzt: Für die anderen ist der

Kampf um einen Gaspreisdeckel kein Spiel. Sie ächzen unter hohen Energiepreisen, ohne die finanziellen Polster zu haben, über die Deutschland verfügt. Eine spanische Kollegin erzählt mir von ihrer Mutter, fast flehentlich. »Markus, sie kann das wirklich nicht mehr bezahlen. Es muss etwas passieren, sehen das die Deutschen nicht?« Deutschlands EU-Partner nehmen genau wahr, wie die Höchstgebote aus Deutschland die Preise getrieben haben. Sie sehen, dass Deutschland den Rest Europas inständig bittet, Energie und vor allem Gas zu sparen. Und gleichzeitig die letzten eigenen Atomkraftwerke stilllegt oder nicht einmal die simple Prüfung von neuen, eigenen Gasförderungen in der Nordsee oder per Fracking in Betracht zieht. Wie Deutschland also von anderen Solidarität und Verständnis erbittet – aber selbst kaum auf deren Bedenken eingeht. Deutschland, so scheint es mir in diesen Tagen, ist geprägt von zwei unausgesprochenen Grundüberzeugungen: dass man in Berlin die Weltmärkte und die globalen Zusammenhänge ohnehin besser verstehe als der Rest der EU. Immerhin ist man eine erfolgreiche Exportnation. Und dass die anderen Länder erneut auf Kosten Deutschlands einen Vorteil suchten. Es sind Denkmuster, die mir über die Jahre immer wieder begegnet sind und die oft genug zur selbst gestellten Falle werden, in die Deutschland tappt. Gerade die Debatte um Energiepreise und Versorgungssicherheit ist eine, bei der ein bisschen mehr Demut aus Deutschland angebracht gewesen wäre – nach den schwerwiegenden Fehlern der Vergangenheit. Doch Deutschland agiert, wie es agiert. Und das trägt am Ende dazu bei, dass es zu einer Art Showdown kommt. Der Geduldsfaden ist dünn geworden. In der letzten Sitzung der Energieminister unter tschechischer Präsidentschaft droht der Vertreter aus Prag tatsächlich mit der Brechstange – mit der Mehrheitsabstimmung.

»Die europäischen Bürger und die Unternehmen erwarten von uns, dass wir handeln«, sagt Energieminister Jozef Síkela. Es ist früh am Morgen, 19. Dezember 2022, seine Worte hallen durch das riesige, dunkle Foyer des Europa-Gebäudes in Brüssel. »Ich sehe keinen Grund, warum es heute keine Einigung geben sollte. Es gibt nichts, was uns jetzt aufhalten wird.« Er erzählt, dass man auf die Bedenken vieler eingegangen sei. Auf diejenigen, wie er sagt, die einen Gaspreisdeckel wollen. Und auf die, die ihn fürchten. »Ich wünsche mir natürlich eine einstimmige Entscheidung. Aber wenn nicht, dann ist mein Ziel, die ganze Sache aus der Blockade zu holen und eine qualifizierte Mehrheit zu haben.« Die Nachfrage kommt prompt: Würden Sie so eine wichtige Entscheidung herbeiführen und dabei Deutschland überstimmen? Síkela antwortet in genau einem Satz – und der zeigt, wie blank die Nerven liegen: »Es geht hier nicht um Überstimmen, es geht um eine Einigung.«

Kurz darauf kommt Wirtschaftsminister Habeck an. Er wirbt noch mal, wie wichtig es sei, geschlossen aufzutreten. Sagt, wie oft man in den vergangenen Monaten zusammengefunden habe. Er spricht vom »Geist des Konsensualen«, der die Zusammenarbeit seit Kriegsbeginn geprägt habe. Und mahnt, dass es »nicht anzustreben« sei, wenn die Einigkeit jetzt erzwungen werde. Doch Habeck reflektiert auch die größere politische Konstellation. Die Widersprüche im deutschen Auftreten. »Ich meine, Deutschland ist ein Land, das immer wieder sagt: Lasst uns handlungsfähig werden. Wir müssen qualifizierte Mehrheiten herbeiführen. In den verschiedenen Bereichen auch in der Lage sein, Abstimmungen durchzuführen. Wenn es so kommt, werden wir damit leben müssen.« Und er macht auch deutlich, dass Ambivalenz und Unklarheit des Kanzlers nicht hilfreich sind. Der hat ein paar Tage vorher gesagt, er hoffe, ein Gaspreisdeckel werde »so hoch angesetzt sein, dass er nie zur Anwendung kommt«.

Doch was ist hoch? Seit dem Höchststand der Preise im August hat sich der Gaspreis jetzt, im Dezember, schon wieder mehr als halbiert. Ist der Höchstpreis also der Rekordpreis vom Sommer? Oder ist der aktuelle Preis auch jetzt immer noch ein Höchstpreis, weil er um ein Vielfaches, vier, fünf Mal, über dem liegt, was vor Russlands Einmarsch in die Ukraine als normal angesehen wurde?

»Da hat der Rat, mit allem Respekt vor den Staats- und Regierungschefs, uns eine Aufgabe gegeben, die sie nicht weiter definiert haben«, sagt Habeck und fasst die ganze Lage noch einmal zusammen. Worte, die man so von Olaf Scholz nie gehört hat. Und von Angela Merkel nach ihrem Ausscheiden aus dem Amt auch nicht.

»Ich verstehe auch die Sicht der anderen Länder auf Deutschland, die ja ungefähr so ist«, setzt Habeck an. »Wir haben euch gewarnt, alle eure Abhängigkeiten auf Russland zu setzen. Halb Europa, drei Viertel Europas haben Deutschland gesagt, nicht Nordstream 1 und Nordstream 2! Baut mal lieber ein LNG-Terminal. Wir haben gesagt, machen wir nicht. ›Wir‹ heißt: die vorherige Bundesregierung. Wir haben den Preis dafür gezahlt. Jetzt fehlt Zentraleuropa, Deutschland, Österreich, der Tschechischen Republik, erst einmal Gas. Alle zahlen den höheren Gaspreis. Auch die Spanier beispielsweise, die damit gar nichts zu tun haben. Und Deutschland hat die finanzielle Möglichkeit, unsere Verbraucher und Verbraucherinnen etwas zu schützen. Dass die sagen: Ihr habt den Schlamassel angerührt – natürlich war es Putin in gewissem Sinne –, aber ihr habt euch nicht darauf vorbereitet, wir zahlen alle einen Preis, wir müssen jetzt mal eine Maßnahme dagegen machen, das ist voll verständlich. Wie würde ich reden, wenn ich spanischer Politiker wäre?« Doch Habeck warnt auch, jetzt »nicht aus dem Brast heraus« einen Fehler zu machen, der dazu führen könnte, bald ohne Gas dazustehen. Es sind solche Statements, die Diplomaten anderer Länder in Brüssel in diesen Tagen nur sehr selten hören. Stattdessen lenkt die Bundesregierung den Blick oft ausschließlich auf die aktuelle Herausforderung, als ob es keine Vorgeschichte gegeben hätte.

Am Abend steht eine Einigung. Deutschland hat einem Gaspreisdeckel, den es eigentlich nicht wollte, zugestimmt. Der Kosmetik, der Optik wegen. Der Deckel hat jetzt auch einen anderen Namen: »Es war klar, dass ein Marktkorrekturmechanismus kommen würde«, gibt Habeck zu. Aber Deutschland hat sich in der konkreten Ausgestaltung zumindest etwas durchgesetzt. Es könnte nämlich tatsächlich sein, dass der Gaspreisdeckel nie zum Einsatz kommt, wie Scholz es gehofft hat. Das »Capping«, wie es in den EU-Papieren heißt, startet frühestens bei einem Gaspreis von 180 Euro. Deutschland hätte die Grenze gern noch höher gehabt. Aber 180 Euro liegen mehr als 50 Prozent höher als der Gaspreis an diesem 19. Dezember 2022, an dem die Megawattstunde mit 110 Euro gehandelt wird. Zudem sind diverse Hintertürchen eingebaut, sogenannte Safeguards, wann der Gaspreisdeckel ausgesetzt werden kann, wann der Marktkorrekturmechanismus nicht greift: wenn es etwa eine Mangellage an Gas gibt, also weniger Gas auf dem Markt verfügbar ist; oder wenn durch einen bestimmten Grund deutlich mehr Gas verbraucht wird als üblich. Wenn es also ganz eng wird, gilt der Gaspreisdeckel nicht – und Deutschland könnte weiter frei und uneingeschränkt einkaufen. Whatever it takes. Komplett ausgenommen sind beim Marktkorrekturmechanismus auch sogenannte Over-the-counter-Geschäfte, also solche, die nicht über die Börse, sondern direkt zwischen einem Gaslieferanten und einem großen Verbraucher, etwa einer Chemiefabrik, abgeschlossen werden. Diese Form des Einkaufs ist in der deutschen Industrie weitverbreitet.

Auch wenn Habeck an diesem Abend lobt, dass man sich zusammengerauft habe und die Zustimmung als Zeichen der deutschen Solidarität mit dem Rest Europas verstanden werden sollte: Die Kombination aus aggressiven Gaskäufen, unabgestimmten Milliardenhilfen für deutsche Verbraucher und Firmen und dazu die lange Abwehrschlacht gegen den Gaspreisdeckel haben das Image der Bundesrepublik in der EU nachhaltig beschädigt. Erneut wird Deutschland als egoistisch wahrgenommen. Als ein Land, das sich selbst für proeuropäisch hält, aber nur so lange auch entsprechend handelt, wie Europa genau die Ergebnisse produziert, die Deutschland braucht.

Zugleich aber versteht auch mancher: Deutschland war fundamental herausgefordert. Es ging für einige Monate um das Überleben des Wirtschaftsmodells der Bundesrepublik. Und das Ergebnis muss man als fast sensationell bezeichnen, zumindest aber als gelungene Schadensbegrenzung im ersten Jahr: Ein riesiges Industrieland verliert auf einen Schlag 55 Prozent seiner Gaslieferungen. Es scheint dem Untergang geweiht. Jede Simulation hätte vorher für so ein Szenario einen gewaltigen Einbruch der Wirtschaft und Massenarbeitslosigkeit vorhergesagt. Doch Deutschland entgeht diesem Schicksal. Die Lichter gehen nicht aus. Es gibt keine Volksaufstände. Ein paar Monate mit extrem hohen Energiepreisen. Ein paar Monate voller Sorgen. Ein paar Monate, in denen in nicht für möglich gehaltener Geschwindigkeit LNG-Terminals an Nord- und Ostsee gebaut werden. Ein paar Monate, in denen Gasunternehmen enteignet, gestützt oder verstaatlicht werden. Natürlich ist Flüssiggas deutlich teurer als das früher bezogene russische Pipelinegas. Die Energiepreise bleiben hoch in Deutschland, die Wirtschaft ächzt, der Standort Deutschland büßt an Attraktivität ein. Aber die sofortige Katastrophe ist ausgeblieben. Am Ende geht die Bundesrepublik schon fast gelassen in den Winter 2022/23. Und das ist eine gute Nachricht für den ganzen Kontinent. »Deutschland musste handeln. Musste!«, gibt mir ein Mitarbeiter der EU-Kommission zu verstehen. »Es stand alles auf dem Spiel. Ich kann es sogar verstehen: Ob das bei den anderen gut ankam, war für Berlin in dem Moment schlicht zweitrangig.«

Kapitel 7

DEUTSCHE FÜHRUNG

Handwerker

Die Skyline von Warschau ist faszinierend. Während man im Flugzeug vom Chopin Airport aufsteigt, wachsen die Hochhäuser in Sekundenschnelle scheinbar aus dem Boden. Je höher man steigt, desto mehr sieht man von der polnischen Metropole. Früher wurde das Land in Deutschland belächelt. Von Autodieben war viel die Rede. Und von Billighandwerkern. Doch jetzt kann Polen über so viel Ahnungslosigkeit und dumme Klischees nur noch lachen. Wenn es überhaupt die Zeit hat, sie sich anzuhören. Denn Polen ist geschäftig, hat zu tun, baut seine Zukunft. Immer, wenn ich in diesem Land reise, bin ich beeindruckt. Von den makellos sanierten Altstädten. Den selbst am östlichen Rand der EU perfekt asphaltierten Radwegen. Von einer selbstbewussten, ehrgeizigen jungen Generation. Von Kreativität und Kultur. Up and coming, dieses Polen. Die Fördergelder aus Brüssel – bis zu zwölf Milliarden Euro netto pro Jahr – hat das Land effektiv und sichtbar genutzt. Die Wirtschaft wächst rasant.

Für jeweils sieben Jahre werden die Haushalte in der EU aufgestellt, der sogenannte mehrjährige Finanzrahmen (MFR). Seit 2021 läuft der aktuelle. Und derzeit sieht alles danach aus, dass Polen beim nächsten MFR ab 2028 schon zu den Nettozahlern der EU gehören wird. Das bedeutet, es wird dann erstmals mehr in die

EU-Kasse einzahlen, als es zurückbekommt. Polen ist eine Erfolgsgeschichte für das Versprechen der EU, Wohlstand für seine Bürger zu schaffen.

Doch nicht mehr nur dafür, für Fleiß, gute Arbeit und gute Zahlen, wird Polen geschätzt. Manche trauen dem Land nun, nach Ausbruch des Ukraine-Krieges, auch eine größere politische Führungsrolle in Europa zu. Eine atemberaubende Entwicklung: Nicht mal 20 Jahre sind vergangen, von der Aufnahme eines armen osteuropäischen Landes in die EU bis zu solchen Schlagzeilen: »Meet Europe's coming military super power: Poland«, schreibt die Nachrichtenseite *Politico*. Der britische *Telegraph* titelt: »Poland will be wealthier than Britain by 2030.« US-Präsident Joe Biden war seit Ausbruch des Krieges mehrfach in der polnischen Hauptstadt Warschau. In Berlin war er noch nicht.

Regierungschef Mateusz Morawiecki stellt daher immer wieder bewusst den Kontrast zu Deutschland her. In Interviews klingt das so: »Ich würde sagen, dass es vor einem Jahr viel Vertrauen anderer Länder in Deutschland gab. Und jetzt hat sich dieses Pendel in Richtung Misstrauen bewegt.« Deutschland versuche, »halb schwanger zu sein. Ein bisschen neu zu denken und die Ukraine zu unterstützen«, gleichzeitig aber auch »zu glauben, dass man mit Russland wieder zur Tagesordnung übergehen sollte«, sagt Morawiecki sogar noch Anfang 2023, als der Krieg schon mehr als ein Jahr tobt. Es hört sich an wie: Der König ist tot, es lebe der König. Doch ob das selbstbewusste Polen eine Führungsrolle wirklich ausfüllen könnte? Daran dürfen durchaus Zweifel bestehen. Vor allem, weil Polen angesichts einer autoritär den Staat umbauenden Regierungspartei PiS kein Vertrauen in Westeuropa genießt. Viele zweifeln sogar, ob man Polen überhaupt als Rechtsstaat bezeichnen kann.

Wie wäre es dann mit Frankreich als neuer Führungsmacht? Als Alternative zum angezählten Deutschland? Der Satz »Le roi est mort, vive le roi« jedenfalls stammt aus Paris. Und von seinen

Ambitionen her ist Präsident Macron der geborene Anführer Europas. Von ihm kann niemand sagen, er habe sich über unseren Kontinent, dessen Rolle in der Welt und Europas Stärken und Schwächen noch keine Gedanken gemacht. Bei keinem Staatsoberhaupt oder Regierungschef in der EU spürt man so viel analytische Tiefe.

Doch Macron ist zu Hause geschwächt. Seit Beginn seiner Amtszeit hat er die Gelbwestenbewegung gegen sich. Straßenschlachten auf den Champs-Élysées und landesweit in sozial schwachen Gegenden verstören beizeiten nicht nur die französische Nation. Und nach der brachialen Durchsetzung einer Rentenreform kann sich Macron nicht mal mehr der Unterstützung der von ihm selbst gegründeten Partei im Parlament sicher sein. Selbst seine eigenen politischen Geschöpfe in Hemd und Anzug rebellieren. Seit nunmehr sieben Jahren versucht Macron außerdem ohne durchschlagenden Erfolg, die EU zu reformieren. Außenpolitisch hat er sich mit diversen Äußerungen vor allem bei vielen osteuropäischen Ländern diskreditiert, etwa mit den Aussagen über den »Hirntod« der NATO oder darüber, dass sich Europa nicht in Konflikte wie einen zwischen den USA und China rund um Taiwan hineinziehen lassen dürfe. Konflikte, wie Macron sagt, »die nicht unsere sind«. Auch die Behauptung aus Paris, man verfüge über die stärkste Armee in Kontinentaleuropa, beeindruckt kaum jemanden. Natürlich verfügt Frankreich als einziges EU-Land über Atomwaffen. Aber bei der konkreten Unterstützung der Ukraine mit Panzern, Munition und Haubitzen hat Paris oft nur wenig anzubieten. Manchmal scheint es, als wäre die französische Armee noch schlechter ausgestattet als die Bundeswehr. Nur dass darüber weniger geredet wird. Wer also nimmt die Dinge in Europa in die Hand? Und wie sieht eine angepasste, vielleicht gar neue Struktur Europas aus?

Die unverzichtbare Nation

Wie eine mittelalterliche Karavelle auf hoher See und unter heftigem Beschuss wirkt Deutschland spätestens seit Beginn des Krieges in der Ukraine auf mich. Einschläge überall, die schweren Kanonenkugeln krachen durchs Holz. Die Außenwand ist durchlöchert. Und das Wasser dringt ein. Mit hohem Druck, scheinbar unaufhaltsam. Der Stopp der Gaslieferungen. Die kaputtgesparte Armee. Die wirtschaftliche Abhängigkeit von China. Die in die Jahre gekommene Infrastruktur. Und die durch all die Probleme sich zunehmend verschärfenden innenpolitischen Spannungen. Jeder einzelne Punkt gleicht einem Geschoss, das noch eine Schiffsplanke splittern lässt. Und noch eine. Das Schiff Deutschland scheint dem Untergang geweiht, doch wie Matrosen, die sich in Panik gegen den Untergang stemmen, haben die Bundesregierung und einige Unternehmen die Löcher gestopft. Haben irgendwie Möglichkeiten gefunden, die Schäden im Schiffsrumpf halbwegs abzudichten. Nun hat sich das Kampfgeschehen etwas gelegt. Der Seegang ist ruhiger geworden. Das Schiff sieht nicht mehr schön aus. Ein Wrack, zusammengeflickt. Überall Provisorien, an manchen Stellen tropft noch weiter Wasser ins Innere. Doch egal. Hurra, wir leben noch! Die Matrosen sind erschöpft, können für einen Moment durchatmen – bevor sie merken: Die wahre Arbeit kommt erst noch. Um wieder segeln zu können. Und: damit sich so etwas nicht noch einmal wiederholt.

Dieses Bild von Deutschland habe ich über viele Monate vor meinem geistigen Auge gehabt. Und noch immer trifft es für mich ziemlich genau die Lage unseres Landes. Es braucht eine Generalüberholung. Eine neue Konzeption. Und sehr aufwendige, grundlegende Reparaturen. Für sich selbst, im ganz eng verstandenen nationalen Interesse. Aber auch für die Sicherheit, den Wohlstand und das politische Gewicht Europas. Denn sosehr Deutschland

Fehler gemacht hat – und sosehr manche EU-Partner wie etwa die polnische Regierung diese Fehler zur eigenen Profilierung immer wieder herausstreichen –, an Deutschland kommt aus meiner Sicht niemand vorbei, wenn es darum geht, die Zukunft des Kontinents zu gestalten. Deutschland ist eben die »unverzichtbare Nation«, wie es einst der polnische Außenminister Sikorski gesagt hat.

Wir hören das nicht gern. Deutschland. Wichtig? Bedeutend? Gar: eine Führungsnation? Sosehr wir häufig von uns selbst überzeugt sind, so oft begegnen mir Zweifel an einem deutschen Führungsanspruch oder auch nur einer besonderen Verantwortung, wenn ich in Deutschland unterwegs bin. »Ist das denn wirklich so?«, fragt mich ein älterer Herr bei einem Vortrag in Warendorf im Münsterland. »Wir können doch gar nichts bewegen gegen Amerika oder China«, fügt er hinzu. Objektiv gesehen stimmt das sicher. Aber die Projektionsfläche für deutsche Ambitionen oder Verantwortlichkeiten ist in meinen Augen nicht die der globalen Supermächte, sondern die der europäischen Landkarte. Und da ist Deutschland, vereinfacht gesagt, die USA Europas. Die Supermacht Europas. Rein faktisch. Aus dem Kommentar meines Zuhörers in Warendorf und vielen anderen, ähnlichen Gesprächen höre ich auch jedes Mal eine Urangst unseres Landes heraus: sich verheben zu können, durch zu viel eigene Linie die Welt noch einmal ins Unglück zu stürzen. Gewiss, die Vorsicht ist historisch berechtigt, aber es spricht daraus auch eine Menge Bequemlichkeit. Am schönsten für uns Deutsche sind die Zeiten, in denen wir für nichts Verantwortung haben und die Welt trotzdem genau so ist, wie wir sie für unseren Wohlstand brauchen. Tatsächlich war dieses Stillhalten, Abwarten, Die-Dinge-laufen-Lassen fast immer die richtige Strategie für die Bundesrepublik. Doch dieses Modell, ich nenne es »große Schweiz«, wird so wohl nicht weiter funktionieren. Jetzt, nach Putins Einmarsch in der Ukraine.

Schauen wir auf die Fakten. Deutschland ist das Land mit den meisten Einwohnern in der EU. 83,2 Millionen weist das Statistische Bundesamt aus. Es folgen Frankreich mit 67,8 Millionen und Italien mit 59 Millionen. Deutschland hat damit mehr Einwohner als die 18 kleinsten Staaten der EU zusammen: Malta, Luxemburg, Zypern, Estland, Lettland, Slowenien, Litauen, Kroatien, Irland, Slowakei, Finnland, Dänemark, Bulgarien, Österreich, Ungarn, Portugal, Schweden und Tschechien. Allein diese Aufzählung macht schon deutlich, warum die Bundesrepublik keinesfalls nur ein Land von vielen in der EU ist. Und warum ein nur passives Begleiten der politischen Entwicklungen auf diesem Kontinent zu wenig ist. Wenn wir wirklich glauben, was in unserem Grundgesetz steht, dass die europäische Einigung vorangetrieben werden soll, wer sollte dann Vorschläge dazu machen, Ideen unterbreiten und notfalls auch einmal politisch kämpfen, wenn nicht wir? Wer sollte eine möglichst konkrete Vorstellung davon haben, wenn nicht wir?

Auch geografisch ist Deutschland das Bindeglied innerhalb Europas. Die transeuropäischen Verkehrsachsen verlaufen zwangsläufig durch die Bundesrepublik. Der gesamte osteuropäische Raum ist über deutsche Schienen und Autobahnen an die global bedeutenden Häfen in Rotterdam, Antwerpen oder Hamburg angeschlossen. Die französische, niederländische oder spanische Industrie hat auf den Verkehrswegen durch Deutschland Zugang zu ihren Lieferanten in Polen, Tschechien oder Ungarn. In Deutschland schlägt das Herz des EU-Binnenmarktes. Über die Dominanz der deutschen Wirtschaft, ihre große Bedeutung auf dem Kontinent muss weiter kein Wort verloren werden. Nur so viel: Die Finanzkraft ist ein besonders wichtiges Kriterium für Einfluss in einer zivilisierten Welt. Früher versuchte man, sich vor allem mit Waffen Geltung zu verschaffen. Heute tut man das mit Dollar oder Euro. Und da gehen die Blicke in der EU traditionell und zwangsläufig Richtung Berlin.

Hinzu kommen die kulturellen Bande. Deutschland ist das

Land mit den meisten Nachbarn in Europa. Und es liegt im Zentrum der großen Kulturräume des Kontinents. Es hat direkte Grenzen zu Skandinavien. Zu den osteuropäischen Staaten. Zum Alpenraum. Zum gesamten Beneluxgebiet mit seiner großen wirtschaftlichen Stärke. Und zur Welt der romanischen Staaten – über die Grenze mit Frankreich. All das führt dazu, dass Deutschland oft ein besonderes Verständnis für verschiedene Ansichten, Lebensweisen und kulturelle Eigenarten auf unserem Kontinent hat, für gemeinsame historische Erfahrungen. Durch den Austausch über die Landesgrenzen hinweg. In Flensburg trifft man Dänen. In Aachen Belgier und Niederländer. In Kehl Franzosen. In Konstanz Schweizer, in Kreuth Österreicher, in der Oberpfalz Tschechen, in Frankfurt/Oder Polen. Solch vielfältige Verbindungen gibt es in keinem anderen EU-Staat. Wie stark kulturelle Ähnlichkeit auch zu ähnlichen Interessen führt und damit politisch wirksam wird, hat mir einmal der Ständige Vertreter der Bundesrepublik bei der EU, Michael Clauß, erklärt:»Bei manchen Gesetzestexten schauen zum Beispiel skandinavische Staaten oder die Osteuropäer nur, wie wir Deutschen uns positionieren. Und sagen dann: Wenn das für die Deutschen in Ordnung ist, dann wird es auch für uns zumindest nicht die völlig falsche Richtung sein.«

Eine Lösung europäischer Probleme, das war schon in der Vergangenheit eine Binsenweisheit in Brüssel, braucht immer mindestens Deutschland und Frankreich an Bord. Dagegen kann ein großes Bündnis von Frankreich und vielen anderen Ländern, um theoretisch gegen Deutschlands Willen eine weitreichende Veränderung zu erreichen, keinen nachhaltigen Erfolg haben. Die EU, aber auch die NATO sind Organisationen, die wenig interne Durchsetzungsoptionen haben. Sie setzen darauf, dass die Mitglieder sich ohne weiteren Druck, also aus freien Stücken, an die getroffenen Vereinbarungen halten. Es gibt keine »EU-Polizei«, die die Durchsetzung von Brüsseler Beschlüssen in Dänemark, Deutschland oder Griechenland erzwingen könnte. Möglichkeiten, über die Zurückhaltung von Finanzhilfen eine Disziplinierung zu erreichen, sind sehr limitiert und haben ohnehin nur bei solchen Ländern eine begrenzte Aussicht auf Erfolg, die zu den Nettoempfängern gehören. Und zu diesen Ländern zählt Deutschland bekannterweise nicht. Eine grundsätzliche europäische Weichenstellung ohne die Bundesrepublik ist daher schlechterdings nicht vorstellbar. Somit gilt: Was die USA für die NATO sind, ist Deutschland für die EU. Die unverzichtbare Nation. Auch jetzt noch, als ziemlich zerschossene Karavelle. »Ganz formal gesehen sind wir einer von 27. Aber die Realität ist natürlich eine andere«, sagt Michael Clauß. »Wir sind das größte Kalb auf der Weide.«

China

Eine der drängendsten Aufgaben für die Bundesrepublik in den kommenden Jahren wird es sein, das eigene Wirtschaftsmodell zu überdenken und in Teilen zu ändern. Diesen Prozess fordert die veränderte Realität. Billiges russisches Gas, lange ein zentraler Wirtschaftsfaktor für Deutschland, ist schlicht nicht mehr vorhanden. Hier hat die Bundesrepublik keine Wahl, die Anpassung wird de facto erzwungen. Spannend ist, ob sie so gestaltet werden kann, dass die deutsche Wirtschaft auch danach wettbewerbsfähig ist. Bei wohl deutlich höheren Energiepreisen oder einer zumindest vorübergehend drohenden Energieknappheit ist das keineswegs ausgemacht, sondern verlangt viel politische Weitsicht.

»Politisch und unternehmerisch noch heikler für Deutschland dürfte es werden, auf die Risiken zu reagieren, die man in der Vergangenheit immer gern als theoretisch abgetan hat«, sagt mir ein Beamter der EU-Kommission. Und er meint damit vor allem ein Risiko: China.

Wandel durch Handel, das Motto, mit dem sich Deutschland

seine guten Geschäftsbeziehungen oft genug schöngeredet hat, hat hier erkennbar nie funktioniert. Das Land darf man getrost als eine autoritäre Diktatur bezeichnen. Eine, die brutal gegen Andersdenkende vorgeht. Ein Land, in dem es, wie von vielen Menschenrechtsorganisationen glaubwürdig berichtet wird, Zwangsarbeit gibt – auch Zwangsarbeit für westliche Firmen. Aber auch ein Land, das einen gigantischen Markt bietet, mit seinen 1,4 Milliarden Einwohnern, von denen immer mehr Teil einer konsumfreudigen Mittelschicht sind. Wo immer noch zu niedrigen Löhnen gearbeitet wird. Ein Eldorado für Geschäfte. Der Preis für eine Eintrittskarte zu diesem Goldrausch ist es, ausgeliefert zu sein. Man muss als Unternehmen bereit sein, dort zu investieren, wo die Kommunistische Partei Chinas von heute auf morgen den Daumen senken kann – und das Geschäft unmöglich macht. Man muss es schlucken können und wollen, dass Firmenwissen abgekupfert wird und die eigenen Innovationen demnächst von chinesischen Konkurrenten in billiger Kopie oder gar weiterentwickelt angeboten werden. Eine schwierige Abwägung. Aber zumindest bis zum Krieg in der Ukraine wurde sie sehr eindeutig von der deutschen Wirtschaft beantwortet: Wir sind dabei.

Die Kurve auf der Webseite des Statistischen Bundesamtes zeigt steil nach oben:»Anteil von China am Gesamtvolumen des Außenhandels (Importe und Exporte) von Deutschland«, steht als Überschrift darüber. Im Jahr 1999 lag dieser Anteil bei 2,2 Prozent. In der Amtszeit Gerhard Schröders als Bundeskanzler verdoppelte er sich bis 2005 auf 4,4 Prozent. Und kletterte dann auf 9,7 Prozent im Jahr 2022. 298 Milliarden Euro betrug das Geschäftsvolumen. Sieben Jahre nacheinander war China damit der wichtigste Handelspartner Deutschlands. Vor den USA und weit, weit vor Frankreich, den beiden politisch wichtigsten Verbündeten.

Doch die Risiken wachsen. In den vergangenen Jahren ist immer deutlicher geworden, dass die Rivalität zwischen den USA und China zu einem echten Konflikt werden könnte. In diesem

Fall wäre es nicht nur die Kommunistische Partei, die Geschäfte in China verhindern könnte, sondern auch Sanktionen, die womöglich von den USA verhängt werden. Denen müsste die EU wohl zwangsläufig folgen. Immerhin sind die USA der Garant für die europäische Sicherheit, die transatlantische Geschlossenheit ist gerade in diesen Zeiten sakrosankt. Es besteht also das Risiko, dass die deutsche Wirtschaft an einem Punkt X in der Zukunft einen nicht unerheblichen Teil ihres Geschäfts verliert. Um die Dimension klarzumachen: Deutschlands Außenhandel mit Russland hatte 2021 ein Volumen von rund 60 Milliarden Euro. Der mit China ist fünfmal größer.

Kein Land muss diese möglichen politischen Risiken jetzt so intensiv durchspielen wie die Bundesrepublik. Kein Land ist so exponiert im Reich der Mitte. Der Schlüssel zum Erfolg in der Vergangenheit wird zur Achillesferse beim Blick in die Zukunft. In Brüssel schaut man genau darauf, wie sich Deutschland nun verhält. »Es ist eine Sache, etwas zu akzeptieren, was man ohnehin nicht ändern kann«, sagt der EU-Beamte. Und meint den Rückzug aus dem Russland-Geschäft. »Aber ein gut laufendes Milliardengeschäft in China zu beenden oder zumindest zu reduzieren, weil es irgendwann Probleme geben könnte, das ist fast paradox – für ein Unternehmen, das Gewinn machen will.« Ich würde hinzufügen: Es ist genauso paradox für einen Staat wie die Bundesrepublik, seine Firmen zu einem Rückzug auf Samtpfoten zu ermutigen. Zu einem vorsichtigen Abschied vom Eldorado. Gerade für Deutschland, dessen politischer Einfluss in Europa und der Welt sich ja nicht aus seinem starken Militär, sondern letztlich aus seiner Finanzkraft speist. Und die wiederum steht in direkter Korrelation zu den Gewinnen seiner Unternehmen.

Martin Brudermüller sieht das genauso. Ausgerechnet am 24. Februar 2023 tritt der Vorstandschef des weltgrößten Chemiekonzerns BASF in Ludwigshafen bei der Bilanzpressekonferenz des Unternehmens auf. Am 24. Februar, am Jahrestag des russi-

schen Einmarsches in die Ukraine. Brudermüller erläutert, warum
er auch jetzt weiter auf China setzt. Warum er sich nicht etwa zu-
rückzieht, sondern vielmehr die größte Investition in der Geschichte seines Unternehmens erst noch ausführt, im südchinesischen Zhangjiang. Zehn Milliarden Euro will BASF bis zum Ende
des Jahrzehnts in sein dortiges Werk stecken. Die größte Investition einer deutschen Firma überhaupt in China liegt nicht in der
Vergangenheit, sondern wird gerade erst getätigt.»Ich sage nicht,
dass die Investitionen dort ohne Risiken sind. Aber die Chancen,
die wir sehen, übertreffen die Risiken.« Er erläutert, dass sein Unternehmen Alternativen abgewogen und über ein verstärktes Engagement in den USA nachgedacht habe. Er beschreibt, dass es in
China Wachstum gebe, in Europa hingegen nicht.»Ohne das Geschäft in China wäre die notwendige Umstrukturierung hier so gar
nicht möglich. Nennen Sie mir doch mal ein Investitionsobjekt in
Europa, mit dem wir Geld verdienen könnten.«

Was Brudermüller hier durchspielt, ist die Lage seines Konzerns, aber auch die Lage der Exportnation Deutschland insgesamt. BASF hat seine Entscheidung getroffen. Sie ist unangenehm
und für viele nicht nachvollziehbar, zumal BASF gerade Milliarden in Russland abschreiben muss, wo es gemeinsam mit Gazprom an der Nordstream-Pipeline beteiligt war. Und jetzt erneut
eine Entscheidung für das Risiko?»Ja, im schlimmsten Fall ist der
Totalausfall auch in China denkbar«, gibt Brudermüller unumwunden zu.»Aber das würde bedeuten, dass das gesamte weltweite Wirtschaftssystem nicht mehr funktioniert, dann wäre plötzlich alles anders.«

Der Vorstandschef von BASF sitzt zwischen Baum und Borke.
Und auch dem Kanzler geht es nicht besser:»Sie wollen einen Anteil an einem Terminal im Hamburger Hafen an eine chinesische
Firma verkaufen lassen. Wiederholen Sie damit nicht die Fehler
der Vergangenheit?«, frage ich ihn beim EU-Gipfel am 21. Oktober
2022. Scholz antwortet ausweichend. Zieht sich zurück: auf den

Unterschied zwischen dem Hamburger Hafen, dessen Grund und Boden ja nie verkauft werde, und einem Terminal im Hamburger Hafen, das durchaus verkauft werden könne. Er verweist auf weitere Prüfungen, die anstehen. Darauf, dass China auch in anderen europäischen Häfen Anteile an Terminals erworben habe. Und darauf, dass man Hamburg richtig kennen müsse, um das alles richtig zu verstehen. So wie er als früherer Hamburger Oberbürgermeister. Ob er damit Fehler wiederhole? Auf diesen Teil der Frage geht Scholz nicht ein, wie so oft. Am Ende genehmigt die Bundesregierung den Verkauf eines Minderheitsanteils. »Was muss in der Welt eigentlich noch passieren, damit Deutschland in der Realität ankommt und nicht Männchen macht vor den Feinden der freien demokratischen Welt? Ein Verkauf von kritischer Infrastruktur an China ist ein krasser Fehler und gehört unterbunden«, schimpft die Vorsitzende des Verteidigungsausschusses im Bundestag, Marie-Agnes Strack-Zimmermann.

Der künftige Umgang mit China ist ein schönes Beispiel, um zu beobachten, ob und wie Deutschland sein Verhalten ändert. Ob die Zeitenwende nicht nur postuliert, sondern auch vollzogen wird. Ob Deutschland in der Lage ist, in komplexen und ziemlich indirekten Zusammenhängen zu agieren. Schließlich ist die Bundesrepublik keine Planwirtschaft oder ein staatskapitalistisches Land. Bisher sind es die deutschen Unternehmen, die entscheiden, wo und mit wem sie Geschäfte machen, was sie selber herstellen, was sie von anderen Unternehmen zukaufen – und nicht der Staat, das Kanzleramt, das Wirtschaftsministerium. Wie geht man damit jetzt um? Kann man gesetzliche Schranken einführen? Gesetze, die politische Risiken identifizieren, und auf dieser Grundlage dann Firmen zumindest teilweise dirigieren? Ist das überhaupt sinnvoll? Verändert sich dadurch nicht der Charakter der bislang doch sehr erfolgreichen deutschen Wirtschaftslandschaft insgesamt? Wäre das wünschenswert? Oder richtet man damit mehr

Schaden an, als es nutzt? Und außerdem: Warum sollte im Kanzleramt all das nötige Wissen vorhanden sein, das es braucht, um
sinnvolle Investitionsentscheidungen zu treffen? Sinnvollere Entscheidungen als die, die Unternehmen selbst treffen würden?
Gerade in dem Punkt bin ich sehr skeptisch. Viele egoistische
Privatentscheidungen scheinen mir zum einen mehr Wissen und
Erfahrung zu bündeln. Und zum anderen reduzieren sie das
Klumpenrisiko einer Fehleinschätzung auf höchster Ebene. Dass
die vorkommen, hat die von der höchsten Regierungsebene unterstützte Linie gezeigt, sich voll auf russisches Gas zu verlassen. Aber
ich gebe zu: All das sind schwierige Fragen. Und sie sind a priori
kaum zu beantworten. Man möchte weglaufen vor dieser Diskussion, die so komplex ist. Wo hinter jeder Entscheidungsoption drei
neue, noch kniffeligere Fragen lauern.

Aber bedeutet das, Deutschland sollte in Schockstarre bleiben?
Nichts tun, weil das Finden der richtigen Entscheidung so unglaublich schwer ist? Und weil ohnehin niemand Lust hat, künftig
weniger zu verdienen: Vernünftig sein und auf die China-Milliar-
den verzichten klingt erst mal nicht sehr vernünftig. Dennoch
muss etwas passieren. Die Einsicht, dass eine starke wirtschaftliche Abhängigkeit langfristig zum Sicherheitsrisiko für ein ganzes
Land werden kann, ist seit dem Ukraine-Krieg nicht mehr von der
Hand zu weisen. Man kann sie nicht wie früher als »theoretisch«
weglächeln. Im Umgang mit China wird es ein Herantasten bleiben. Ein vorsichtiges Suchen nach einem Mittelweg. Nach einem
neuen Umgang mit dem Riesenland, der Geschäfte so weit wie
möglich erhält – und dennoch übermäßige Abhängigkeiten Stück
für Stück reduziert.

China macht das übrigens auch selbst. Während es sich gegen
Begriffe wie »De-Coupling« (also: Abkoppeln) oder »De-Risking«
(also: Risikoreduzierung) wehrt, sobald westliche Staaten sie ver-
wenden, sieht es selbst in seinen Fünfjahresplänen das Ziel vor, die
Abhängigkeit von Importen aus dem Westen zu reduzieren. Das

Reich der Mitte arbeitet ausdrücklich daran, zwei Wirtschaftskreisläufe zu etablieren: einen, mit dem man autark im Inneren ist. Und einen äußeren, der gezielt Abhängigkeiten anderer Länder beim Export aufbaut – und damit natürlich auch politisches Druck- und Drohpotenzial.

Egal wie vorsichtig man vorgeht: Zwei Konsequenzen sollten definitiv gezogen werden: Zum einen darf der Verkauf von Knowhow in die Volksrepublik nicht länger unter diplomatisch-atmosphärischen Überlegungen betrachtet werden. Will heißen: Ob in Deutschland Firmen, die über hochspezialisierte Verfahren oder Technologien verfügen, an chinesische Investoren veräußert werden können, sollte nicht danach entschieden werden, wie ein Nein die kurzfristigen diplomatischen Beziehungen mit Peking beeinflussen könnte. Hier war Deutschland in der Vergangenheit oft zu konziliant.

Der ab 2015 schrittweise erfolgte Verkauf des Augsburger Roboterherstellers Kuka an den chinesischen Konzern Midea, der 2022 schließlich sogar 100 Prozent an der Hightech-Firma hielt, war wohl der sichtbarste Einzelfehler. Umgesetzt wurde der Verkauf in der Regierungszeit Angela Merkels. Das ist interessant und ziemlich verstörend. Denn gerade von Merkel habe ich immer wieder gehört: Auch wenn die Chinesen mehr als 15-mal so viele Einwohner wie Deutschland haben und mittlerweile auch eine deutlich höhere Wirtschaftsleistung – unsere Spitzentechnologie haben sie überraschenderweise (noch) nicht. Trotz so vieler Anstrengungen, die im Reich der Mitte darauf gerichtet sind. Trotz all der staatlichen Finanzkraft, die diese Anstrengungen untermauert. Wenn Deutschland sich im Bereich Technologie weiter einen Vorsprung erhalte, so erklärte mir Merkel, dann werde es von China immer mit Interesse und dadurch letztlich mit Respekt betrachtet. Doch den Vorsprung erhält man nicht, in dem man die Filetstücke der deutschen Forschung und ihrer industriellen Anwendung abgibt. Um das künftig zu verhindern, braucht es eine klare Ansage, dass die deutsche Politik in diesem Bereich künftig restriktiver wird. Deutschland, das Land, dessen Wohlstand so sehr auf einem freien Welthandel fußt, braucht also eine Prise mehr Protektionismus.

Und es braucht auch eine Idee für einen finanziellen Ausgleich für die betroffenen Unternehmen. Denn mit den Milliarden aus Peking in der Hinterhand geben chinesische Bieter beim Erwerb westlicher Firmen fast immer die Höchstgebote ab. Sie kaufen das Wirtschaftsunternehmen plus den strategischen Vorteil. Bei Kuka soll ursprünglich auch Siemens einmal am Erwerb interessiert gewesen sein. Doch der Einstieg scheiterte offenbar auch an finanziellen Gründen. In einer freien Marktwirtschaft ist es normal und nicht verwerflich, wenn Gründer und Eigentümer einer Firma diese verkaufen wollen. Es ist auch nicht zu kritisieren, dass sie dabei den höchstmöglichen Preis erzielen möchten. Dafür haben sie lange gearbeitet, und vor allem: Sie hatten die brillante Idee, die anderen heute eben viel wert ist. Wenn es aber übergeordnete politische Gründe gibt, die gegen den Verkauf ihres Unternehmens oder ihrer Technik an den Höchstbietenden sprechen, dann muss Deutschland die Differenz halbwegs auffangen. Sonst lähmt man Unternehmertum in Deutschland.

Ein anderer wichtiger Punkt, der aus meiner Sicht im Umgang mit China stärker diskutiert werden sollte, ist die Frage, als was wir China denn nun genau betrachten. Ich finde, sowohl die EU als auch Deutschland verstecken sich gern hinter dem Dreiklang »Partner«, zum Beispiel beim Klimaschutz, »Wettbewerber« in der Wirtschaft und »systemischer Rivale« in ideologisch-geopolitischen Fragen. All das sei China. Partner, Wettbewerber und systemischer Rivale. Doch leider ist China das auch immer gleichzeitig und nicht schön abgegrenzt nach Themengebiet.

Als was sehen wir China also hauptsächlich? Als einen bei allen Differenzen letztlich wichtigen und seriösen internationalen Partner, der selbstverständlich auch Geschäfte machen will und ideologisch leider eine etwas andere Vorstellung hat? Oder sehen wir

China in erster Linie als knallharte Wirtschaftskonkurrenz, als Gefahr für unseren Wohlstand, aber nicht unsere Sicherheit? Als Macht, die teilweise auch an Klimaschutz interessiert ist, die politisch aber leider autoritär, undemokratisch geführt wird? Oder, drittens, betrachten wir das Reich der Mitte als einen Rivalen, dessen oberstes Ziel es ist, die Welt mit ihren bestehenden Strukturen und Institutionen zu unserem Nachteil zu verändern? Und der dafür alle seine anderen Interessen zurückstellt. Der all sein Handeln auf die Erreichung dieses Zieles ausrichtet und politische, wirtschaftliche oder gar militärische Mittel zu genau diesem Zweck einsetzt und einsetzen würde. In allen drei beschriebenen Fällen ist China Partner, Wettbewerber und Rivale. Aber wenn wir eine der drei Kombinationen für realistischer als die anderen halten, dann müsste das massive Auswirkungen auf die deutsche Politik haben. Vor genau dieser Antwort drückt sich die Bundesregierung. Und ich bin auch nach Lektüre der neuen China-Strategie der Bundesrepublik nicht wirklich schlauer.

Stattdessen erleben wir auch lange nach Ausbruch des Krieges in der Ukraine einen Zickzackkurs gegenüber Peking. Für mich persönlich nähert sich China unter Präsident Xi der dritten Kombination an, der des Rivalen mit partnerschaftlichen Anknüpfungspunkten. Auch wenn er immer so besonnen und mit ruhiger Stimme spricht: Vieles, was Xi an historisch hergeleiteten Zielen und Ambitionen verkündet, klingt, einmal übersetzt, für mich höchst beunruhigend. Hatte Wladimir Putin nicht ähnlich argumentiert? Mit der zweiten Kombination, die eines hauptsächlich ökonomischen Wettbewerbers, könnte Deutschland viel einfacher umgehen. Doch dieses China existierte vor 15 Jahren einmal. Heute ist die Realität eine andere.

Wenn es stimmt, dass China nun tatsächlich zuvorderst ein übergeordnetes politisch-ideologisches Ziel verfolgt, dann jedenfalls müsste Deutschland schnell deutlich härter gegenüber China auftreten. Es müsste erkennen: Verständnisvolles Nachgeben in

Fragen der Wirtschaftspolitik oder ein Hoffen auf Zugeständnisse Pekings sind Zeitverschwendung und schwächen über die Zeit die eigene Position. Sie werden das Land nicht zugänglicher machen, wenn es um dessen Umgang mit Taiwan geht, sein zunehmend aggressives Vorgehen im Südchinesischen Meer, um die Menschenrechtslage, die Zwangsarbeit und Unterdrückung der Uiguren, die Massenüberwachung von einer Milliarde Menschen. Oder sein Bündnis mit dem kriegerischen Russland. Vielleicht konnte man China in den 1990er Jahren noch mit der Aussicht auf deutsche Investitionen zu irgendetwas bewegen. Doch nun sitzt Peking an den längeren Hebeln.

So oder so: Auch wenn es allzu bald keine Abkopplung vom Wirtschaftsgiganten China geben wird, ein neuer risikobewussterer Umgang mit dem Land ist dringend nötig. Und der wird einen Preis haben, den wir in Deutschland aus meiner Sicht noch viel zu wenig sehen wollen: Dinge werden teurer werden. Wir werden im Geldbeutel spüren, dass Produkte wieder bei uns entstehen. Die Herstellung von Hustensaft, Stahl oder Glasscheiben findet nicht etwa deshalb in China statt, weil wir diese Herstellung selber nicht können. Sondern weil wir die Ware billiger haben wollen. Und weil wir schon lange nicht mehr bereit sind, die Umweltbelastung, die gerade besonders kostengünstige Industrieproduktion verursacht, in unseren westlichen Ländern zu akzeptieren. Wenn wir – um unabhängiger zu sein – die Produktion zurückholen wollen, dann müssen wir auch akzeptieren, dass die damit verbundenen Probleme zurückkehren. Bisher ist der Dreck, der für unseren Lebensstil gemacht wird, gut vor uns versteckt.

Boden und Schätze

Etwas mehr als fünf Kilometer Luftlinie sind es vom Aachener Dom bis in die Innenstadt des kleinen belgischen Ortes Kelmis. 11 000 Einwohner zählt das beschauliche Städtchen. Es ist eine der neun deutschsprachigen Gemeinden in Belgien. Die Region, in der Belgien, Deutschland und die Niederlande aneinandergrenzen und die sich selbst »Euregio Maas-Rhein« nennt, ist bekannt dafür, dass Europa hier ganz selbstverständlich gelebt wird. Man spricht die Sprachen, man kauft grenzüberschreitend ein. Man heiratet, feiert und spielt gemeinsam Fußball. Aber die Gegend rund um Kelmis rückt bei Insidern nun zunehmend aus einem anderen Grund in den Fokus: wegen der Schätze, die in ihrem Boden schlummern.

Bis in die 1950er Jahre wurden hier vor allem Zink und Blei gefördert. Im alten Direktionsgebäude der Minengesellschaft »Vieille Montagne« gibt es seit einiger Zeit ein Bergbaumuseum. Auf Stichen und Zeichnungen kann man sehen, wie aufgewühlt die Gegend früher war – im wahrsten Sinne des Wortes. Eine Kraterlandschaft an der Oberfläche. Auf Bildern werden die eisernen Lohren gezeigt, mit denen Erz und Metalle ans Licht geholt wurden. Es sind Kupferstiche und Schwarz-Weiß-Fotos. Sie zeigen Szenen und Landschaften, die man heute nur auf Bildern von Minen in Südamerika, Afrika oder China sieht. Bilder, die vor Augen führen, wie der Mensch damals und heute der Erde rücksichtslos ihre Schätze entreißt. Und wie das tiefe Wunden schlägt, in der Landschaft, in der Menschen leben. Heute ist in Kelmis zum Glück kaum noch etwas davon zu erahnen, dass die Erde hier einmal der Industrie gedient hat. Und davon, wie die Natur und damit auch der Lebensraum der Menschen in der Region nachrangig waren gegenüber den Interessen von Wirtschaft, Staat, Militär.

Genau dieser Zustand könnte nun aber in Ansätzen wiederkehren. Und niemand ist darauf vorbereitet. Im deutsch-belgischen Grenzgebiet werden nämlich auch andere Schätze außer Blei und Zink vermutet. Germanium etwa, das als Halbleiter dient. Ordnungszahl 32 im Periodensystem, bis in die 1970er Jahre ein wichtiger Bestandteil von Dioden. Etwa 140 Tonnen pro Jahr werden weltweit gewonnen, davon 95 Tonnen in China. Oder Indium, auch das wird rund um Kelmis vermutet, genauso wie übrigens im Harz und im Erzgebirge. Ordnungszahl 49, in diversen Verbindungen wird Indium in der Halbleiterproduktion gebraucht. Auch bei Indium entfällt mehr als die Hälfte der weltweiten Jahresproduktion auf China. Oder Gallium, Ordnungszahl 31. Verwendet etwa bei der Herstellung von Supraleitern, in Atomreaktoren und Kernwaffen. Hier entfallen fast 100 Prozent der Produktion auf China. All das sind potenziell entscheidende chemische Elemente, will man unabhängig sein von fremden Lieferanten. Und es sind Stoffe, die bei uns vorkommen. Wenn man denn den Aufwand unternimmt, sie zu erschließen. Bürgermeister Luc Frank aus Kelmis macht sich Sorgen, wenn nun die Debatte beginnt, ob man diese seltenen Rohstoffe wieder hier fördern soll. »Was passiert mit dem Wasser, was passiert mit eventuellen Absenkungen? Wie sind die langfristigen Schäden, die damit vielleicht verbunden sind? Was passiert mit der Natur?«, fragt er. »Ein großer Teil des möglichen künftigen Fördergebiets gehört zu den Natura-2000-Gebieten, die doch von der EU ganz besonders geschützt werden.«

Es ist in der Theorie leicht, sich unabhängiger machen zu wollen von China und anderen, oft keinesfalls demokratisch regierten oder freundlich gesinnten Rohstofflieferanten. Doch es in der Praxis, vor der eigenen Haustür zu tun fällt schwer. Ich kann den Menschen im deutsch-belgischen Grenzgebiet rund um Kelmis ihre Skepsis, gar ihre Ablehnung nicht verdenken. Genauso wenig wie denen, die im Oberrheingraben leben, wo ebenfalls seltene Rohstoffe oder Gas zu fördern wären. Denen, die sich gegen neue Gasbohrungen in der Nordsee wenden. Oder den Niedersachsen, die auf großen Beständen von Schiefergas leben. Dieses ließe sich mit der umstrittenen Methode des Fracking erschließen. Dabei wird eine chemisch speziell zusammengesetzte Flüssigkeit in den Boden gepumpt, um das Gas förmlich freizusprengen. Die Bundesanstalt für Geowissenschaften und Rohstoffe in Hannover schätzt die mögliche Gasausbeute unter Deutschland auf 340 bis 2300 Milliarden Kubikmeter. Zum Vergleich: Der jährliche Verbrauch Deutschlands liegt bei etwa 90 Milliarden Kubikmeter Gas. Doch seit 2017 ist Fracking in Deutschland offiziell verboten.

Den Streit mit den eigenen Bürgern hat sich die Bundesregierung damals, zu Zeiten, als russisches Gas noch ganz selbstverständlich floß, lieber erspart. Wenn die Lehren aus den Lieferengpässen in der Covid-Zeit und mit Beginn des Ukraine-Krieges wirklich gezogen werden, dann müsste diese Diskussion in Deutschland zumindest noch einmal neu geführt werden. Über schnellere Genehmigungsverfahren. Und ja: auch über mehr erlaubte Umweltbelastung. Über Eingriffe auch in Rechte von Einzelpersonen, Gemeinden und Regionen. Doch diese Debatte scheut die Politik. Wegen der Verfasstheit unseres Landes, wegen der unterschiedlichen Zuständigkeiten auf unterschiedlichen Ebenen, bei Bund, Ländern, Kreisen und Gemeinden. Obwohl Rohstoffe für die Sicherheit Deutschlands zentral sind.

Selbst als Ende 2022 der Blackout drohte, in der extrem kritischen Lage nach dem Ausfall der Nordstream-Pipeline, als manche um die Zukunft der gesamten deutschen Industrie fürchteten, blieb das verstärkte Aufreißen des eigenen Bodens ein Tabu. Das Argument lautete: Bis der Prozess beispielsweise des Fracking wirklich läuft, vergehen vier, fünf Jahre. Viel zu lang also, um in der aktuellen Notlage zu helfen. Es war das Ende der Debatte. Dieses Schulterzucken zeigt, dass Deutschland nicht entschlossen umsteuert. Eigene Vorkommen zu erschließen, zumindest kleine Mengen von Rohstoffen selbst zu haben wäre eine teure, aber wichtige Vorsichtsmaßnahme. Doch unser Boden ist uns heilig.

Deutschland hofft, den bitteren Kelch nicht trinken zu müssen, den die Rückkehr in die Zeit des verstärkten Bergbaus bedeuten würde. Und es merkt manchmal gar nicht, wie es gleichzeitig mit anderen Ländern umgeht.

Besonders auffällig war das für mich im Umgang Deutschlands mit den Niederlanden. Schon vor Jahren habe ich dort mit der Kamera gedreht. Nicht, um Windmühlen oder Käse zu zeigen. Sondern schiefe Häuser, tiefe Risse, Ruinen. In der Region Groningen, ganz im Norden unseres Nachbarlandes, wird seit Jahrzehnten Erdgas gefördert. Unter einem Land, das nicht eine riesige Steppe wie Kasachstan ist, sondern das im Schnitt doppelt so dicht besiedelt ist wie Deutschland. Der Verkauf des Gases hat den Niederlanden viel Geld eingebracht. Die Eigennutzung sorgte für niedrige Preise und ein autarkes Energiesystem. Doch die Nutzung der heimischen Ressourcen hatte einen gewaltigen Preis: Bei den Dreharbeiten haben wir jedes Mal ein Senklot dabei. Einen kleinen Metallkegel an einer Schnur, der senkrecht nach unten hängt, wenn man das Lot mit dem Finger an irgendetwas hält. Für Fernsehaufnahmen wird so visuell sehr deutlich, wie groß die Schäden in dieser Region sind. Alles ist schief und verschoben, die Hauswände stehen längst nicht mehr senkrecht. Träger und Balken hängen durch. Zehntausende Häuser in der Region Groningen sind schwer beschädigt. Denn durch die Gasentnahme kommt es zu Hohlräumen im Boden. Zu Absenkungen. Und in vielen Fällen gar zu starken Erdbeben. All das zerstört die Häuser. Es ist der Preis, den die Niederlande über lange Zeit gezahlt haben, bis sie beschlossen, aus der Gasförderung im Sommer 2023 auszusteigen.

Doch trotz dieser offensichtlichen, fast unzumutbaren Belastung von Hunderttausenden Menschen, die sich Sorgen um ihr Haus machen, die jeweils Zehntausende Euro für Reparaturen ausgeben müssen, die aus der Region, ihrer Heimat fortziehen und die noch

Jahrzehnte, wenn nicht Jahrhunderte mit den Problemen zu kämpfen haben werden, bittet Deutschland 2022 die Niederlande, die Gasförderung wegen des Ukraine-Krieges fortzusetzen. Wie gesagt: Während es für uns keine wirkliche Option ist, Fracking in Niedersachsen ernsthaft in Erwägung zu ziehen, sollen die Niederländer – bitte! – weiter ihre Häuser absacken lassen.

Das gleiche Gefühl überkam mich, als Olaf Scholz auf der Suche nach neuen Energielieferanten im August 2022 Kanada besuchte. Dort wird im großen Stil Ölsand abgebaut. Hässlicher kann die Gewinnung von Rohstoffen nicht sein. Im Tagebau wird ein Gemisch aus Sand, Wasser und Bitumen weggebaggert. Dieses wird dann mit viel Lösungsmitteln chemisch auseinandergenommen. Experten schätzen, dass pro Fass Rohöl 650 Liter Abwasser entstehen, oft belastet mit Schwermetallen. Am 25. März 2022 kündigte Kanada an, seine Lieferungen nach Europa zu erhöhen, um den»Verbündeten zu helfen«. Ich erinnere mich noch sehr genau, dass ich damals dachte: Deutschland würde höchstens müde lächeln, wenn ein anderes Land, ein Verbündeter, existenzielle Energienöte hätte – und von Deutschland zur Lösung dieser Probleme und als Zeichen der politischen Solidarität den Beginn von Fracking fordern würde.

Wenn die Verfügbarkeit einzelner Rohstoffe, wie nun oft betont wird, Teil der nationalen Sicherheit ist, dann gilt das in besonderem Maße für ein Industrieland wie Deutschland. Und dann muss die Sicherung dieser Rohstoffe höchste Priorität haben. Doch das ist bislang allenfalls in der Theorie erkannt. Umgesetzt ist nichts. Das Bundeswirtschaftsministerium spricht die unangenehmen Wahrheiten im April 2023 in einem Eckpunktepapier zur nationalen Rohstoffstrategie zumindest aus. Es verpackt sie aber im gleichen Atemzug wieder mit Bedingungen:»Heimischer Bergbau ist dann den Rohstoffimporten vorzuziehen, wenn er zu besseren ökologischen und sozialen Standards führt und die Resilienz von Lieferketten stärkt. Denn der Rohstoffabbau in Deutschland, neben der Gewinnung innerhalb der EU, sichert am besten die Versorgung und garantiert die Einhaltung unserer hohen Umwelt- und Sozialstandards.«Bloß niemanden verunsichern. In dem Text klingt es so, als ob ein schöner, grüner Bergbau möglich wäre. Die Bilder im Museum von Kelmis sprechen eine andere Sprache. Die Eckpunkte aus dem Hause von Minister Habeck erwähnen noch andere, durchaus sinnvolle Wege, wie Deutschland an mehr Rohstoffe gelangen kann: Beteiligung Deutschlands am Bergbau in anderen Ländern, selbstverständlich unter Einhaltung sozialer und ökologischer Standards. Und natürlich mehr Rohstoffrecycling. Im Papier wird das neudeutsch »Urban Mining« genannt. Doch auch das wirkt auf mich eher wie die Beigabe von Beruhigungsmitteln bei einer Schocktherapie. Wer sicher mehr eigene Rohstoffe haben will, der muss sie eigentlich fördern können – und zwar im eigenen Land. Der Bundesverband der Deutschen Industrie äußert sich direkter. In einer Stellungnahme fordert er eine »Förderung-First-Klausel« und bittet um die Aufnahme des folgendes Satzes in ein überarbeitetes Bundesbergbaugesetz: »Die heimische Rohstoffsicherung und -gewinnung stehen im überragenden öffentlichen Interesse und dienen der Versorgungssicherheit.« Und dieser Satz müsse, so der BDI, in Paragraf 1 stehen. Der Verband buchstabiert dann aus, was das heißt: keine »Überplanung« von Lagerstätten zum Beispiel. Im Klartext: gar nicht erst neue Wohn- oder Naturschutzgebiete ausweisen, wo Vorkommen wichtiger Rohstoffe bekannt sind. Und wo später vielleicht gebohrt werden muss. Dazu eine Beschleunigung von Genehmigungen. Öffentliche Auslage von Plänen nur noch für eine Woche. Widerspruch gegen Projekte dürfe keine aufschiebende Wirkung haben. Die Bauvorbereitung müsse erlaubt sein, auch wenn die abschließende Genehmigung für einen Abbau noch fehle. Dazu eine Änderung der Entscheidungsgrundlagen: »Das Naturschutzrecht sollte vereinfacht werden, um Gutachten-Schlachten zu verhindern.« Auch im bestehenden Raumordnungsgesetz soll aus Sicht des BDI der gleiche Satz eingefügt werden wie im Bundesbergbaugesetz: »Die heimische Rohstoffsicherung und -gewinnung stehen im überragenden öffentlichen Interesse und dienen der Versorgungssicherheit.« Vorfahrt für den Bergbau. Förderung first. Das sind die logischen Konsequenzen aus der weitgehend unstrittigen Problemanalyse.

Vielleicht kann die EU hier helfen. Auf europäischer Ebene wurde die Bedeutung einer stabilen Rohstoffversorgung schon wenige Wochen nach Kriegsbeginn unterstrichen: am 10. und 11. März 2022 beim Gipfel der Staats- und Regierungschefs im Schloss von Versailles, einem Ort, in dem viele wertvolle, glitzernde Edelmetalle verarbeitet sind. Als Ergebnis dieser Zusammenkunft folgte einige Monate später der sogenannte Critical Raw Materials Act, der darlegt, wie die grundlegende Versorgung mit wichtigen Rohstoffen in Europa gesichert werden könnte. Nämlich mit Vorgaben für den Abbau in der EU. Mit Vorgaben für eine Verarbeitung der Erze in der EU. Mit Vorgaben für das Recycling und dazu, dass Firmen bei verschiedenen Produzenten einkaufen müssen, um das Risiko zu streuen. Und auch mit Vorschlägen, wie Genehmigungen beschleunigt werden könnten. Der Critical Raw Materials Act stellt gewissermaßen die Zeitenwende bei der Sicherung der Rohstoffversorgung dar. Doch wenn man sieht, wie Deutschland seit vielen Jahren über das Aufstellen von Windrädern streitet, darf man skeptisch sein, ob die Umsetzung zumindest beim Abbau gelingt. Windräder sind geradezu minimalinvasiv, verglichen mit dem Aufreißen eines Tagebaus.

Boris P.

Der Mann hat Feuer, die Ungeduld ist ihm anzusehen. Er hat keine Zeit zu verlieren, wirkt immer wie auf dem Sprung. Er ist ein Macher. Er will zupacken, möchte etwas bewegen. Doch dann begegnen ihm immer diese komischen Farbenlehren. Und diese seltsamen Ideen. Im Bundesverteidigungsministerium in Berlin gibt es die unglaublichsten Unterschriftenregelungen. Wie in einem Labyrinth undurchsichtiger Vorschriften laufen seit Jahrzehnten Vorgänge und Papiere durch die Abteilungen. Die einen müssen grün unterschreiben, andere gelb, wieder andere rot. Und erst wenn alle Farben, oft nach Monaten, in der richtigen Reihenfolge auf dem Papier sind, kann zum Beispiel ein neuer Rucksack für die Truppe beschafft werden. Beziehungsweise: Man kann dann beginnen, ihn zu entwerfen. Das ist die andere Spezialität dieses Hauses. Für jeden Gegenstand eigene, möglichst unerreichbare Anforderungen zu definieren. Amerikanern oder Dänen mag ein bestimmter Rucksack im Gefecht im Irak oder in Afghanistan gereicht haben. Für die Bundeswehr ist er nicht gut genug. Hier wird selbst überlegt, was ein richtig, richtig guter Rucksack können muss. Was wissen denn schon die Amerikaner? Ein paar Jahre lang wird entworfen und getüftelt. Und dann, wenn wieder alle Unterschriftenfarben beisammen sind, vielleicht irgendwann produziert. Und schon nach fünf bis zwölf Jahren sind die Rucksäcke da.

Wir schalten die Ironie besser wieder aus. Die Geschichte ist nicht ausgedacht. Auch wenn man in Berlin inzwischen von der Neuentwicklung des besten Rucksacks der Welt Abstand genommen hat und einfach ein verfügbares Modell akzeptiert. Boris Pistorius dürfte so etwas zur Weißglut treiben. Das Auftreten des kantigen Niedersachsen aus Osnabrück auf der Bühne der internationalen Sicherheitspolitik ist für viele Diplomaten und Politiker in Brüssel einer der greifbarsten Belege dafür, dass sich in Deutschland vielleicht doch etwas tut. »Ich weiß nicht, was ihr raucht«, ist einer von Pistorius' Lieblingssprüchen. Oder: »Vielleicht muss man da mal die Medikamentendosis halbieren.« Und man kann sich gut vorstellen, dass es seit seinem Amtsantritt als Verteidigungsminister oft darum ging, welche Tabakwaren im Bendlerblock bisher so konsumiert wurden oder wie die Tabletteneinnahme aussah.

Der Aufstieg von Boris Pistorius verlief rasant: innerhalb von wenigen Tagen von »Boris wer?« zu Deutschlands beliebtestem Politiker. Seine Vorgängerin Christine Lambrecht hatte ihm den Start leicht gemacht. »Wie kann so eine Frau bei euch in Deutschland Verteidigungsministerin sein? In so einer Lage?«, fragt mich in Brüssel ein italienischer Diplomat. »Weiß Berlin nicht, wie sehr ganz Europa gerade auf Deutschland schaut? Orientierung erwartet, wenn nicht gar Führung? Und dann so eine Person?« Das war noch, bevor Lambrecht sich mit dem Berliner Silvesterfeuerwerk im Hintergrund zu einer Social-Media-Neujahrsansprache hinreißen ließ. Nun also Pistorius. Er ist an einem Punkt gefordert, wo so viele in Europa mehr deutsche Stärke erwarten. Und wo genau diese Stärke der größte Bruch wäre mit dem deutschen Selbstverständnis der letzten Jahrzehnte. Ein Abschied vom pazifistischen, nüchtern-zivilen Paradies, in dem wir zu leben glaubten.

Gerade in Osteuropa ist der Wunsch nach mehr deutscher Robustheit sehr stark ausgeprägt. Die Region fühlt sich eingeklemmt zwischen zwei historisch starken Blöcken: Russland im Osten und Deutschland im Westen. Für mich war es jedes Mal aufs Neue überraschend, doch trotz der Gräueltaten von Waffen-SS und Wehrmacht ist die Sorge in diesen Ländern vor Russland viel größer als die vor den Deutschen.

»Die Kriege mit Russland waren für uns die Pflicht, die mit Deutschland eher Kür.« Für meine Ohren ist das ein schockierender Satz. Ich zucke zusammen, als ich ihn höre. In Kiew, an einem

Abend im April 2022, aus dem Mund eines Polen. Die Türen des Hotels sind bereits geschlossen. Wegen möglicher Luftangriffe herrscht ab 22 Uhr Ausgangssperre in der ukrainischen Hauptstadt. In dem kleinen Haus in der Nähe des zentralen Platzes Maidan sind meine Crew und ich untergekommen – aber auch zwei sehr kräftige Männer mit Bart, die selbst um diese Uhrzeit noch eine Sonnenbrille tragen. Gekleidet sind sie in Tarnanzügen. Die Stellen, an denen sonst Klettaufkleber mit Abzeichen, Namen und Dienstgraden zu sehen sind, sind auf ihrer Uniform verwaist. Nur eine polnische Flagge tragen sie auf dem Arm. Bei sich haben sie viele große Taschen mit offensichtlich schwerem Inhalt aus Metall. Ich vermute, dass sie irgendwelche militärischen Materialien in die Ukraine bringen. Was genau? Kein Kommentar.

»Die Kriege mit Russland waren für uns die Pflicht, die mit Deutschland eher Kür.« Ich traue mich gar nicht, über den Zweiten Weltkrieg auch nur so zu denken. Aber der Mann lächelt kühl. Und empfiehlt mir, einmal ins Geschichtsbuch zu schauen. Genau das tue ich einige Tage später. Tatsächlich ist die Liste der Kriege zwischen Polen und Russland lang. Mir macht sie klar, wie wenig ich und wahrscheinlich viele Deutsche über die Geschichte unseres Nachbarn wissen. Im Livländischen Krieg von 1558, so lese ich, wurde 24 Jahre, bis 1582, gekämpft – und eine russische Expansion nach Polen abgewehrt. 1609 bis 1618 folgte dann der Polnisch-Russische Krieg mit großen Gebietsgewinnen für das Königreich Polen-Litauen. 1632 bis 1634 der Smolensker Krieg. Im nächsten, 13 Jahre dauernden Polnisch-Russischen Krieg von 1654 verlor Polen Teile der heutigen Ukraine. Ich bin überrascht von dieser Auflistung, schließlich haben wir Deutschen doch gelernt, dass Deutschland und Frankreich die »Erbfeindschaft« in Europa hatten. Doch die Aufstellung der Kriege zwischen Polen und Russland ist keinesfalls kürzer – im Gegenteil. Das Geschichtsbuch berichtet weiter – vom polnischen Thronfolgekrieg, dann den polnischen Teilungen bis 1794 (bei denen auch Preußen mitwirkte).

Danach, im Jahr 1830, werden Zehntausende Polen nach Russland deportiert. 1867 bildet Russland das »Weichselland« (»Russisch-Polen«) als westlichste Provinz des Russischen Reiches. Um die Gegend möglichst dauerhaft an Russland zu binden, so erfahre ich, wird dort sogar das lateinische Alphabet verboten. Im Polnisch-Sowjetischen Krieg 1919–1921 siegt dann wiederum Polen. In dieser Zeit kommt mit Galizien ein Teil der heutigen Ukraine zu Polen. 1939 schließlich marschiert die Wehrmacht in Polen ein. Aber fast zeitgleich auch, und das vergessen wir Deutschen oft, die Rote Armee. Kurze Zeit darauf wird Polen in die Ukrainische Sowjetrepublik und die Weißrussische Sowjetrepublik eingegliedert. Der Soldat im abgesperrten Kiewer Hotel versichert mir: Die meisten Polen würden sich deutlich sicherer mit den Deutschen an der Seite fühlen, auch wenn der Zweite Weltkrieg, den die Deutschen entfachten, schrecklich gewesen sei. Russland aber sei die dauerhaft aggressive Macht in ihrer Geschichte.

Auch als ich im Frühjahr 2022 als Reporter über den Krieg in der Ukraine berichte, begegnet mir der Wunsch nach Rückendeckung ganz bewusst aus Deutschland immer wieder. Für die militärische Verwendung ist es unerheblich, woher die ukrainische Armee eine Haubitze bekommt. Ob aus Großbritannien, Frankreich oder Deutschland. Und doch ziehen die Menschen in Kiew oder Tschernihiw die Unterstützung aus Deutschland vor, weil sie damit auch ein politisches Signal verbunden sehen. Von der Macht, die in dieser Region Europas neben Russland immer den größten Einfluss hatte. Frankreich, Großbritannien? Weit weg!

Doch kann Deutschland eine solche Führungsrolle tatsächlich wieder einnehmen? Boris Pistorius hat zumindest beste Startbedingungen auf diesem Weg. Nicht nur das Vertrauen, das man ihm persönlich entgegenbringt, sondern vor allem: 100 Milliarden Euro Sondervermögen. Der größte Teil, rund 40 Milliarden Euro, soll in die Luftwaffe investiert werden. Amerikanische F-35-Jets als Nachfolger des altersschwachen Tornado sind bereits bestellt. Neue

Transporthubschrauber sind ebenfalls eingeplant. Dazu 20,7 Milliarden Euro für die Digitalisierung. Für moderne Funkgeräte. Auch wenn man damit nicht schießen kann – der Krieg in der Ukraine hat deutlich gemacht, wie wichtig digitale, verschlüsselte, abhörsichere Kommunikation im Gefecht ist. Russland hat viele Soldaten verloren, weil diese auf offenen Funkfrequenzen kommunizierten. Oder mangels Funkgerät gar zum privaten Handy greifen mussten und so ihre Stellungen verrieten. 19,3 Milliarden Euro aus dem Sondervermögen sind für die Marine vorgesehen. U-Boote der Klasse 212 CD sollen beschafft werden, dazu Flugabwehr für U-Boote. Korvetten und Fregatten. Für das Heer sind rund 16 Milliarden Euro eingeplant. Für neue Schützen- und Transportpanzer. Es klingt nach einem gewaltigen Aufrüstungsplan. Die deutsche Entschlossenheit, so ein Programm nur drei Tage nach Beginn des Krieges in der Ukraine anzukündigen, hat viele Verbündete positiv überrascht.

Aber wie effektiv all das sein wird und wie lange dieser Schwung reichen wird, daran bestehen nun wieder große Zweifel. »Wir werden von nun an Jahr für Jahr mehr als zwei Prozent des Bruttoinlandsprodukts in unsere Verteidigung investieren«, hatte Scholz bei seiner Rede zur Zeitenwende im Bundestag gesagt. Zwei Prozent. Jahr für Jahr. Man durfte das so verstehen: 2022. Und 2023. Und 2024. Es war das, was Länder wie Polen so lange hören wollten. Doch tatsächlich liegen die Verteidigungsausgaben weiter bei nur 1,5 Prozent der Wirtschaftsleistung. Und zwischendurch schränkt die Bundesregierung den Satz sogar deutlich ein: zwei Prozent pro Jahr – im mehrjährigen Durchschnitt. Ohne genau zu sagen, was mehrjährig ist. Mittlerweile heißt es nun wieder aus Berlin: zwei Prozent pro Jahr, jedes Jahr. Ab 2024.

Warum dieses Hin und Her? Es sind nicht nur die praktischen Probleme, Stichwort: Parkplätze für Flugzeugträger, die Deutschland bei der Umsetzung der eigenen großen Worte im Wege stehen. Es sind nicht nur die emotionalen Bauchschmerzen, die der

Abschied von der Selbstwahrnehmung als Friedensnation bereitet. Der Grund wird auch ganz schlicht etwas anderes sein: das Geld.

Money, money, money

Im Verteidigungsministerium geht man davon aus, dass durch die Gelder des Sondervermögens in den Jahren 2024 bis 2027 oder sogar 2028 das Ziel von zwei Prozent Verteidigungsausgaben erreicht wird. Der reine Bundeshaushalt würde dafür nicht reichen. Doch schon danach gibt es eine »Abbruchkante«. Dann nämlich ist das Sondervermögen aufgebraucht – und es fehlen mehr als 15 Milliarden Euro jedes Jahr. So viel wäre nötig, um von etwa 52 Milliarden Euro Verteidigungshaushalt heute auf eine Größenordnung von – je nach Wirtschaftswachstum – rund 70 Milliarden Euro zu kommen, was dann zwei Prozent entsprechen würde. »Abstrakt sind die Deutschen jetzt für höhere Militärausgaben«, sagt mir ein hoher Beamter im Ministerium. »Aber ich bin sicher: Das ändert sich, wenn ihnen dafür etwas weggenommen wird. Wenn es Kürzungen bei den Sozialleistungen gibt. Oder wir sagen: Diese Schule oder jene Autobahn wird nicht saniert, weil wir eine neue Fregatte bauen wollen.« Ich teile seine Skepsis. Deutschland hat viele Jahre von der Substanz gelebt. Investitionen verschoben und sich stattdessen über die Schwarze Null gefreut. Auf einen ausgeglichenen Bundeshaushalt waren wir mindestens so stolz wie auf ordentliche Schulklos. Nun muss an vielen Stellen gleichzeitig Geld in die Hand genommen werden. Und das in einem Moment, wo Deutschland nach Jahren des Booms ein merklicher Abschwung droht.

Am 15. Mai 2023 findet eine Pressekonferenz statt, die oft an Langweiligkeit nicht zu überbieten ist. Es werden die Ergebnisse der Steuerschätzung 2024–2027 vorgestellt. Die Prognose, mit wie viel Geld der Staat in den kommenden Jahren nach Ansicht wissenschaftlicher Experten rechnen kann. Der Finanzminister ergreift gleich zu Beginn das Wort. »Mir war es wichtig, Sie selbst über die Ergebnisse zu informieren«, sagt Christian Lindner. »Denn sie haben möglicherweise eine besondere politische Bedeutung.« Und er fährt fort: »Ich will nicht lange um den heißen Brei herumreden. Wir müssen mit Mindereinnahmen rechnen – gegenüber der bisherigen Steuerschätzung. Für das Jahr 2024 von 30,8 Milliarden Euro.« Lindner führt aus, dass das trotzdem noch steigende Steuereinnahmen bedeutet. Nur eben weniger als gedacht. Für den Gesamtstaat kommen erstmals mehr als eine Billion Euro an Steuern zusammen, ein neuer Rekord. »Wir haben also kein Einnahmeproblem«, erklärt der Finanzminister. Das klingt doch erst mal gut, denke ich. Doch hinter den hohen Einnahmen verbergen sich Probleme. Zum einen reflektiert dieser gewaltige Berg an Steuereinnahmen eine hohe Steuerbelastung in unserem Land. Lindner bewertet die als zunehmenden Standortnachteil. Gerade für Unternehmen, auf die jetzt noch weitere Belastungen zukommen. Steigende Energiekosten. Mittelfristig wohl weniger Geschäft mit China. Höhere Kosten für verlässlichere Lieferketten. Inflation ganz generell. Noch viel wichtiger ist ein anderes Problem: Der gewaltige Steuerberg wird jedes Jahr auch aufgebraucht. Restlos. Der deutsche Staat schwimmt im Geld, aber er gibt es auch mit vollen Händen aus. Und trotzdem ist unser Land an vielen Stellen marode. Die Autobahnen, die Schulen, die Bundeswehr, die digitale Infrastruktur.

Was bedeutet das? Aus meiner Sicht vor allem, dass Deutschland in den vergangenen Jahrzehnten eine viel zu bequeme und gedankenlose Finanzpolitik gemacht hat: Geldausgeben als Trostpflaster. Geldausgeben für Lieblingsprojekte aus dem Wahlkampf, Stichwort: Mütterrente. Oder Förderungen für reiche Käufer, die sich E-Autos zum Preis von 60 000 Euro leisten. Was es stattdessen nicht gab, war ein strategischer Blick auf Prioritäten. Die Ausgaben wucherten. Hier wuchs ein Zweig, der nun ein fester Ast ist. Da sproß ein weicher Trieb, der nun Hartholz ist. Kaum etwas, das einmal als Ausgabe eingeführt ist, wird wieder zurückgenommen. Wir Deutschen sind es gewohnt, dass es immer nur mehr gibt, aber kaum irgendwo einmal weniger. Die Folge: Unser Haushalt ist kein flexibles Tool, um auf die Herausforderungen der Zeit zu reagieren. Kein Schatz, der uns selbstbewusst macht, weil wir relativ reich sind. Vielmehr ist er in weiten Teilen eine Aufstellung von Geldleistungen zur Befriedigung von kleinen bis mittelgroßen Einzelinteressen.

Warum muss in Deutschland jedes Dachfenster gefördert werden? Als Teil des Klimaschutzes. Oder unter Denkmalschutz-Gesichtspunkten? Irgendein Fördertopf findet sich immer. Die Firma Velux, die Dachfenster herstellt, schreibt auf ihrer Website euphorisch:»Dachfenster modernisieren und von mindestens 15 Prozent staatlicher Förderung profitieren.« Warum gibt es für den Umbau mancher Heizung 50 Prozent Zuschuss? Warum bezahlen Hausbesitzer das nicht selbst? Viele der vermeintlich sozial gerechten Förderprogramme werden vor allem von wohlhabenden Bürgern in Anspruch genommen, die informiert sind und keine Angst vor Formularen haben. Warum gehen viele Millionen Euro drauf, um die Produktion von Hollywoodfilmen in Deutschland zu unterstützen? Warum werden Forschungsprojekte für einen besseren Biergeschmack mit sechsstelligen Summen bezuschusst? Der Bund der Steuerzahler listet eine endlose Reihe wahnwitziger Ausgaben auf. Bis hin zur Stararchitekten-Toilette in Eckernförde für 182 000 Euro. Diese Dinge zu identifizieren und radikal zu streichen wäre aus meiner Sicht eine der dringendsten Aufgaben, damit Deutschland seine alte Stärke erhalten kann. Und die Kraft bekommt, in Europa weiter oder gar stärker als bisher eine Führungsrolle einzunehmen. Zeitenwende wird auch mit dem Taschenrechner gemacht. Mit dem Rotstift. Und mit einer geänderten

Nutzung der finanziellen Ressourcen, zumal allein die steigenden Zinsen schon jetzt zu Mehrausgaben weit über 20 Milliarden Euro im Bund führen. Nur 2023. Mit dem Geld würde Deutschland problemlos das Zwei-Prozent-Ziel bei den Verteidigungsausgaben einhalten. Jetzt stecken wir es in Zinszahlungen, ohne dass sich damit in Deutschland effektiv etwas verbessert.

»Statt immer neue Ausgabenprogramme zu erfinden, müssen wir zurückkehren zu einer stabilitäts- und angebotsorientierten Finanzpolitik, die die Wettbewerbsfähigkeit unserer Wirtschaft voranbringt«, sagt Lindner. Doch das würde politische Courage erfordern. Einen Dialog in der Gesellschaft, der erklärt, was die neuen Prioritäten sind. Und einen heftigen Streit, der am Ende klärt, was nicht mehr die Prioritäten sind.

Allerdings sieht es momentan nicht danach aus, dass uns Deutschen das gelingt. Unser Land ist zunehmend polarisiert. Polemik ist viel zu oft das Mittel der Wahl in der politischen Auseinandersetzung. Natürlich ist Streit gut, gerade wenn es um so fundamentale Richtungswechsel geht. Was mir aber fehlt, ist der Streit um die Sache. Und: das Akzeptieren eines Ergebnisses am Ende einer Auseinandersetzung. Dass eines der größten Industrieländer der Erde, ein Land, das als eine der stabilsten Demokratien der Welt gilt, sich über die Frage der Ausstattung der Heizungskeller so hässlich zerstreitet, war für mich erschreckend. Haben wir nicht größere Probleme vor uns? Doch die Schwäche der klassischen Volksparteien, das Aufsplittern des Parteiensystems, der Umfrageerfolg der AfD machen alle politischen Akteure nervös. Bei zahlenmäßig größerer Konkurrenz liegt es nahe, sich über noch schrillere Töne und noch härtere Haltungen zu profilieren. Gelegenheit dazu wird es angesichts der notwendigen Neuausrichtungen künftig noch viel mehr geben. Ich hoffe, dass die Bürger und Bürgerinnen dieses Landes lautes Geschrei nicht honorieren. Deutschland hat seinen Erfolg in der Vergangenheit auch politischer Nüchternheit und Seriosität zu verdanken. Die deutsche Stärke, irgendwie eine vernünftige Lösung zu finden, anzupacken, neu zu beginnen, wird wieder gefordert sein und auf die Probe gestellt.

Doch anders als 1945 im Nachkriegsdeutschland oder 1989 in der DDR ist die Ausgangslage für diesen Kraftakt eine andere: Es gibt keine Trümmer des Krieges und auch keine Ruinen der Planwirtschaft. Damals war die Richtung klar: aufbauen. Wachsen. Nach oben, in eine hoffentlich bessere Welt. Die Anstrengungen von vielen Menschen gingen in die gleiche Richtung. Heute aber leben große Teile unseres Landes im Wohlstand, auch wenn mancher gerne klagt. Aus dieser komfortablen Position heraus auf Dinge zu verzichten, um den Wohlstand für später zu erhalten, fällt deutlich schwerer. Und anders als früher ist das Problem nicht unmittelbar existenziell spürbar, sondern muss intellektuell akzeptiert werden. Das lässt die Möglichkeit offen, es einfach auszublenden, es zu verdrängen.

Ich bin gespannt, ob Deutschland es schafft, einen neuen, oft unbequemen Weg zu gehen – aus weiser Voraussicht. Ob es heute Kosten akzeptiert, damit es morgen besser und sicherer ist. Die Indizien deuten derzeit nicht darauf hin. Ein Beispiel? Bis zu 200 Milliarden Euro Schulden genehmigte sich Deutschland als Doppelwumms zur Abfederung der hohen Energiepreise. Geld, das es uns allen im Hier und Jetzt etwas bequemer macht. Geld aber, das dem zahlenmäßig immer geringer werdenden Nachwuchs später fehlen wird. Und das dann auch noch zu wohl deutlich höheren Zinsen abbezahlt werden muss. Auch systemisch sind diese Sondervermögen gewagt: Mit Blick auf aktuelle Krisen wurden Geldpolster als Reaktion auf Corona oder den Ukraine-Krieg bewilligt – und dann, wenn sie absehbar gar nicht in der Größenordnung gebraucht werden, für andere Zwecke eingesetzt. So nutzt die Regierung jetzt Corona-Gelder, um den klimafreundlichen Umbau der Wirtschaft zu unterstützen oder um zweistellige Milliardenbeträge als Subventionen für die Chipfabriken in Sachsen und Sachsen-Anhalt zu finanzieren. Das ist aus meiner Sicht der Inbegriff der haushaltspolitischen Bequemlichkeit. Diese ist nicht nur politisch falsch, sondern womöglich auch juristisch riskant. Die Bundestagsfraktion der CDU/CSU hat gegen diese Umbuchungen geklagt. Sollte das Bundesverfassungsgericht ihr Recht geben, würden im deutschen System plötzlich Dutzende Milliarden Euro fehlen. Wirtschaftsminister Habeck sagte im Juni 2023 bei einer Anhörung im Bundestag: »Wenn diese Klage erfolgreich ist, würde das Deutschland wirklich wirtschaftspolitisch hart, hart treffen. Wahrscheinlich so hart, dass wir das nicht bestehen werden.« Deutschland wäre dann noch stärker angezählt.

Finanzielle Solidität und finanzielle Stärke sind die Basis für Deutschlands Kraft und Einfluss in der Welt. Dafür, dass Deutschland ein Anker Europas ist und weiter eine Führungsrolle einnehmen kann. Doch das Anpacken neuer Aufgaben, bei der Bundeswehr, bei der Infrastruktur, bei der Energiewende, wird Deutschland verändern. Das Finanzministerium denkt immerhin intensiv über diese Veränderungen nach. Und es hat dabei zwei Prämissen. Erstens, eine trotz der anstehenden Umgestaltungen moderate Besteuerung, um Firmen international wettbewerbsfähig zu halten. Und zweitens, eine nur moderate Staatsverschuldung. Das bedeutet aber umso mehr: Kürzungen im bestehenden Ausgabendschungel. Anders als viele Kassandrarufer glaube ich nicht, dass solche Maßnahmen zu einem Kahlschlag in Deutschland führen werden. Im Gegenteil: Das Wegfallen mancher unsinniger Subvention und Förderung macht die Verwendung der Steuergelder produktiver und schafft den finanziellen Spielraum, den es braucht, um neue Prioritäten anzugehen. Den staatlich geförderten Ausbau der erneuerbaren Energien etwa. Wind- und Solarenergie sind, wie wir gesehen haben, die Rückversicherung auch für politische Souveränität. Und sie sind eine moralische Verpflichtung angesichts global steigender Temperaturen. Wenn es richtig gut läuft, entsteht dabei sogar eine neue, weltweit führende Industrie. Eine, die wie einst das Automobil Deutschland über Jahrzehnte viele Prozentpunkte an zusätzlicher Wirtschaftskraft und damit an Wohlstand bescheren kann.

Diplompsychologen

Wenn es richtig ist, dass Deutschland vor einer Art Umbau steht, einer Neuausrichtung des Landes und einer Neudefinition seines Selbstbildes – und ich bin überzeugt, dass dem so ist –, dann braucht die Bundesrepublik dafür auch eine neue große Erzählung. Nicht als PR-Instrument, sondern als zwingende Voraussetzung dafür, den Umbau gelingen zu lassen. Als ich vor einigen Jahren den Bestseller *Sapiens* des Historikers Yuval Noah Harari las, packte mich eine Passage ganz besonders. Der israelische Wissenschaftler beschrieb darin, wie sehr die Organisationsfähigkeit des Menschen eine Grundvoraussetzung für dessen große kulturelle und technologische Zivilisationssprünge in den vergangenen Jahrtausenden war. Kein einzelner Ägypter hätte eine Pyramide bauen, kein einzelner Niederländer das Abenteuer der Seefahrt nach Nordamerika oder Indonesien unternehmen können. Allein die Konzepte von Gemeinschaft, später von Staat, die Idee von Steuern, die Arbeitsteilung zwischen für sich genommen schwachen Individuen und das Ausrichten eines Kollektivs auf ein gemeinsames Ziel ermöglichten Ergebnisse, die »larger than life« waren.

In der jüngeren Zeit wurden fundamentale politische Kraftakte immer von einer zentralen Idee befeuert. Einer Idee, die einleuchtend und einfach war, aus der sich Unterziele und die nötigen einzelnen Schritte ableiten oder auch nur erspüren ließen. Einer Idee, die oft in fast schon ikonografischer Art und Weise kommuniziert wurde. Als simples Schlagwort. Oder in einer inspirierenden Rede. Der »New Deal« von US-Präsident Franklin D. Roosevelt war die Antwort auf die Weltwirtschaftskrise. Er veränderte gegen große

Widerstände das Bankenwesen in den USA, bekämpfte die Arbeitslosigkeit, förderte die heimische Wirtschaft. Winston Churchill verlangte den Briten im Angesicht des wütenden Monsters Adolf Hitler »Blut, Schweiß und Tränen« ab. »You ask, what is our aim? I can answer in one word: Victory. Victory at all costs – Victory in spite of all terror – Victory, however long and hard the road may be, for without victory, there is no survival.« Zugegeben, dagegen war die deutsche Erzählung vom »Wirtschaftswunder« und der »sozialen Marktwirtschaft« eine ganze Nummer kleiner. Aber auch sie gab ein Ziel und eine Richtung vor, weckte Begeisterung und Gemeinschaftsgefühl.

Jetzt stehen wir unbestreitbar wieder vor einer riesigen Aufgabe. Der, unser reiches und starkes Land reich und stark zu erhalten. Unter völlig veränderten Vorzeichen. Mit dem Wort von der »Zeitenwende« ist es Olaf Scholz zumindest schon mal gelungen, einen starken Begriff zu prägen. Prägnant und klar – und einen, der sich durchgesetzt hat, um den tiefen Einschnitt zu beschreiben. Was allerdings fehlt, sind die Konsequenzen. Der Kanzler ist kein guter Kommunikator. Erstaunlich, denn er redet viel. Während Kanzlerin Angela Merkel einmal im Jahr ihre Sommerpressekonferenz absolvierte, wo sie ausführlichen Einblick in ihr Denken gab, und ansonsten höchstens noch zu ganz gravierenden Anlässen auf dem Sessel bei Anne Will Platz nahm, ist Olaf Scholz im öffentlichen Raum geradezu omnipräsent. Interviews bei RTL, T-Online, manchmal zweimal binnen einer Woche in der ARD, erst bei Sandra Maischberger, dann beim Sommerinterview des ARD-Hauptstadtstudios. Dass er sich versteckt, kann man dem Kanzler wirklich nicht vorwerfen. Allerdings: Scholz führt solche Interviews als Abwehrkampf. Er sagt für das Gespräch zu, will aber nichts sagen. Auf keinen Fall zu viel. Er diskutiert lieber mit den Journalisten, ob sich »die Fragen stellen oder nicht«. Im März 2023 sagt er beim EU-Gipfel, Journalismus sei Teil der Unterhaltungsindustrie. Er ergeht sich in Betrachtungen der unterschiedlichen Aufgaben von Politik und Journalismus, erklärt den Brüsseler Korrespondenten im Juni 2023, dass Journalismus für Dekonstruktion zuständig sei – und Politik für Konstruktion. Was er dabei übersieht: dass Politik auch dafür zuständig wäre, Menschen zu erreichen. Zu erklären, was passiert. Mitzunehmen. Gerade in Zeiten, in denen Verunsicherung herrscht, in denen Menschen Orientierung wollen und in denen sie vom Chef ihrer Regierung einen Plan sehen und hören wollen. Zeiten, die Scholz selbst ja als Zeitenwende beschreibt.

Ich bezweifle nicht, dass Olaf Scholz in seinem Kopf einen Plan hat. Oder zumindest eine »landing zone« sieht, wie es neudeutsch heißt. Einen imaginären Ort, wo Deutschland in der Zukunft stehen soll. Nur strukturiert, kompakt und mitreißend kommuniziert hat er das Konzept aus meiner Sicht noch nie. Und ähnlich wie im Umgang mit den Kolleginnen und Kollegen bei der EU ist das eine Schwäche. Immerhin: Bei der Kabinettsklausur auf Schloss Meseberg am 6. März 2023 hat die Bundesregierung einen Psychologen eingeladen, der erklärt, wie man Zuversicht entstehen lässt. Eingerahmt von »Robert und Christian« steht Scholz nun nach Abschluss des Treffens vor der Presse, um Auskunft zu geben. Scholz beginnt seinen Vortrag ziemlich ungewöhnlich: mit einer klaren Priorisierung. »Die Aufgabe, die uns jetzt vordringlich beschäftigen wird, ist die Transformation unserer Wirtschaft hin zur Klimaneutralität und auch zur Digitalisierung. Um sicherzustellen, dass wir eine wettbewerbsfähige Volkswirtschaft auch in den nächsten Jahrzehnten bleiben. Mit guten, vielen Arbeitsplätzen.« Aber auch hier macht Scholz daraus keine Aufgabe des ganzen Landes, sondern nur Pläne seiner Regierung, die sich irgendwann verwirklicht haben werden. »In 22 Jahren«, wie er präzisierend hinzufügt. Und das meint er ganz ernst. »Was wir aus unserer Diskussion mitgenommen haben, ist, dass das gelingen wird.« Ich höre zu und bin beruhigt, dass die Bundesregierung an sich glaubt. »Wir haben auch verstanden und sehr sorgfältig diskutiert, dass das mit wirtschaftlichem Aufschwung verbunden sein wird.« Noch besser. »Es gibt sehr viel zu tun, für das hierzulande sehr viele Arbeitnehmerinnen und Arbeitnehmer sich einsetzen.« Damit meint Scholz wahrscheinlich die Deutschen. Die Bürgerinnen und Bürger dieses Landes. Seine Wähler. Aber sie wirken in Scholz' Worten so, als hätten sie kaum etwas mit den Umbrüchen zu tun. Als müssten sie gar nicht genau wissen, was er und seine Minister mit Deutschland vorhaben. Und als wäre von ihnen keine besondere Anstrengung nötig, wenn sie sich nur weiter schön – um in Scholz' Worten zu bleiben – als »Arbeitnehmerinnen und Arbeitnehmer einsetzen«.

Immerhin wird Scholz deutlicher, was konkret passieren muss. Die Zeitenwende beginnt für ihn mit der Umstellung der Energieversorgung auf erneuerbare Energien. Vier bis fünf neu gebaute Windräder pro Tag bis 2030 sind dazu nötig. Dazu 40 Fußballfelder mit Solaranlagen, ebenfalls pro Tag. Um das Ziel zu erreichen, will der Kanzler die Genehmigungsverfahren vereinfachen. Zudem plant Scholz, möglichst schnell aufzuschließen bei der vielleicht größten wirtschaftlichen und technologischen Veränderung dieser Tage, der Künstlichen Intelligenz. Sie soll »in Deutschland entwickelt und eingesetzt werden«. Und dann endet der Kanzler: »Wir brauchen Zuversicht.«

Ein Journalist sagt, dass ihm das doch etwas wenig sei. Noch dazu, nachdem bei der Klausur ja sogar ein Psychologe da war. Wie genau denn die Zuversicht entstehen soll, will der Kollege wissen, wo doch zum Beispiel bei Weitem keine vier Windräder pro Tag und auch keine 400 000 Wohnungen im Jahr gebaut würden. »Zuversicht entsteht dadurch, dass man sich ehrgeizige Ziele setzt. Aber auch sicher ist, dass man sie schaffen wird«, antwortet Scholz. Er erklärt noch einmal seinen Blick auf die künftige Wirtschaftsentwicklung unseres Landes. Erneuerbare Energien werden ausgebaut. Das schafft günstigeren Strom und weniger geopolitische Abhängigkeiten. Von Russland, Katar oder Saudi-Arabien.

Allein der Umbau der Energieinfrastruktur, so sieht es Scholz' Plan vor, schafft viele gute Jobs in Deutschland. Und: Nebenbei entstehen neues deutsches Know-how und Technologie, die sich später gut in andere Teile der Welt verkaufen lassen. Er wolle, dass man die Zuversicht habe: Deutschland wird auch in 10, 20, 30 Jahren »vorn dabei« sein. Und dass »jeder Bürger und jede Bürgerin davon ausgehen kann, dass das auch für sie selbst gut ausgeht«. Möchte der Finanzminister etwas hinzufügen? »Stimmt. Stimmt einfach«, pflichtet Finanzminister Lindner bei. Und Wirtschaftsminister Habeck hat zumindest eine Ergänzung, womöglich von dem, was er beim Psychologen aufgeschnappt hat: Man müsse einen »Kreislauf der Erwartungsenttäuschungen durchbrechen«. Die Menschen müssten das Gefühl haben, es selbst geschafft zu haben, Probleme aus dem Weg geräumt zu haben, Teil der Lösung zu sein. »Selbstwirksamkeit zu erfahren ist wahrscheinlich der beste Weg«, sagt Habeck und weist darauf hin, dass viele Bürger, Firmen, Kommunalpolitiker im letzten Winter die Energiekrise abgewendet hätten. »Und die Bundesebene hatte vielleicht auch einen Anteil daran.«

Für diese »Selbstwirksamkeit« braucht Deutschland jedoch ein Programm. Eine klar kommunizierte Agenda. Eine, die Kraft und Entschlossenheit ausstrahlt. Und die im besten Fall in einem Satz einen ganzen Plan ableitbar macht. Die Optionen dafür wären vielfältig. Mangels konkreter, greifbarer Entwürfe aus dem Regierungsviertel will ich in den folgenden Kapiteln versuchen, einmal drei mögliche Richtungen als Denkfutter zu skizzieren:

- Etwa die: Weil die Bedrohung aus Russland die unmittelbarste Existenzbedrohung ist, will Deutschland die militärisch stärkste Nation Europas werden.
- Oder: Deutschland sieht seine Stärke auch künftig nicht im militärischen Bereich, sondern in seiner Wirtschaftskraft. Deshalb will Deutschland das modernste Land der EU sein, mit der besten Infrastruktur, deregulierter Forschung und einem reformierten Bildungssystem.

- Oder: Weil Deutschland überzeugt ist, dass wir auf eine Welt
  der großen politischen Blöcke hinsteuern, in der wir anders
  als im Kalten Krieg entscheidend gehört werden wollen, wird
  Deutschland sich als oberste Priorität für eine weitere Vertiefung der EU starkmachen. Das Ziel sind die Vereinigten
  Staaten von Europa. Deutschland ist bereit, dafür finanzielle
  Nachteile zu akzeptieren, Souveränität abzugeben und in
  den Streit mit den Mitgliedern zu gehen, die nicht mitziehen
  wollen.

Es sind also Zukunftsvisionen denkbar: die USA Europas. Der
moderne Hightech-Hub. Europas Integrator. Die Reihe ließe
sich gewiss fortsetzen, keines dieser Gedankenspiele ist exklusiv.
Sie können sich überlappen, einander ergänzen. Auch die High-
tech-Nation wird ihr Militär angesichts der Weltlage sicher verstärken und den Austausch mit den EU-Partnern suchen. Was
mich vielmehr interessiert, ist die Frage: Was begegnet uns auf diesen Wegen, wenn wir sie einschlagen? Und was würden sie für
Deutschland und Europa bedeuten?

Kapitel 8

DIE USA EUROPAS

Coke on ice

Die aufgepumpten Obcrarmc zeigen mir: Es wird ernst. Der US-
Marine, er wird Mitte 20 sein, packt einmal kräftig meine Gurte.
Mit jeder Hand einen. Mit einem energischen Ruck und dank der
Kraft seiner Bi- und Trizepse sitze ich festgetackert aufrecht auf
meinem Sitz, an Bord einer taubenblauen Grumman C-2 Grey-
hound. Mit diesem Flugzeugtyp versorgt die U. S. Navy ihre Flugzeugträger. Auch wenn wir im schönen Catania auf Sizilien starten, touristische Züge hat dieser Flug keine. Der Sitz ist hart und
mit dem Rücken in Flugrichtung montiert. Es geht um Sicherheit,
nicht um Sightseeing. Fenster gibt es ohnehin nur zwei, eine Ver-
kleidung des Innenraums gar nicht. Ich stecke in einer furchtbar
lauten, dunklen Blechbüchse, Kabel und Hydraulikleitungen sind
offen zu sehen. Und jetzt, so lächelt mir der Soldat vielsagend zu,
gibt es eine ganz besondere Landung. Ich bin froh, dass ich mangels Fenster gar nicht alles sehen muss. Mit über 200 Stundenkilo-
metern setzt der Flieger auf dem Deck auf. Oder eher: Er schlägt
auf, das trifft es besser. Im gleichen Moment verfängt sich ein
Haken aus Stahl in einem quer über die Landebahn gespannten
Drahtseil. Humorlos werden wir zum Stehen gebracht. Förmlich
in den Stand gerissen. Der Rücken drückt tief in den Sitz. Richtig
tief. Von 200 auf null in weniger als drei Sekunden. Für das Über-

stehen der Prozedur wird mir und meinen Kollegen kurz darauf feierlich eine Urkunde verliehen. Wir sind offiziell »Honoray Tailhookers«. Personen, die mit einem Flugzeug, nicht mit einem Hubschrauber, auf einem Flugzeugträger gelandet sind. Und denen der »tail hook«, der Metallhaken, der vom Boden des Flugzeugs herabhängt, die Erfahrung der vielleicht rabiatesten Vollbremsung beschert hat, die es überhaupt gibt.

Kurz darauf öffnet sich die Ladeklappe der C-2. Wir klettern raus. Willkommen auf der U. S. S. *Harry S. Truman*, einem 330 Meter langen Koloss aus Stahl, angetrieben von zwei Atomreaktoren, in ihrem Bauch bis zu 85 Kampfjets und andere Flugzeuge. Zehn Jahre wurde an der *Truman* gebaut, Kosten: mehr als sechs Milliarden Dollar. Von der Wasseroberfläche aus gesehen ragt die *Truman* so hoch auf wie ein 20-stöckiges Hochhaus. Seit 1998 ist das Schiff im Einsatz. Von dem Deck, auf dem wir stehen, wurden viele Kriegseinsätze im Irak geflogen. Der Persische Golf war über Jahre der Haupteinsatzort des Flugzeugträgers. Jetzt aber kreuzt das Schiff vor Italien, rund um den Absatz des berühmten Stiefels. Mein Handy zeigt das Mobilfunknetz von Montenegro an, wir müssen in der Adria sein. Wegen der aufziehenden Ukraine-Krise hat die US-Regierung beschlossen, das Schiff hier zu halten. Montenegro, Serbien, dahinter liegt Rumänien. Näher kommt man nicht ran an die Ukraine. Zumindest nicht, wenn man es vermeiden will, mit einem US-Flugzeugträger durch den Bosporus ins Schwarze Meer einzufahren. Es ist Anfang Februar 2022, der Krieg hat noch nicht begonnen. Amerika aber zeigt Präsenz, Stärke und Entschlossenheit, die NATO-Mitglieder in der Region notfalls zu verteidigen.

Die *Harry S. Truman* ist eine schwimmende Stadt. Bis zu 5000 Soldaten und Besatzungsmitglieder sind hier dauerhaft an Bord, oft für ein Jahr am Stück. Sie kommen aus Chicago oder Miami, um in Europa für ein bisschen mehr Sicherheit Dienst zu tun. Eine ziemlich abstrakte Aufgabe für junge Männer und Frauen, die oft gerade aus dem Teenageralter raus sind. Sie verbringen hier einen Teil ihrer frühen Erwachsenenjahre, ohne dass wir davon überhaupt Notiz nehmen. Ohne dass wir ihre Arbeit wertschätzen würden. Zwischen den eingeklappten Tragflächen der F-18-Jets unter Deck haben die Soldaten einige Laufbänder aufgestellt, dazu ein paar Ergo-Bikes. Wie im Fitnessstudio. Nur lauter und schmutziger. Es vibriert, es riecht nach Kerosin. Unglaubliche Energiemengen sind nötig, um dieses Schiff am Laufen zu halten. Und eine wahnsinnige Logistik.

Genau das ist die eindrücklichste Erfahrung, die ich von diesem Besuch mitnehme: der unglaubliche Apparat, den die USA aufgebaut haben. Ein weltumspannendes Netz, das sicherstellt: Den Hunderttausenden Soldaten geht auf ihren Posten nie der Nachschub aus. Nie der Treibstoff. Nie die Munition. Aber auch: nie die Cheeseburger, nie die Coke, egal wohin GIs und Marines von ihrem Präsidenten in den Einsatz geschickt werden. Überall sind auch die Soldatinnen und Soldaten da, die das alles möglich machen, sowie Aufklärungsflugzeuge und Kampfjets im Hintergrund für eine mögliche Luftunterstützung. Und wieder die Einheiten dahinter, die das ermöglichen. Zum Beispiel der Flugzeugträger *Harry S. Truman*. Und dahinter wieder die Struktur, die den Flugzeugträger versorgt. Vor dem Abflug in Catania auf Sizilien haben wir das Logistikzentrum der US-Streitkräfte für den Mittelmeerraum gesehen. Riesige Hallen – zur Versorgung von Tausenden Soldaten.

Mir wird klar: Das ist es, was die große militärische Stärke der USA ausmacht. Nicht nur perfekt ausgebildete Eliteeinheiten. Nicht nur die modernsten Kampfflugzeuge. Sondern Tausende, Zehntausende Soldaten, die an jedem Ort der Erde die nötigen Voraussetzungen schaffen, wenn ein Einsatz befohlen wird. Fast so, als würde man auf dem Mond landen: Die Armee ist notfalls in der Lage, alles selbst mitzubringen. Egal wohin es geht. Dauerhaft. Es ist beeindruckend.

Und es ist eine beeindruckende Geldverbrennung. Hunderte Milliarden Dollar geben die USA jedes Jahr schlicht dafür aus, reagieren zu können. Präsent zu sein auf den Weltmeeren. Die Waffen vorrätig zu wissen. Die Logistik an so ziemlich jedem Punkt der Erde jederzeit zügig aufbauen zu können. Diese gewaltige Maschinerie verschlingt jahrein, jahraus Unsummen. Und wenn das Militär nicht konkret gebraucht wird, dann verdampfen die Milliarden trotzdem. All das Geld, das man auch in neue Brücken in den USA, in eine bessere medizinische Versorgung für alle Amerikaner, in neue Schulen in Brooklyn oder in bezahlbarere Wohnungen in San Francisco stecken könnte. Doch das ist der Preis dafür, um global Einfluss zu haben, autark handeln und jederzeit die eigene Sicherheit verteidigen zu können. Ein Preis, den die USA zahlen, obwohl sie dank ihrer geografischen Lage mit den friedlichen Kanadiern im Norden, den Mexikanern im Süden sowie zwei Ozeanen links und rechts keineswegs ständig mit Invasionen, wie wir sie in der Ukraine gesehen haben, rechnen müssen. Die USA nehmen ihr Schicksal selbst in die Hand, beziehungsweise: Sie wollen es sich nicht von anderen aus der Hand nehmen lassen.

Genau diesen Schluss könnte auch Deutschland jetzt ziehen. Ihn mit unserer vermeintlichen deutschen Rationalität sogar als unausweichlich erachten. Jetzt, wo Putin gezeigt hat, dass es wieder einen groß angelegten Invasionskrieg in Europa geben kann. Wo Angela Merkel uns Deutschen schon einige Jahre zuvor, im Jahr 2017, in der berühmten Bierzeltrede von Trudering im Angesicht der Trump'schen Madness erklärt hatte:»Die Zeiten, in denen wir uns auf andere völlig verlassen konnten, sind ein Stück weit vorbei.« Deutschland muss sein Schicksal selbst stärker in die Hand nehmen. Davon bin ich überzeugt. Es ist wie kein anderes EU-Land verantwortlich für den Frieden auf dem Kontinent. Nicht historisch bedingt oder weil das irgendwo festgelegt wäre, sondern schlicht, weil unser Land geografisch dazu gezwungen ist und zudem kein anderes Land dafür die wirtschaftlichen Ressourcen hat. Die Verbündeten erwarten dieses größere Engagement schon lange, und gemäß seinem Amtseid müsste auch der Bundeskanzler in der Lage sein, Schaden vom deutschen Volke abzuwenden. Folglich wäre jetzt die Zeit, in der Deutschland sich vornehmen könnte: Wir wollen die USA Europas sein. Keine Weltmacht, sondern Teil der NATO. Aber: die USA Europas. Der mit Abstand stärkste, verlässlichste, am besten ausgestattete und notfalls entschlossenste Partner.

Fahnenflucht

Wie groß die Ausstattungsmängel bei der Bundeswehr sind, darüber ist genug gesagt worden. Dass die Beschaffung nicht effizient erfolgt, ist auch bekannt. Mindestens genauso groß ist aber ein anderes Problem: Eine funktionierende Armee kann man nicht bei Amazon bestellen. Nicht mit allem Geld der Welt. Und auch nicht mit zehn Sondervermögen. Was zwischen der deutschen Realität und der Vision steht, die USA Europas zu sein, sind vor allem: fehlende Soldatinnen und Soldaten.

Zu Zeiten des Kalten Krieges zählte allein die Bundeswehr rund 500 000 Mann. Diese gewaltige Zahl wurde als das Minimum angesehen, um überhaupt eine abschreckende Wirkung gegenüber der Sowjetunion bewirken zu können. Und das nur als »Fußtruppen«, als Unterstützung der anderen NATO-Einheiten, die im Zweifel an der innerdeutschen Grenze eingesetzt worden wären. Wenn ich in Dokumente und Pläne aus dieser Zeit schaue, schaudert es mich: Meine thüringische Heimat in all ihrer ländlichen Beschaulichkeit hätte der Schauplatz eines dritten Weltkriegs sein können. Im Pentagon gab es Karten, die die 200-Einwohner-Dörfer zeigen, in denen ich groß geworden bin. Die Nationale

Volksarmee der DDR zählte beim Fall der Mauer 1989 rund 170 000 Mann. In Deutschland standen 1989 also 670 000 deutsche Soldaten und Soldatinnen. Heute verfügen die gesamtdeutschen Streitkräfte über 183 000 Mann. Das deutsche Militär hat eine radikale Schrumpfkur hinter sich. Und ist ein Leichtgewicht geworden. Jetzt, wo wieder Schwergewicht gekämpft wird.

Der Politikwissenschaftler und Oberst der Reserve Martin Sebald von der Universität Regensburg sieht im Heer insgesamt nur einen Kampftruppenbestand von 24 000 Soldaten. Das, so erklärt er in einem Gespräch den Kollegen des Bayerischen Rundfunks, entspreche nur einer »verstärkten Division«. »Deshalb sage ich, dass man damit im Grunde nicht mal den Bayerischen Wald verteidigen könnte.« Denn eine Division kümmere sich üblicherweise um einen »Gefechtsstreifenabschnitt« von 30 Kilometern. Der Bayerische Wald sei deutlich länger.

Bis 2031 soll die Zahl der deutschen Soldaten um rund zehn Prozent erhöht werden, auf 203 000. Doch die Aussichten, dass das gelingt, sind nicht gut. Allein durch die natürliche Fluktuation, das Ende von Zeitverträgen oder den Abschied in den Ruhestand, verliert die Bundeswehr jedes Jahr rund 20 000 Mann. Dass in Deutschland immer weniger Kinder geboren werden und wurden, macht es nicht leichter, die Lücke zu schließen. Geschweige denn die Bundeswehr wachsen zu lassen. Und der Blick der nachwachsenden Millenials auf ihre Zukunft sieht eher selten ein Leben auf der »Stube« vor. In einer Kaserne, mit Befehl und Gehorsam. Work-Life-Balance ist ein Unding, wenn befohlen wird. »Es fängt mit ganz banalen Dingen an«, erzählte einmal der frühere Generalinspekteur der Bundeswehr Eberhard Zorn. »Sie lachen. Aber die erste Frage ist oft: Warum muss ich da so früh aufstehen?« Das sei ganz objektiv ein Grund dafür, dass Soldaten in Deutschland ihre Ausbildung nicht zu Ende bringen. Man kann nicht ausschlafen.

Beim NATO-Gipfel in Vilnius 2023 unterhalte ich mich mit

einem Vertreter des Verteidigungsministeriums über die Personalfrage. Er sieht dieses Problem als die vielleicht dringendste Frage, die sich dem deutschen Militär in der Zeitenwende stellt. Eine Wiedereinführung der Wehrpflicht ist politisch nicht gewollt. Und, so sagt er, sie wäre auch logistisch schwierig. Die Kasernen zur Unterbringung Zehntausender Rekruten sind schlicht vor vielen Jahren abgerissen worden. Dazu herrscht auf den Arbeitsmärkten Fachkräftemangel. Wenn die Bundeswehr nun noch als Großkonkurrent auftritt, ist politischer Widerstand nicht nur von den potenziellen Wehrpflichtigen zu erwarten, sondern auch von der Wirtschaft, den Arbeitgebern. Es muss also mit Überzeugungsarbeit klappen.

Von 8 bis 20 Uhr ist die Beach Lounge am Strand von Eckernförde geöffnet, gleich zwei Monate lang, von Juli bis Anfang September. Beachvolleyball, Fitness, dazu die Möglichkeit, sich U-Boote anzuschauen. 17, 18 Jahre alt sind manche Jungs und Mädchen, die hier baggernd dem Ball hinterherfliegen. So stellt sich die Bundeswehr die Personalgewinnung der Zukunft vor. Dorthin gehen, wo junge Menschen sind. Und ganz besonders solche, die vielleicht ein etwas größeres Interesse am Dienst an der Waffe haben könnten. Weil sie Sport mögen. Oder Autos, Motoren. Action. In grün-schwarzen Tarnfarben und der fetten Aufschrift»Karriere-Basis« hat die Bundeswehr auch auf dem Norisring in Nürnberg eine kleine Zelt- und Truck-Stadt aufgebaut. Während auf der traditionsreichen Rennstrecke die Autos des Deutschen Tourenwagen-Masters DTM ihre Runden drehen, kann man hier einsteigen, zum Beispiel in den Schwerlasttransporter *Elefant*, den man gelegentlich auf Autobahnen sieht, etwa mit Panzern als Ladung auf dem Tieflader.

Immer wieder melden sich junge Männer schon zu Schülerpraktika an.»Haben Sie durch den Krieg in der Ukraine eher rückläufige Zahlen?«, frage ich. Die Gefahr, als Bundeswehrsoldat wirklich in den Krieg zu gehen, steigt doch theoretisch. Die Bedrohung ist realer geworden.»Ich würde sagen, das ist geteilt«, bekomme ich als Antwort. »Einige sind genau wegen dieser zumindest abstrakt gestiegenen Gefahr nicht mehr interessiert. Und andere sagen: Jetzt gibt es einen Grund, zur Armee zu gehen. Die sehen jetzt einen Sinn, einen viel größeren Anreiz zu sagen: Ich will mein Land verteidigen.«

Doch ob Strandcamps und Rennstrecken-Showrooms dauerhaft Tausende neue Soldaten anwerben können? Es gäbe auch noch andere Möglichkeiten, die Zahl der Soldaten zu erhöhen. Neben der Wehrpflicht könnte das auch durch eine Änderung der Pensionsregelungen geschehen. Viele Soldaten gehen deutlich früher als der Rest der Bevölkerung in den Ruhestand. Bei Piloten ist das oft schon mit Mitte 40 der Fall, in anderen Teilstreitkräften mit Mitte, Ende 50. Natürlich ist Landesverteidigung oft ein hartes, schweres Geschäft, das körperliche Fitness voraussetzt. Das Fliegen eines Überschalljets erst recht. Da sind 27-Jährige klar im Vorteil. Doch statt ihnen nach Erreichen des Pensionsalters für ihre jeweilige Tätigkeit auf immer Lebewohl zu sagen, müsste Deutschland über eine andersartige Weiterbeschäftigung in den Streitkräften nachdenken. Über eine »heizungsnahe Verwendung«, wie manche Soldaten das scherzhaft nennen. Büro, Logistik, körperlich leichtere Dinge, sozusagen in der warmen Stube statt im kalten Biwak. Denn fest steht: Wenn Soldaten fehlen, ist es keine besonders gute Idee, die, die da sind, frühzeitig nach Hause zu schicken. Natürlich müsste sich das Bleiben dann auch finanziell lohnen. Denn eine schlichte Verlängerung der vorgeschriebenen Dienstjahre könnte die Attraktivität der Bundeswehr weiter schwächen. Schließlich ist die früh winkende Pensionierung oft ein wesentlicher Anreiz, sich beruflich überhaupt für die Bundeswehr zu entscheiden.

Aber auch der Aufbau einer Reserve muss wieder größere Bedeutung bekommen. Es gebe nur noch »kümmerliche Reste«, sagt der Wissenschaftler Martin Sebald. In Ländern wie Finnland,

Estland oder der Ukraine spielen Reservisten hingegen eine große Rolle und werden in der Planung stets mitgedacht. Auch in der Bundeswehr war das in Zeiten des Kalten Krieges so: Die 500 000 Aktiven konnten durch die Reserve relativ schnell auf 1,3 Millionen erhöht werden. Auch jetzt wäre das aus Sicht von Sebald möglich. Man plant »nicht aktive Verbände«, die dann im Ernstfall durch Reservisten aufgefüllt würden. Nach seinen Kalkulationen sei eine Stärke von 400 000 Mann vorstellbar – zusätzlich zur aktiven Bundeswehr von 183 000 oder irgendwann vielleicht 203 000 Soldaten und Soldatinnen.

Zugegeben, all das sind nur kleine Stellschrauben, führt man sich vor Augen, dass Polen eine Armee von 300 000 Mann plant. Deutschland tut sich bei fast doppelter Einwohnerzahl schwer, auf 200 000 zu kommen. Um die USA Europas zu werden, müsste Deutschland langfristig wohl eine Wiedereinführung der Wehrpflicht beschließen, zugleich einen großen Apparat an Berufs- und Zeitsoldaten aufbauen sowie eine ernsthafte, aktivierbare Reserve vorhalten. Aber das wäre nicht die einzige politische Diskussion mit enormer Sprengkraft.

Die Bombe

»Dial-a-yield.« Man glaubt gar nicht, wie altmodisch analog so eine Massenvernichtungswaffe sein kann. »Dial-a-yield.« Übersetzt: »Wähle einen Ertrag.« Oder besser: »Wähle einen Vernichtungsgrad, einen Schaden, eine Verwüstungsdimension.« Mit einem klassischen Drehschalter lässt sich bei vielen älteren Atomwaffen der Ablauf der Kettenreaktion nach der Zündung beeinflussen. Keine aufwendige Softwareprogrammierung, sondern ein Regler wie an einem alten Boiler im Badezimmer. Nur dass man nicht die Temperatur einstellt, sondern die Größe des

Knalls. Gemessen werden Wucht und Stärke der Explosion äquivalent zu dem, was eine Kilotonne TNT anrichten würde, also 1000 Tonnen des klassischen Sprengstoffs Trinitrotuluol, der erstmals 1863 vom deutschen Chemiker Julius Wilbrand synthetisiert wurde.

An der amerikanischen Bombe vom Typ B61 soll man zwischen 0,3/5/10 und 80 Kilotonnen wählen können. Also eine Explosion vergleichbar mit der von entweder 300, 5000, 10 000 oder 80 000 Tonnen TNT. Zum Vergleich: Die 1945 über Hiroshima abgeworfene Bombe hatte eine Sprengkraft von 13 000 Tonnen TNT. 1961 testete die Sowjetunion eine Bombe mit dem Namen »Zar« und einer Sprengkraft von unglaublichen 57 000 Kilotonnen (also 57 Millionen Tonnen) TNT. Die stärkste konventionelle Bombe ist dagegen ein winziger, winziger Zwerg. Sie befindet sich ebenfalls im russischen Arsenal: »Vater aller Bomben« wird sie genannt. Mit einer Sprengkraft von 44 Tonnen TNT. Das ist immer noch viermal mehr als die »Massive Ordonance Blast«, die größte konventionelle Bombe der USA. Die hat eine Sprengwirkung von 11 Tonnen TNT. Das ist ebenfalls gigantisch, aber nicht mal ein Tausendstel der Hiroshima-Bombe. Und 30-Mal weniger die 0,3 Kilotonnen, die sich als kleinste »Yield« bei einer B61-Bombe anwählen lassen. Was sagen uns all diese Zahlen? Die Wirkung nuklearer Waffen ist gigantisch – das muss man sich wirklich so trocken arithmetisch vor Augen führen.

Lange Zeit spielten Atomwaffen kaum noch eine Rolle, da ihr Einsatz völlig illusorisch war. Verrückt. Doch seit dem Krieg in der Ukraine ändert sich das wieder. Immer wieder droht Putin mit ihrem Einsatz. »Das ist kein Bluff«, hat er gleich zu Beginn seiner sehr speziellen Operation gesagt. In russischen Fernsehsendungen berechnet man die Flugzeiten von Atomwaffen – nach London, nach Kiew, nach Berlin. Als wäre die Welt ein Computerspiel.

»Zum ersten Mal seit der Kuba-Krise haben wir es mit einer direkten Drohung mit dem Einsatz von Atomwaffen zu tun, wenn sich die Situation tatsächlich so weiterentwickelt wie bisher«, sagte US-Präsident Biden im Oktober 2022 vor Geldgebern seiner Demokratischen Partei. Er sprach davon, dass es zu einem »Armageddon« kommen könnte. Muss uns das nicht mehr als nachdenklich machen?

Wenn Deutschland davon überzeugt ist, eine »Zeitenwende« zu erleben, dann gebietet es die Vernunft, auch über die möglicherweise fundamentalste Bedrohung, die durch Atomwaffen, neu zu beraten. Zumal schon länger deutlich ist: Auch der Schutz der USA muss nicht in alle Ewigkeit gegeben sein. Die Rückkehr von Donald Trump ins Weiße Haus scheint möglich – und damit auch vieles andere. Ich habe selbst den Nachmittag des 12. Juli 2018 im Brüsseler Hauptquartier erlebt, als der damalige US-Präsident mit einem Rückzug seines Landes aus der NATO drohte. Selbst die sonst kühle Kanzlerin Merkel wirkte in diesen Stunden tief beunruhigt. Wenn also irgendwann in Deutschland eine solche Diskussion über Atomwaffen begänne, sollte man sich sicher nicht auf das Niveau der Kreml-Hetzer begeben, ihr Spiel von Angst, Täuschung und Provokation mitspielen. Aber einfach gelassen anzunehmen, dass eben doch alles nur ein »Bluff« des Kreml ist, erscheint mir genauso naiv, wie wir lange geglaubt haben, dass Russland Energie und insbesondere seine Gaslieferungen nie als Waffe einsetzen wird. Wenn Deutschland in den vergangenen beiden Jahren eines gelernt haben sollte, dann das: Better safe than sorry. Auch Olaf Scholz hat mehrfach gesagt, er habe nun verstanden, wie wichtig es sei, Putin genau zuzuhören. »Man muss immer davon ausgehen: Er macht das, was er sagt«, antwortete er mir auf die Frage, was er von seinem letzten Besuch im Kreml mitgenommen habe.

Was aber bedeutet das im Klartext? Wenn Deutschland die führende militärische Macht Europas werden will, wenn es sich in besonderer Weise für die Sicherheit dieses Kontinents zuständig fühlt, wenn da ein Putin ist, der mit Atomwaffen droht, dann wäre es nicht abwegig, sich mit dem Thema Atomwaffen auseinanderzusetzen. Ich sage es vorweg: Nicht, indem die Bundesrepublik mit der Entwicklung eigener Atomwaffen beginnt. Theoretisch hätte sie einige Voraussetzungen dafür: Zum einen besitzt Deutschland wahrscheinlich die technologischen Fähigkeiten, einen so komplexen Prozess zu gestalten, auch wenn hierzulande noch nie eine Atombombe gebaut wurde; zum anderen gibt es in Deutschland Uranvorkommen. Ein paar kleinere im Schwarzwald, recht bedeutende in Ostthüringen und Sachsen. Bis 1990 wurde dort von der Wismut AG, der Sowjetisch-Deutschen Aktiengesellschaft Wismut, Uranerz abgebaut. Seit 1990 ist die Förderung, wie die so vieler Rohstoffe in Deutschland, eingestellt. Zwei wichtige technische Voraussetzungen wären also durchaus gegeben. Know-how und Uran. Eine dritte aber fehlt: die Möglichkeit, eine selbst entwickelte Atomwaffe auch zu testen. Denn Atomtests müssen – das liegt in der Natur der Sache – auf eigenem Territorium geschehen. In Steppen und Wüsten, oder noch besser, auf abgelegenen Überseeinseln à la Moruroa-Atoll. Doch Deutschland verfügt nicht über solche Gebiete. Deutschland bliebe als Testgelände nur: Deutschland. Die Ostsee. Die Nordsee. Und ein Atomtest in dicht besiedeltem Gebiet ist schlicht nicht vorstellbar. In Deutschland, wo schon zu eng geplante Windräder die Emotionen hochkochen lassen.

Auch die außenpolitische Wirkung, wenn Deutschland nach einer Atomwaffe streben würde, wäre fatal. Deutschland verwandelte sich damit auf der Stelle in einen internationalen Paria, weil es in einem allerersten Schritt den Atomwaffensperrvertrag brechen beziehungsweise kündigen müsste. Der besagt, dass außer den USA, Russland, China, Großbritannien und Frankreich keine anderen Länder legal Atomwaffen besitzen oder danach streben dürfen. Täte Deutschland es dennoch, würde es zwangsläufig mit diesen Ländern in Konflikt geraten. Es würde nicht als ein Land gesehen, dass sich im Herzen Europas um mehr Sicherheit kümmert, sondern als eines, das unberechenbar Alleingänge startet.

Harsche Wirtschaftssanktionen wären die Folge. Der abrupte Abbruch vieler Geschäfte. Mit den USA. Mit China. Aber auch mit anderen Ländern. Die Spannungen würden so groß, dass eine Zusammenarbeit in der EU kaum noch denkbar wäre. Im Gegenteil: Vielleicht würde sogar der Wunsch anderer Staaten wachsen, sich militärisch gegen Deutschland abzusichern. Deutschland würde ein großes Nordkorea, ein europäischer Iran. Ein Land, das aus Sicht anderer Staaten isoliert werden muss. Das Gedankenspiel braucht also gar nicht lange weiterverfolgt zu werden: Eine deutsche Bombe ist schon technisch nicht zu entwickeln, weil sie nicht getestet werden kann. Und politisch bringt sie unter den gegebenen Umständen ausschließlich Gefahr. Keine zusätzliche Sicherheit.

Als Wladimir Putin zu Beginn des Krieges seine Atomstreitkräfte in erhöhte Alarmbereitschaft versetzen ließ, passierte in Russland militärisch augenscheinlich wenig. »Wir sehen keine konkreten Bewegungen«, sagte NATO-Generalsekretär Stoltenberg uns in Brüssel immer wieder. Doch auch wenn sich in Russland nichts beobachten ließ oder man zumindest nichts darüber erfuhr – an anderer Stelle gab es durchaus Bewegung.

Am 1. März 2022 meldet die kleine französische Zeitung *Le Telegramme*, dass ein drittes der insgesamt vier französischen Atom-U-Boote ausgelaufen sei. Die Regierung in Paris bestätigt so etwas nicht offiziell, die Lokaljournalisten an der Atlantikküste in Brest können es aber sehen. Vielleicht sollten sie es sogar. Jedes dieser französischen U-Boote hat 16 ballistische Raketen an Bord. Reichweite bis zu 10 000 Kilometer, Sprengkraft bis zu 100 Kilotonnen TNT. Es ist die »Force de Frappe«, ein stehender Begriff in Frankreich. Übersetzt: die französische »Schlagkraft«. Jede Rakete ist in der Lage, überall auf der Welt eine Großstadt auszulöschen. Mit dem U-Boot verlässt Frankreichs Schlagkraft symbolisch den Heimathafen. Es ist ein Bild, das die unsichere Lage Deutschlands auf den Punkt bringt. Auch wenn Frankreich nur über ein relativ kleines Arsenal von rund 220 Atomsprengköpfen verfügt – verglichen mit mehreren Tausend in Russland und den USA: Frankreich hat eigene Atomwaffen. Das ist der große Unterschied zu Deutschland. Für nicht wenige deutsche Politiker richtet sich deshalb der Blick zu unserem Nachbarn, wenn es um eine Neubewertung der nuklearen Abschreckung in Europa geht. Wolfgang Schäuble gilt als besonnener Mann. Einer, der mir persönlich schon oft erklärt hat, was in Europa realistisch ist und was nicht. Und er war dabei meistens derjenige, der weniger für möglich hielt als ich, weil er Sachzwänge und potenzielle politische Konflikte ganz genau kennt. Umso interessanter ist es, dass der Mann, der auf eine so lange politische Erfahrung zurückblickt, als erster führender deutscher Politiker mit einer radikalen Forderung auftrat:»Nachdem Putins Helfershelfer jeden Tag mit einem Atomschlag drohen, steht für mich unverrückbar fest: Wir brauchen auch auf europäischer Ebene die nukleare Abschreckung. Über diese verfügt Frankreich. Aus ureigenem Interesse müssen wir Deutsche im Gegenzug für eine gemeinsame Nuklearabschreckung einen finanziellen Beitrag für die französische Nuklearmacht leisten.« Das sagte Schäuble Ende Juli 2022 in einem Interview mit der *Welt am Sonntag*. Er, der immer hyperrealistisch war, hielt sogar ein deutsches Mitspracherecht beim Einsatz der französischen Waffen für möglich:»Darüber kann man sich verständigen, denn Frankreich und Deutschland liegen als Nachbarn so eng nebeneinander, dass es keinen Unterschied zwischen dem deutschen und französischen Verständnis von gemeinsamen Gefahren gibt«, meinte Schäuble.

Frankreichs Präsident Macron hingegen zeigte sich kurze Zeit später wenig geneigt, französische Interessen mit anderen abzuwägen. In einem Fernsehinterview im Oktober 2022 brach der Präsident mit einer Grundregel der sogenannten strategischen Ambivalenz. Statt mögliche Gegner im Unklaren zu lassen, wann genau Atomwaffen eingesetzt würden, sagte Macron auf die Frage, ob Frankreich auf den Einsatz taktischer Atomwaffen durch Russland in der Ukraine reagieren würde: Das französische Arsenal käme nur zum Einsatz, wenn »fundamentale Interessen der Nation« in Gefahr wären. »Und das wäre keineswegs der Fall, wenn es zum Beispiel einen ballistischen nuklearen Angriff auf die Ukraine oder die Region gibt.« Fundamentale Interessen der französischen Nation. Das sind hier die Schlüsselworte. Und es erscheint auf den ersten Blick nur sehr schwer vorstellbar, wie ein solches Pfund, über das Frankreich mit den Atomwaffen verfügt, in ein geteiltes europäisches Gut verwandelt werden könnte. Unser Nachbar bräuchte eine grundlegende Staatsreform, ein komplettes Verschieben des eigenen Koordinatensystems, eine Neubeschreibung seiner Rolle in der Welt. Frankreich müsste sich ein Stück weit – für Europa – auflösen. Die innenpolitischen Auseinandersetzungen wären enorm. Vom Ausverkauf Frankreichs wäre die Rede. Von Verrat an der Nation. Es wäre eine »Zeitenwende française«, die mindestens so tief ginge wie die, die Deutschland durchläuft. Und dennoch: Geschafft haben das die Franzosen schon einmal. Sie waren aus der Position der Stärke und Überlegenheit nach dem Zweiten Weltkrieg bereit, auf Deutschland zuzugehen. Eine Volksabstimmung damals hätte bestimmt keine Zustimmung erbracht. Aber Frankreich ist ja das Land der Vernunft, des aufklärerischen Denkens. Vielleicht ist es das, was Wolfgang Schäuble optimistisch stimmt.

In einer Grundsatzrede am 7. Februar 2020 vor den Absolventen der französischen Militärakademie in Paris hatte sich Macron tatsächlich schon einmal offener gezeigt. Er betonte, dass die Bedrohung seiner Nachbarn auch Frankreichs Sicherheitsinteressen berühre. Die »vitalen Interessen« seines Landes besäßen eine »europäische Dimension«. Er bot an, einen »strategischen Dialog« über die Rolle der französischen Kernwaffen für die kollektive Verteidigung Europas zu beginnen. Die Partner seien eingeladen, an Übungen teilzunehmen. Aber: nur in teilnehmender Rolle, nicht als Mitentscheider. Doch wie so viele Vorschläge Macrons in diesen Jahren wurden auch diese von Deutschland kaum ernsthaft aufgegriffen.

Immer wieder begegneten mir drei Hauptargumente, warum die Pariser Pläne keine echte Chance hätten. Erstens würden sie die USA von Europa entfremden. Und damit Europa spalten, da vor allem Länder wie Polen, die Balten, aber eben auch Deutschland keinen Zweifel aufkommen lassen möchten, dass nur die USA wirklichen Schutz bieten können. Zweitens sei das französische Atomarsenal unflexibel. Die USA könnten im Ernstfall sowohl atomar mit kleineren taktischen als auch mit strategischen Atomwaffen antworten. Auch hätten sie die Möglichkeit einer massiven konventionellen Antwort. Frankreich hingegen habe nur strategische Atomwaffen. Es stünde also im Fall eines »begrenzten« Einsatzes taktischer Nuklearwaffen vor einem Dilemma: entweder keine Reaktion – oder Weltkrieg mit strategischen Atomwaffen. Das wisse auch der Gegner. Die Stiftung Wissenschaft und Politik macht es in einem Papier ganz plakativ: »Weil Frankreichs atomares Arsenal eher klein und wenig flexibel ist, müsste Paris als Reaktion auf einen russischen konventionellen Angriff etwa auf die baltischen Staaten den Einsatz strategischer Kernwaffen gegen russische Städte androhen. Damit müsste Paris einen russischen nuklearen Vergeltungsschlag gegen französisches Territorium in Kauf nehmen.« Niemand glaubt, dass die Freundschaft in Paris so weit geht. Und das dritte Argument, warum Macrons Angebote nicht recht verfingen, entsprach erneut einem alten deutschen Reaktionsmuster, welches bei französischen Vorschlägen regelmäßig auftritt: Paris wolle mal wieder andere zur Kasse bitten, die Befehlsgewalt über die Waffen aber für sich allein behalten. Deutschland ist immer auf der Hut, nicht über den Tisch gezogen zu werden.

Für unser Szenario, die militärische Führungsrolle in Europa bewusst und entschlossen anzunehmen, müsste sich Deutschland auf Frankreich zubewegen. Diplomatisch und finanziell. Wenn in Europa eine nukleare Abschreckung bestehen soll, die auch einen möglichen Rückzug der USA zumindest teilweise kompensieren könnte, dann ist der französische Beitrag dazu unverzichtbar. Deutschland selbst wird sie jedenfalls auch künftig nicht aufbauen können, egal wie groß die Ambitionen wären. Doch mehr Zusammenarbeit mit Frankreich? Der Gedanke führt zu einer anderen Problematik, die beide Länder in militärischen Fragen fundamental unterscheidet: die Art und Weise, wie Entscheidungen getroffen werden.

Parlamentsvorbehalt

Die Sätze klingen schwer wie Blei: »Die hiernach in den Vorschriften des Grundgesetzes auf dem Hintergrund der deutschen Verfassungstradition seit 1918 zum Ausdruck kommende Entscheidung für eine umfassende parlamentarische Kontrolle der Streitkräfte lässt ein der Wehrverfassung zugrundeliegendes Prinzip erkennen, nach dem der Einsatz bewaffneter Streitkräfte der konstitutiven, grundsätzlich vorherigen Zustimmung des Bundestages unterliegt.« So urteilt das Bundesverfassungsgericht 1994 und unterstreicht: Die Bundeswehr ist eine Parlamentsarmee. Nur in sehr begrenzten Fällen ist keine Genehmigung des Bundestages nötig, etwa wenn die Bundeswehr lediglich für Hilfsdienste im Ausland eingesetzt wird, bei denen es keine Bewaffnung gibt. Für fast jeden anderen Auslandseinsatz aber bedarf es einer Parlamentsentscheidung. Die wiederum gilt jeweils nur für zwölf Monate und muss entsprechend bei längerer Einsatzdauer regelmäßig verlängert werden. Das alles ist historisch bedingt, um die militärische Kraft Deutschlands nie wieder in die Hände eines Führers gelangen zu lassen, um den Einsatz von Soldatinnen und Soldaten bewusst, öffentlich und breitestmöglich zu diskutieren und erst dann zu genehmigen.

Doch wenn Deutschland nun eine militärische Führungsrolle in Europa anstrebt, ist diese Vorgehensweise offensichtlich kompliziert. Und man darf die Frage stellen, ob im Moment einer Zeitenwende historisch hergeleitete Begründungen nicht zumindest hinterfragt werden sollten. Schon die nur in homöopathischen Dosen forcierte stärkere militärische Zusammenarbeit in der EU in den Jahren vor der Wahl Donald Trumps zum US-Präsidenten und vor dem Ukraine-Krieg hat die Problematik der sehr engen deutschen Parlamentsanbindung der Bundeswehr stärker in den Fokus auch europäischer Debatten gerückt.

Im Jahr 2015 stellte die sogenannte Rühe-Kommission, geleitet vom früheren Verteidigungsminister Volker Rühe, ihre Ergebnisse vor. Der offizielle Titel der Arbeitsgruppe lautete »Kommission zur Überprüfung und Sicherung der Parlamentsrechte bei der Mandatierung von Auslandseinsätzen der Bundeswehr«. Nomen est omen: Die Kommission wollte die grundsätzliche Konstellation des Parlamentsvorbehalts nicht anrühren. Sie forderte deutliche Anpassungen und eine »gesetzgeberische Klarstellung des Einsatzbegriffes«, aber auch mehr »Informationen« an das Parlament über die Verbundfähigkeiten, die den Verbündeten seitens der Bundesrepublik zugesagt werden. Der Hintergrund: Militärisch und wirtschaftlich ist es sinnvoll, wenn nicht mehr jedes Land in Europa alle Fähigkeiten vorhält, sondern wenn die Armeen in Europa arbeitsteilig agieren. Einzelne Länder sind stärker bei der Luftwaffe engagiert, andere die Experten für Minenräumung, wieder andere übernehmen die Betankung von Flugzeugen in der Luft etc. In einer solchen Welt, auf die Deutschland in unserem Gedankenspiel als militärische Führungsmacht auf dem Kontinent ganz selbstverständlich weiter hinarbeiten müsste, hängen aber auch alle Staaten voneinander ab. Dann kann ein nicht verlängertes Bundestagsmandat in Deutschland für einen ganzen multinationalen Einsatz das Ende bedeuten. Deadline: alle zwölf Monate. Langfristige Planung: eher schwierig. Das so oft geforderte gemeinsame europäische Vorgehen: ein Kartenhaus, das – überspitzt gesagt – alle zwölf Monate im Reichstagsgebäude umgepustet werden könnte. »Die anderen müssen sich auf uns verlassen können«, sagte Rühe schon damals bei der Vorstellung des Abschlussberichts. Die Partner dürften nicht handlungsunfähig werden, wenn Deutschland sich nicht oder nicht mehr beteilige. Er nannte das Beispiel Lufttransport. »Wenn alle A400M einsatzbereit sind, wird Deutschland gemeinsam mit Frankreich über 70 Prozent der militärischen Transportflugkapazitäten verfügen. Wir haben dann praktisch das Monopol auf Transport.« Genau dieses Szenario, dass eine deutsche Nichtbeteiligung die Partner vor große Probleme stellte, war 2011 aufgetreten. Damals hatte sich Deutschland unter Außenminister Westerwelle im Weltsicherheitsrat bei der Frage enthalten, ob es einen Militäreinsatz gegen die Truppen des libyschen Diktators Gaddafi geben sollte, um eine humanitäre Katastrophe in dem Land zu verhindern. Die deutsche Enthaltung führte dazu, dass die für den Einsatz nötigen AWACS-Aufklärungsflugzeuge nicht wie üblich mit deutschen Besatzungen bestückt werden konnten. Stattdessen mussten Franzosen und Briten umständlich Ersatz finden.

Viel geändert hat sich seit dem Rühe-Bericht nicht. Zwar gab es Pläne für gesetzgeberische Anpassungen. Am Ende aber kam die Reform nicht zustande. Einen neuen Anlauf zu nehmen stünde der Bundesrepublik nach meiner Ansicht gut zu Gesicht, wenn sie zu einer Führungsmacht Europas werden will. »Wegen jeder Entscheidung im Sommer den Bundestag zusammenzutrommeln ist in diesen Zeiten ein bisschen zu kompliziert«, sagt ein französischer Diplomat. Zwar gibt es Parlamentsbeteiligungen auch in vielen anderen EU-Staaten, doch oft reichen sie nicht so weit, sind nicht so grundsätzlich wie die in Deutschland. Das Genfer Zentrum für die Demokratische Kontrolle der Streitkräfte (DCAF) stufte Deutschland schon 2010 auf einer Skala von 1 bis 5 ganz oben ein. »Sehr stark« seien die Rechte der Abgeordneten des Bundestages mit Blick auf die Bundeswehr. In anderen Ländern, etwa in Belgien, haben die Abgeordneten reine Informationsrechte. Es entscheidet offiziell der König, de facto die Regierung. In Frankreich entscheidet der Präsident und muss das Parlament lediglich informieren. Nur bei einer Dauer des Einsatzes von mehr als vier Monaten wird die Nationalversammlung befragt. Diese hat also ein Rückholrecht – aber nicht die Möglichkeit, einen Einsatz von vornherein zu unterbinden. In vielen EU-Staaten wurden durch Gesetzes- oder Verfassungsänderungen zudem Einsätze im Rahmen von NATO, EU oder Vereinten Nationen mit vereinfachten Regeln und weniger enger Parlamentsbegleitung versehen.

Genau diese Ideen griff die deutsche Verteidigungsministerin Annegret Kramp-Karrenbauer bei einer Grundsatzrede an der Universität der Bundeswehr in München am 7. November 2019 auf: »Ich denke da an die Vereinfachung und Beschleunigung des Verfahrens der parlamentarischen Meinungsbildung. Mir ist wichtig, dass die Bundeswehr an völkerrechtlich legitimierten internationalen Operationen teilnehmen kann, ohne dass Verzögerungen und Unsicherheiten über unsere Leistungsbereitschaft entstehen – und zugleich die Rechte des Bundestags gewahrt bleiben.« Und weiter: »Wenn klar ist, dass es internationale Missionen sind, ob von der NATO geführt oder von den Vereinten Nationen, könnte das Verfahren im Parlament beschleunigt werden. Das sollte auch möglich sein, wenn wir mit europäischen Partnern zusammen tätig werden wollen.«

Das ist im Sinne einer engeren Verzahnung europäischer Streitkräfte tatsächlich sinnvoll. Deutschland sollte hier aktiv werden. Man kann nicht predigen, dass Europa nur gemeinsam politisches und militärisches Gewicht auf die Waage bringen kann – und sich dann jeweils Privatvorbehalte reservieren. Ich bin überzeugt, dass das viele Bürger verstehen würden. Aber für die dazu nötige Gesetzes- oder gar Grundgesetzänderung wirbt kaum ein Politiker in Berlin.

Lower hanging fruits

Wir haben gesehen: Auf dem Weg zu einer zentralen Militärmacht Europas sind manche Einzelziele auch künftig kaum zu realisieren. Umso wichtiger wird es sein, dass Deutschland entschlossen die Dinge umsetzt, die tatsächlich völlig und ausschließlich in seiner eigenen Macht stehen. Die Umsetzung des Zwei-Prozent-Zieles bei den Verteidigungsausgaben, was seit dem NATO-Gipfel in Vilnius im Sommer 2023 ja eher eine Zwei-Prozent-Verpflichtung ist, zählt da an erster Stelle dazu. Ein nochmaliges Herumdrucksen, ein nochmaliges Taktieren, ein nochmaliges Erklären mit dem Taschenrechner in der Hand, warum der deutsche Beitrag leider doch nur bei 1,8 Prozent der Wirtschaftsleistung liegt, hätte diesmal wohl verheerende Folgen für die politische Glaubwürdigkeit der Bundesrepublik. Die Story Sigmar Gabriels von den fehlenden Flugzeugträger-Parkplätzen war früher lustig. Heute herrscht Krieg. Gleiches gilt für die Umsetzung konkreter militärischer Zusagen, die die Bundeswehr der NATO gegeben hat. Da muss das Wort Deutschlands unumstößlich sein.

In diesem Zusammenhang möchte ich, wie versprochen, auf den Besuch von Bundeskanzler Olaf Scholz in Litauen im ersten Kriegssommer 2022 zurückkommen. Eine eigene Brigade hatte er zugesagt, um die berühmte Ostflanke zu stärken. 4000 Mann. Vielleicht war das von vornherein etwas unpräzise formuliert. Erfahrene NATO-Beobachter waren jedenfalls sofort sprachlos. Zu Recht, wie sich zeigen sollte. Denn kurz darauf begannen die deutschen Rückzugsgefechte. In Litauen gebe es gar keine ausreichend großen Kasernen, kam schnell als Ausrede aus Berlin, warum es mit einer direkten Stationierung nichts werde. Dann bauen wir sie, konterte Litauen. Das kleine Land war bereit, dafür die aus seiner Sicht sagenhafte Summe von einer Milliarde Euro zu investieren. Nur, um mehr deutsche Soldaten auf seinem Territorium zu haben. Das zeigt, wie hoch die Bedeutung der Bundeswehr in dem baltischen Land ist. Zur Einordnung: Deutschland hat 30-mal so viele Einwohner wie Litauen. Und ein fast 65-mal größeres Bruttoinlandsprodukt. Dass Litauen also eine Milliarde investieren will, entspricht einer Investition von 30 beziehungsweise 65 Milliarden Euro in Deutschland. Die Kosten, um die deutsche Brigade willkommen zu heißen, sind umgerechnet so etwas wie das litauische Sondervermögen. Monatelang wurde weiter gestritten. Es sei viel besser, wenn die deutschen Truppen erst im Ernstfall anrücken würden, hieß es aus Berlin. Das würde auch eher der Militärplanung der NATO entsprechen. Beweglich sein. Flexibel reagieren. Und bis dahin zu Hause in Mecklenburg-Vorpommern. Wir hatten das anders verstanden, antwortete Vilnius trocken. »Deutschland ist wie eine Blackbox«, sagt ein führender litauischer Politiker. »Man weiß, am Ende wird wohl was Vernünftiges rauskommen. Aber zwischendurch schüttelt man sie immer wieder – und da drin tut sich nichts.« Vertrauen unter Verbündeten wird so nicht aufgebaut.

Ende Juni 2023 durchschlägt Verteidigungsminister Pistorius den Knoten. Bei einem Besuch in Litauen verkündet er: Die 4000 Männer und Frauen werden kommen. Wenn die Kasernen stehen. Immerhin. Endlich. Aufatmen in Vilnius. »Wir wussten allerdings nicht, dass Pistorius das heute verkünden würde, obwohl es uns ja zentral betrifft«, sagt der Politiker aus Litauen. Das ist der Eindruck, den Berlin noch viel zu oft im Ausland hinterlässt: Black Box. Auch wenn man sich das zu Hause anderes einredet.

Deutlich mehr leisten wird Deutschland sehr bald auch in den grundsätzlichen Strukturen der NATO. Beim Gipfel des Bündnisses in Vilnius am 11. und 12. Juli 2023 wird Deutschlands Stellung innerhalb der Allianz weiter herausgehoben. Am ersten Gipfeltag beschließen die Staats- und Regierungschefs neue Verteidigungspläne. Geheim eingestuft, auf 4000 Seiten, wird darin ausgeführt, wie die NATO im Fall eines Angriffs reagieren würde. Welche Einheit wird wohin verlegt, wer ist wo zuständig? Ein Jahr hat der Oberste Alliierte Commander, Christopher Cavoli, für die Ausarbeitung gebraucht. Und was er vorsieht, bedeutet vor allem deutlich mehr Aufgaben für Deutschland. Auch dem Verteidigungsminister ist das bewusst, als er im sogenannten Media-Huddle-Raum steht, einem Ort, an dem sich Journalisten und Politiker am Rande der Gespräche treffen können:»Solche Pläne waren 30 Jahre lang nicht notwendig. Und jetzt werden sie wieder notwendig, erstmals seit Ende des Kalten Krieges wird es also wieder umfassende Verteidigungspläne geben«, sagt Pistorius.»Das heißt regionale Pläne, ›regional plans‹, Zuordnung von Regionen zu den Alliierten, Zuordnung von Truppen, Kommandostruktur, also die Zuordnung von Regionen zu jeweiligen NATO-Kommandos. Und ganz wichtig: das Alarmierungsmodell. Wann kann Saceur (der NATO-Oberbefehlshaber, Red.) die NATO-Truppen zum Einsatz anfordern, welche Kontributionen, welche Beiträge werden von den Mitgliedsstaaten geleistet? Sodass am Ende, wenn das alles verabschiedet ist und denen dann die ›operational plans‹ folgen, jedes NATO-Mitglied weiß, was es zu tun hat und in welcher Situation es gefordert ist.« Und Deutschland wird sehr gefordert sein.

»Die Gipfelentscheidungen«, fährt Pistorius fort,»haben natürlich unmittelbare Auswirkungen auch auf uns in Deutschland. Denn Deutschland ist aufgrund der geografischen Lage die logistische Drehscheibe in Europa. Alles, was von West nach Ost geht, muss durch Deutschland. Das kenne ich als Niedersachse natürlich besonders gut. Niedersachsen hat immer eine zentrale Rolle dabei gespielt, schon zu Zeiten des Kalten Krieges. Und jetzt eben wieder. Aber es kommt uns eben auch eine Schlüsselrolle bei der militärischen Mobilität insgesamt zu. Also die schnelle Verlegung von Truppen, sicher und unbürokratisch über die Straße und die Schiene in die möglichen Einsatzräume. Und derzeit müssen wir davon ausgehen, dass es eben vor allem die Gebiete an der Ostflanke sind. Und da gilt eben auch: Wenn es so weit ist, wenn der Ernstfall da ist, dann müssen die Verlegungen schnell und zuverlässig funktionieren, und da kommt uns als Bundesrepublik Deutschland eine zentrale Rolle zu.« Die unverzichtbare Nation also – im Bereich Verkehr.

An den ehrgeizigen Plänen der NATO wird sich Deutschland auch noch anders beteiligen. Denn das Bündnis plant die Rückkehr der »Armeen«. Darunter versteht man heute landläufig das Militär insgesamt, die Bundeswehr zum Beispiel. Früher aber wurde das Wort »Armee« vor allem als eine militärische Gliederungsgröße verstanden. Berühmt ist die 6. Armee des deutschen Generals Friedrich Paulus im Zweiten Weltkrieg: 220 000 Mann, die in Stalingrad eingekesselt und weitgehend vernichtet wurden. Zwei Armeen will die NATO künftig in Europa aufstellen. Eine für den Bereich nördlich, eine für den Bereich südlich der Alpen. Darunter wird es bis zu zwölf Korps geben, die jeweils 40 000 bis 80 000 Mann umfassen. Diese Korps wiederum werden in Divisionen von jeweils bis zu 20 000 Mann untergliedert. Deutschland wird eine Menge Soldaten dafür stellen. Dem deutsch-niederländischen Korps in Münster könnten Verbände unterstellt werden, etwa die »Division schnelle Kräfte« aus Stadtallendorf. Eine zweite schwere Division der Bundeswehr wird womöglich dem Multinationalen Korps Nord-Ost im polnischen Stettin zugeordnet. Insgesamt hat Deutschland zugesagt, bis 2025 eine voll ausgerüstete schwere Division des Heeres in die NATO-Struktur einzubringen, inklusive Kampfpanzer. Ab 2027 soll eine zweite Division folgen. Das bereits bestehende NATO-Kommando in Ulm wird zentral sein, um den von Pistorius beschriebenen schnellen Aufmarsch im Ernstfall zu organisieren. Das Europa- und Afrika-

Kommando der amerikanischen Landstreitkräfte in Wiesbaden wird womöglich auch Kommandozentrale für eine der beiden NATO-Armeen. Deutschland will zudem nach Informationen der *Neuen Zürcher Zeitung* vom Sommer 2023 17 000 Soldaten aus allen Domänen für die Schnelle Eingreiftruppe der NATO stellen, ein Drittel des Gesamtbedarfs. Zugesagt sind demnach zudem weitere 30 000 schnell verlegbare Kräfte.

Die Zahlen sind gewaltig, ambitioniert. Vor allem, wenn man an Politikwissenschaftler Martin Sebald aus Regensburg denkt, seine Aussagen zur aktuellen Lage der Bundeswehr und seinen Vergleich der deutschen Streitkräfte in Relation zur Größe des Bayerischen Walds. Doch diese Herausforderungen sind auch eine Chance für Deutschland: Wenn es gelingt, tatsächlich in den kommenden zwei, drei Jahren Zehntausende Bundeswehrsoldatinnen und -soldaten einsatzfähig und voll ausgerüstet zu haben, dann wäre Deutschland deutlich sichtbar die stärkste konventionelle Militärmacht in der EU. Und die Zeitenwende wäre Realität.

Führungsstärke im militärischen Bereich beweist Deutschland bereits bei der Luftverteidigung. Die European Sky Shield Initiative, von der bereits die Rede war, ist ebenfalls ein Gradmesser dafür, ob Deutschland seinem nun selbst formulierten Anspruch gerecht wird. Die USA Europas wird die Bundesrepublik nicht dadurch, dass sie über eigene Atomwaffen nachdenkt. Dass das in der gegenwärtigen Welt ausgeschlossen ist, haben wir deutlich gesehen. Und ich würde es mir auch nicht wünschen. Aber die integrierte, enorm ausgebaute Luftverteidigung, die Deutschland angeschoben hat, kann die atomare Bedrohung zumindest reduzieren. Auch wenn die Frage, welche Waffensysteme dafür verwendet werden, ob es eher israelisch-amerikanische sein sollen oder doch lieber europäische, für Ärger sorgt: Im Kern schafft die Bundesrepublik mit dieser Initiative ein ganz zentrales Asset für die Sicherheit Europas. Denn das Projekt soll, so geht es aus einer Anfrage von CDU/CSU an die Bundesregierung hervor, zur

»exoatmosphärischen Abwehr« von »ballistischen Raketen mittlerer und großer Reichweite« dienen. In letzter Konsequenz wird also irgendwann ein Schirm entstehen, der sogar die Abwehr von atomar bestückten Raketen ermöglichen würde, selbst wenn er keine 100-Prozent-Sicherheit bietet. Das alles initiiert von Deutschland. Ausgeweitet auf viele Partnerländer. Selbst die nicht zur NATO zählenden Nachbarn Schweiz und Österreich sind dem Projekt bereits beigetreten.

Kapitel 9

DER MODERNE
HIGHTECH-HUB

Der Straßenschreck

Manchmal merkt man gar nicht, wie Dinge einen langfristig prägen. Wie sie das Denken verändern. Inspirieren. Fragen auslösen. Hanns Krause hat das bei mir geschafft. Ich gebe zu, den Namen habe ich zum ersten Mal wirklich bewusst wahrgenommen, als ich ihn für dieses Buch nachgeschaut habe. Ich weiß nicht, wo Krause gelebt hat, was er für ein Mensch war. Was mir aber immer, seit ich lesen kann, in Erinnerung ist, ist der Titel seines Buches: *Der Straßenschreck von Mannheim*. Als ich neun, zehn Jahre alt war, habe ich den schmalen Band gelesen. 121 Seiten, zu DDR-Zeiten erschienen im VEB Postreiter Verlag Halle, Reihe: Kleine Jugendbücherei. Das Buch erzählt die Geschichte von Carl Friedrich Benz. Als Kind musste der den Weg zu seinem Großvater mit der Postkutsche und anschließend zu Fuß zurücklegen, weil keine Eisenbahnschienen dorthin führten. Schon als Sechsjähriger beschloss er daher: »Wenn ich Meister bin, dann baue ich mir selber eine Lokomotive. Aber eine, die keine Schienen braucht. Mit der wir überall hinfahren können. Jeden Weg entlang, jede Straße.« So beschreibt es das Buch. Der Ausgang der Geschichte ist bekannt: Carl Friedrich Benz baut irgendwann das Automobil, nachdem er zunächst einen Zweitaktmotor, einen leichten Viertaktmotor, eine passende Achslenkung, ein Differenzial, einen Vergaser und eine Gangschaltung entwickelt hat. Während Konkurrenten wie Daimler und Maybach vor allem an den reinen Motoren arbeiten, will Benz das komplette Fahrzeug bauen. 1885 steht ein erster Prototyp auf dem Hof, damals noch als Dreirad. Kurz darauf rollt das Ungetüm testweise durch Mannheim. Die Menschen am Straßenrand machen sich über das Gefährt und seinen Fahrer lustig: »Wie kann man sich in einen unzuverlässigen, armseligen, lautlärmenden Maschinenkasten setzen, wo es doch genug Pferde gibt auf der Welt. Wirf den Stinkkasten in den Neckar!« Carl Benz tat das bekanntlich nicht. Er kämpft weiter. 1886 bekommt er das Patent, später entwickelt er seinen »Straßenschreck« weiter zur Motorkutsche »Viktoria«. Mit vier Rädern, für eine deutlich angenehmere Kurvenlage.

Die Geschichte von Carl Friedrich Benz hat mich im Kleinen inspiriert, Problemstellungen klar zu definieren. Lösungen zu suchen. Ideenreich zu sein. Widerstände zu überwinden. Im Großen hat es Benz mit seiner Beharrlichkeit und Kreativität geschafft, einem ganzen Land über rund 100 Jahre Wohlstand zu verschaffen. Seine Ideen stehen am Beginn der Autoindustrie, die für Deutschland über Jahrzehnte eine so zentrale Rolle gespielt hat, die vielen, vielen Millionen Menschen in unserem Land Einkommen und einen guten Lebensstandard ermöglicht hat. Die Geschichte zeigt auch, dass es damals mehr Menschen dieses Formats gab. Heute nehmen wir sie vor allem als Firmennamen war. Aber es waren Persönlichkeiten aus Fleisch und Blut. Mit einem Blick für die Welt, mit Ideen für reale Probleme, die durch ihre Beharrlichkeit und ihren Willen, Geld zu verdienen, ganz Deutschland reich gemacht haben – und deren Namen nun weltweit für Deutschland stehen: Carl Friedrich Benz. Gottlieb Daimler. Wilhelm Maybach. Werner von Siemens. Robert Bosch. August Thyssen. Friedrich Krupp. Sie alle lebten im 19. Jahrhundert und legten den Grundstein dafür, was Deutschland heute ist. Für mich ergeben sich aus dieser Erkenntnis zwei Fragen. Zum einen: Was hat Deutschland damals so besonders gut gemacht, dass solche technischen und ökonomischen Genies in großer Anzahl bei uns auftraten? Und zum anderen: Was müssen wir tun, um das Entstehen einer neuen Generation solcher Persönlichkeiten oder doch mindestens solcher Firmen zu ermöglichen? Typen wie Benz oder Siemens gibt es nämlich immer noch. Heute heißen sie Bill Gates. Steve Jobs. Mark Zuckerberg. Elon Musk. Larry Page. Sergey Brin. Ihre Firmen heißen Microsoft, Apple, Meta, Tesla und Google. Sie haben die Weitsicht, die früher deutsche Unternehmer auszeichnete. Ihre Konzerne tragen jetzt – so wie bei uns die Autoindustrie – einen nicht unerheblichen Teil zur Wertschöpfung in den USA bei. Und sie sind eben: alle in den USA.

Wie damals für den »Straßenschreck« hege ich für ihre Karrieren große Bewunderung und Faszination. Manches, was vor allem Google erschaffen hat, ist für mich ohne Übertreibung eine gigantische zivilisatorische Leistung. Das weltweite Wissen zu bündeln und in Sekundenbruchteilen jedermann zugänglich zu machen. Die gesamte Erde elektronisch zu kartografieren, sie virtuell bereisbar zu machen und täglich Hunderten Millionen Menschen den Weg zu weisen. Die Kühnheit, die in der Luft gelegen haben muss, als diese Ideen erstmals in irgendwelchen Teambesprechungen in Kalifornien ausgesprochen wurden, begeistert mich. Wie solche Ideen wieder bei uns geboren und umgesetzt werden können, darüber muss Deutschland intensiver nachdenken. Das wird mindestens so entscheidend wie die Sicherheitspolitik.

Derzeit ist Deutschland angezählt. Das Bild vom kranken Mann Europas, als der unser Land Ende der 1990er Jahre gesehen wurde, macht wieder die Runde. Doch wer angezählt ist, ist noch nicht k. o. Er mag benebelt und verdutzt sein ob des unerwarteten Treffers, aber er ist noch nicht am Ende. Wie also können wir wieder aufstehen?

Oh, wow!

»Put your money where your mouth is.« Mach das, was du sagst. Diese amerikanische Ausdrucksweise zeigt: Der Einsatz von Geld ist oft kein schlechter Indikator dafür, was jemand wirklich denkt und glaubt. Doch wenn das der Maßstab ist, steht es nicht gut um den Standort Deutschland. Im Mai 2023 stellt das internationale Consultingunternehmen EY wie jedes Jahr seine Untersuchung darüber vor, welche Investitionen ausländische Unternehmen in Deutschland planen. Die Botschaft ist eindeutig: »Internationale Investoren ziehen sich zunehmend aus Deutschland zurück.« Ausländische Firmen hätten 2022 832 Investitionsprojekte in Deutschland angekündigt. Ein Prozent weniger als im Vorjahr, insgesamt der niedrigste Wert seit zehn Jahren. Als Gründe für den Rückgang benennt die Studie unter anderem hohe Kosten, vor allem für Industrieunternehmen. Die Energie sei für sie in Deutschland zu teuer. Auch bei Forschung, Entwicklung und digitalen Innovationen seien andere Länder besser. Genauso bei der Verwaltung. »Man muss schon Masochist sein, wenn man in Deutschland eine Firma aufmachen will«, sagt mir ein amerikanischer Jungunternehmer.

Dabei geht es auch anders: Für Frankreich meldet EY einen Zuwachs um drei Prozent: Genau 1259 Investitionsprojekte, auch absolut deutlich mehr als in Deutschland. »Macron hat es geschafft, mit wirtschaftsfreundlichen Reformen eine Dynamik zu entfachen«, lese ich in der Erhebung. Noch höhere Steigerungsraten gebe es in Polen, Portugal und der Türkei. In Ländern also, über die wir Deutschen gern leicht überheblich sprechen. Frankreich? Steht doch in Flammen wegen einer Rentenreform. Polen? Von Demokratie und Rechtsstaat kann dort ja wohl keine Rede sein. Portugal? Haben die mehr als nur T-Shirt-Fabriken? Türkei? Bei der hohen Inflationsrate sind die doch gar nicht ernst zu nehmen.

Doch von wegen: Ausländische Investoren, die gemeinhin als vorsichtig gelten, sehen offenbar in diesen Ländern große Stärken. And: They put their money where their mouth is.

Wie sehr wir Deutschen uns oft täuschen, erlebt der Bundesfinanzminister im Februar 2023 ganz persönlich. Christian Lindner steht in einem Hörsaal der Universität von Accra, der Hauptstadt von Ghana. Weißes Hemd, hochgekrempelte Ärmel. Das Mikrofon in der Hand, wie in einem TED-Talk. Lindner geht zwischen den Stuhlreihen der Studenten entlang, schlendert auch mal einen Treppengang hinauf. Dann fragt der Finanzminister die Studentinnen und Studenten, wer sich denn vorstellen könne, zum Arbeiten nach Deutschland zu kommen. Der ganze Habitus lässt erkennen: Lindner glaubt, eine Eintrittskarte ins Paradies anzubieten. Doch von wegen. Keine einzige Hand in dem vollen Saal geht nach oben. Auf dem Video von der Szene ist zu hören, wie jemand »Oh, wow!« sagt. Und Lindner dann verlegen stammelt: »Okay.« Ein paar Studenten melden sich doch noch. Vielleicht aus Höflichkeit? Lindner scherzt, er werde die Telefonnummern der Freiwilligen persönlich mitnehmen. Verschiedene Studien haben gezeigt, dass die Bundesrepublik für Einwanderer mit Qualifikation schon lange kein Traumziel mehr ist. Andere Länder wie Kanada, Neuseeland oder Norwegen bieten bessere Arbeits- und Lebensbedingungen. Eine bessere Relation zwischen Einkommen und Steuerlast. Dazu: weniger Bürokratie bei der Antragstellung. Und auch eine ausgeprägtere »Willkommenskultur«. Bei einer ganz ähnlichen Reise nach Indien wird Lindners Kabinettskollege, Arbeitsminister Hubertus Heil, ganz offen von einer Studentin angesprochen: »Ich habe gelesen, dass es in Deutschland ein bisschen Rassismus gibt.«

Dieses Bild von Deutschland wieder zu ändern wird für unser Land eine zentrale Aufgabe werden. Studien gehen davon aus, dass die Bundesrepublik in den kommenden Jahren jährlich bis zu 600 000 Zuwanderer in den Arbeitsmarkt braucht, weil geburtenstarke Jahrgänge jetzt in Rente gehen. Die Wirtschaftskraft Deutschlands ist für ganz Europa wichtig. Zum einen, weil sich auch viele Zahnräder in unseren Nachbarländern nur drehen, wenn der deutsche Motor läuft. Zum zweiten, weil ein finanziell starkes Deutschland nötig ist für die künftigen Aufgaben Europas. Und nicht zuletzt, weil nur ein wohlhabendes Deutschland ein dauerhaft stabiles Deutschland sein wird, das von harten Verteilungskämpfen verschont bleiben wird. Ganz Europa setzt darauf. Ein schwaches Deutschland würde Europa schaden.

Die fortschrittlichste Regierung der Welt

Wo genau der künftige Wohlstand der Bundesrepublik herkommen soll? Sosehr sich Olaf Scholz sonst um klare Festlegungen herumdrückt, bei dieser Frage ist er relativ eindeutig. Scholz' Idee ist ein grünes deutsches Wirtschaftswunder. Wenn man ihn abseits von Pressekonferenzen spricht, dann wird er regelrecht euphorisch angesichts dieses Plans. Man merkt: Er hält ihn für geradezu genial. Er wundert sich, dass andere nicht darauf kommen. Und er freut sich, dass er damit viele Fliegen mit einer Klappe schlagen kann. Am 19. Juni 2023 tritt der Kanzler beim Tag der Industrie in Berlin auf und erläutert seine Ideen. Scholz hat gerade vom Präsidenten des Bundesverbandes der Deutschen Indurstrie (BDI) die Unzufriedenheit der Unternehmen über ein langsames, veraltetes Deutschland zu hören bekommen.

Doch Scholz spielt den Vorwurf zurück. Die goldenen Zeiten der Vergangenheit hätten auch die Wirtschaft bequem gemacht. »Der Status quo«, sagt der Kanzler, »war bei vielen, auch vielen Unternehmen, ziemlich populär. Kein Wunder, wenn man betrachtet, welch eine Ausnahmezeit das vergangene Jahrzehnt auch historisch betrachtet war.« Doch nun sei es an der Zeit, das Ruder herumzureißen. Scholz kündigt einen wieder ausgeglichenen Bundeshaushalt an. Das Streichen von Subventionen. »Daran wird es Kritik geben, da mache ich mir nichts vor. Hinter jeder Zuwendung steht schließlich ein Empfänger, hinter jeder Subvention ein Interesse.« Dann richtet der Kanzler den Blick nach vorn. »Deutschlands Transformationsplan steht«, verkündet Scholz. Transformationsplan – klingt wie ein dringend nötiger Besuch beim Zahnarzt. Drei Bereiche betrifft die Scholz'sche volkswirtschaftliche Wurzelbehandlung. Zunächst sei das Energiesystem dran. Bis 2030 sollen 80 Prozent des Stroms aus erneuerbaren Energien kommen. Vor allem die Solarenergie werde dazu massiv, um 200 Gigawatt, ausgebaut. Dazu Windkraft an Land (115 Gigawatt) und auf See (30 Gigawatt). Auch der Einstieg in eine höhere Wasserstoffproduktion und deren Nutzung für den Strom soll gestartet werden (10 Gigawatt). All das, so Scholz, laufe bereits. Die Bundesregierung habe 7000 Quadratkilometer Fläche, zehnmal so groß wie Hamburg, für Windräder ausgewiesen, Genehmigungsverfahren würden beschleunigt. Der zweite Teil des Transformationsplans ist die »Dekarbonisierung der Industrie«. Zu Deutsch: kein oder ein zumindest deutlich reduzierter CO_2-Ausstoß. Langsam, aber stetig steigende Preise für den Ausstoß von Kohlendioxid sollen das Instrument sein, das das ermöglicht. Die Idee dahinter ist, dass die Unternehmen langfristig global wettbewerbsfähiger werden, wenn sie keine fossilen Energiequellen mehr nutzen. Allerdings kommen dadurch riesige Investitionen auf die Firmen zu. Immerhin: Welche Technologie genau genutzt werden soll, schreibt die Bundesregierung nicht vor. »Diese Entscheidungen treffen allein Sie, meine verehrten Vertreter der Unternehmen.« Der dritte Teil von Scholz' Plan betrifft tatsächlich einmal Menschen. »Mit Stand von heute ist der Fachkräftemangel die wohl größte Wachstumsbremse für unser Land«, sagt der Kanzler. Genau daran wolle er arbeiten. Mit einem neuen Zuwanderungsgesetz, mit Investitionen in Aus- und Weiterbildung.»Wir können sagen: Deutschland, das ohnehin eine ganz lange Geschichte von Umgang mit Zuwanderung in den Arbeitsmarkt hat, wird das Land sein, das das modernste Arbeitskräfteeinwanderungsrecht der Welt bekommt.« Scholz beschreibt, wie sehr bisher die Freizügigkeit in der EU geholfen habe.»Sie hat uns hierhergeführt. Ohne diese zusätzlichen Arbeitskräfte, die in den letzten 10 oder 15 Jahren nach Deutschland gekommen sind, wäre unsere wirtschaftliche Entwicklung nicht so gut verlaufen. Jetzt aber reicht das nicht mehr, und wir müssen uns weiter in der Welt umschauen.« Aus diversen vertraulichen Gesprächen weiß ich, dass Scholz davon ausgeht, dass bis 2030 zusätzlich sechs Millionen Zuwanderer gebraucht würden. Deutschland hätte dann über 90 Millionen Einwohner. 90 Millionen. Man kann sich das gar nicht vorstellen, bei einem Land, dem der demografische Niedergang lange prophezeit wurde.

Scholz hofft, dass Deutschland auch mithilfe von Fachkräftezuwanderung weiter mit an der Spitze der Industrieländer bleiben kann. Dass sein Transformationsplan unser Land unabhängig macht von Energieimporten. Dass neue, klimafreundliche Technik hier entwickelt wird. Dass das Modell Deutschland, wenn es funktioniert, andere fasziniert. Dass sie dann bereit sind, für deutsches Know-how und in Deutschland entwickelte Technik zu zahlen. Dass neue Arbeitskräfte all das umsetzen. Der womöglich entstehende globale Markt für diese Technologien dürfte gigantisch werden. Scholz' Plan wirkt simpel und genial: Deutschland stellt um. Vom Auto – auf Green Tech.

Aber dieser Plan ist auch eine gewagte Wette. Wenn er schiefgeht, sind die goldenen Zeiten wohl für viele Jahrzehnte vorbei. Deutschland würde Stück für Stück deindustrialisiert. Wie groß die Skepsis ist, wird Scholz an Ort und Stelle deutlich gemacht. Siegfried Russwurm, der Präsident des BDI, hält Scholz vor:»Statistisch befindet sich Deutschland in einer Rezession. Aber noch mehr sorgt uns, dass das Vertrauen in gute Rahmenbedingungen in unserem Land abnimmt. Deutschland ist gegenüber vielen anderen Ländern weiter zurückgefallen.« Scholz spreche von einem Wirtschaftswunder, er sehe stattdessen einen wachsenden Berg von Herausforderungen. Scholz spreche von vier bis fünf Windrädern am Tag, gebaut werde aber nur eins.»Ich will nicht lamentieren«, sagt Russwurm.»Teilen der deutschen Industrie geht es gut. Aber nicht an ihrem Heimatstandort. Dem Industriestandort Deutschland geht es nicht gut. Rezession, Investitionszurückhaltung, Rückzug sind inzwischen Dauerthemen.« Besonders eine zu 100 Prozent stabile, günstige Versorgung mit Strom müsse es geben. Ohne die geringste Gefahr einer Unterbrechung.»Wir schreiben uns zu Recht Dekarbonisierung und Klimaschutz auf die Fahnen. Aber mit dem Kopf durch die Wand führt zu nichts Gutem.«

Das Paradies der grünen Technologien als Zukunftsvision für Deutschland – ich persönlich finde diesen Angang nachvollziehbar. Besonders reizvoll daran ist: Klimaschutz nicht nur als moralisches Gebot und historische Pflicht zu sehen, sondern als ein potenzielles Billionen-Euro-Geschäft. Diese Perspektive kann tatsächlich Energie freisetzen. Einen solchen Markt irgendwann zu dominieren oder zumindest ein großer Spieler darauf zu sein ist ein erstrebenswertes Ziel. Allerdings ist auch Vorsicht angebracht. Vorsicht, ob es Deutschland schafft, nicht nur die Saat für ein solches Wirtschaftsmodell zu legen, sondern am Ende auch wirklich die Früchte zu ernten. Schon Ende der 1990er Jahre war Deutschland im Bereich Solarenergie und auch bei der Windkraft technologisch führend. Als sich herausstellte, dass die Gewinnung von Sonnenenergie tatsächlich funktioniert, verlor die deutsche Wirtschaft aber den Kampf gegen chinesische Nachahmer. Heute dominieren Massenhersteller von dort den Markt – und Deutschland ist beim Ausbau der eigenen Solarstromgewinnung sogar abhängig von China. Mit der Erfahrung von damals müsste diesmal konsequenter daran gearbeitet werden, eine Wiederholung dieses Szenarios zu verhindern. Sonst gerät Deutschland in Gefahr, ein gewaltiges Experiment zu wagen, seine Zukunftsfähigkeit dabei womöglich aufs Spiel zu setzen – und am Ende mit leeren Händen dazustehen. Nicht Pionier zu sein, sondern Versuchskaninchen.

Dass Scholz' Plan nicht zwangsläufig aufgehen muss, zeigt der Verkauf der Wärmepumpensparte des hessischen Unternehmens Viessmann an amerikanische Investoren. Entwicklung und Marktreife werden in Deutschland ermöglicht und erreicht. Setzt dann das große Geschäft ein, fließen die Erlöse an andere Orte. Der britische Historiker Adam Tooze immerhin gibt im Gespräch mit dem Journalisten Tilo Jung zu Protokoll, dass in Deutschland etwas Großes vor sich geht. »Das ist die progressivste Regierung, die es in der demokratischen Welt im Moment vermutlich gibt. In einem großen, wichtigen Land.« Die Ampelregierung, die so schlecht in vielen Umfragen dasteht? »Ich glaube nicht, dass es eine andere, progressivere gibt«, sagt Tooze, der an der Columbia-Universität in New York arbeitet und fließend Deutsch spricht. »Deshalb auch das internationale Interesse an dem, was die machen. Das Habeck-Ministerium wird von vielen Menschen weltweit beobachtet. Als im Grunde das leitende Experiment bei der Energiewende. Das ist vermutlich das einzige, wirklich führende nationale Ministerium, wo man wirklich davon ausgehen kann, dass die bestimmenden Leute wirklich dabei sind. Das ist in praktisch keinem anderen Land der Welt der Fall. Und ich sage das jetzt nicht als Kompliment, sondern nur als realistische Feststellung.«

Boat Race

Es ist ein Spektakel, aufgeführt seit 1845. Wie ein militärischer Anführer pusht der Steuermann seine Leute. »Cambrigde!« Oder wahlweise: »Oxford!« Viele Monate haben die jeweils acht Ruderer trainiert, haben morgens um sieben im »rowing tank« gesessen, einer Art Trockenruderboot, umgeben von einem Wassertank und vielen großen Spiegeln, um den eigenen Bewegungsablauf beobachten und optimieren zu können. Denn am Tag der Tage muss alles passen. Bis zu 250 000 Zuschauer sind vor Ort dabei, wenn auf der Themse bei London die beiden Eliteuniversitäten Großbritanniens beim Rudern die Kräfte messen. Bei der BBC schauen dann noch mal fünf bis sechs Millionen zu. Wie zwei achtbeinige Wasserläufer schieben sich die beiden Boote über den Fluss. An Bord: Physik-Doktoranden und Mathematik-Genies. Darunter häufig übrigens auch kräftige Gaststudenten aus Deutschland mit perfekter Rudertechnik. 6,8 Kilometer lang ist die Strecke, meist dauert das Rennen an die 17 Minuten. Es wird gerudert bis zur Erschöpfung. Das Boat Race ist nicht weniger als ein nationales Erbe des Vereinigten Königreiches. Genauso wie die beiden stolzen Universitätsstädte selbst. Mit ihren traditionsreichen Colleges, die teilweise im 14. Jahrhundert gegründet wurden. Doch nicht nur wenn es darum geht, sich in die Riemen zu legen, sind die britischen Traumadressen des Lernens Weltspitze.

Das Times Higher Education Ranking (THE) listet die beiden Universitäten ganz oben in der Hitliste der weltweit besten Universitäten. 13 Indikatoren werden ausgewertet, darunter finanzielle Ausstattung, internationale Studenschaft, Qualität der Forschungsergebnisse, Anzahl der Publikationen. Oxford lag dabei zuletzt auf Platz 1, Cambridge auf Platz 3, beide getrennt nur durch die US-Konkurrenz aus Harvard. Es folgen weitere klingende Namen: Stanford University. Massachusetts Institute of Technology (MIT). University of California, Berkeley. Princeton. Yale. Columbia University. Auf den ersten 30 Plätzen dominieren eindeutig die USA und Großbritannien. Ausnahmen aus China, Japan, Singapur, Kanada und aus der Schweiz bestätigen die Regel. Erst auf Platz 33 taucht die erste deutsche Adresse auf: die TU München. Auf Platz 49 dann die Ludwig-Maximilians-Universität

München. Auf Platz 51 die Universität Heidelberg, die älteste Hochschule Deutschlands. Wenn man deutsche Wissenschaftler oder Politiker fragt, woran das liegt, bekommt man immer dieselben Antworten: Ein großer Teil der Grundlagenforschung passiere in Deutschland eben an Instituten wie der Max-Planck-Gesellschaft, was auch stimmt. Und bei der finanziellen Ausstattung liege man zurück, weil das Hochschulstudium kostenlos sei. Keine Einnahmen von den Studenten. Schon gar keine universitären Aktienportfolios. Und deshalb eben nur Plätze weiter hinten, in den globalen Uni-Rankings.

Doch für ein Land wie Deutschland, dessen wichtigste Basis für Wohlstand sein Wissen ist, ist dieses Lamentieren zu wenig. Natürlich ist ein kostenloses Studium für alle ein Gewinn für eine Gesellschaft. Aber auch Elite, davon bin ich fest überzeugt, ist wichtig. Ein Biotop des Ehrgeizes, des Wettkampfs, der Egos. Eine Gemeinschaft, die Leute so weit treibt, dass sie sich vornehmen, die Welt zu verändern. Allein dieser Satz – das zeigt die Unterschiede in der Kultur und im Ambitionsniveau – würde bei uns schnell als größenwahnsinnig abgetan. Es ist sicher kein Zufall, dass die Gründer der derzeit größten Technologiekonzerne an genau diesen im Ranking genannten Topuniversitäten eingeschrieben waren. Mark Zuckerberg startete Facebook in Harvard. Sergey Brin und Larry Page heckten Google in Stanford aus. Microsoft-Vordenker Bill Gates studierte in Harvard. Auch wenn damit kein eindeutiger Ursache-Wirkung-Beweis erbracht werden kann: Allein die Häufung dieser Beispiele legt aus meiner Sicht nahe, dass es im Bereich Technologie einen gewissen Zusammenhang gibt: zwischen dieser Art der Topausbildung und der Gründung von Unternehmen, die später mit mehreren Billionen Dollar bewertet werden. Das ist kein Schreibfehler: Billionen. Mehrere Tausend Milliarden Dollar. Mehrere Male also das, was die EU als historisch großen Corona-Hilfsfonds NextGenerationEU aufgelegt hat. Fast das Zehnfache des Bundeshaushalts. So viel wie die ganze

Wirtschaftsleistung Frankreichs in einem Jahr. Und das ist nur Apple, Marktkapitalisierung etwa drei Billionen Dollar.

Wenn Deutschland nun seine Zukunft neu schreiben will, dann sollte dabei immer die Frage im Zentrum stehen, wo wieder solche Unternehmer herkommen könnten. Menschen, die früher geballt in Deutschland arbeiteten, heute aber in den USA. Die Schaffung einer erstklassigen Universität müsste aus meiner Sicht ein Ziel sein. Klar und deutlich: ein Platz in den Top 10 der weltweiten Rankings. Möglich ist das nur durch deutlich höhere staatliche Investitionen. Die Exzellenzinitiative, die Bund und Länder 2005 gestartet haben und die 2017 durch die Exzellenzstrategie abgelöst wurde, ist erkennbar nicht ausreichend. Generell mangelt es in Deutschland an der Bereitschaft, absolute Spitzengehälter für Spitzenforscher zu zahlen und sichere Arbeitsverhältnisse für den akademischen Nachwuchs an den Universitäten zu garantieren.

Forscher der Goethe-Universität in Frankfurt haben einen anderen Indikator von Exzellenz ausgewertet: die Nobelpreise in Naturwissenschaften bezogen auf die Einwohnerzahl eines Landes. Die Kurven sind erstaunlich. Während Deutschland Anfang des 20. Jahrhunderts eindeutig und haushoch dominierte, mit so starkem Übergewicht, wie es nie wieder ein anderes Land schaffte, ging die Zahl der Auszeichnungen für deutsche Forscher bis 1960 stark zurück. Seitdem bleibt sie fast konstant bei 0,3 Nobelpreisen pro Jahr und pro 100 Millionen Einwohner. In den USA war der Wert mit 0,8 rund um die Jahrtausendwende sehr hoch. Und in Großbritannien liegt er im Jahr 2020 sogar bei 1,0 – dreimal höher also als in Deutschland. Zu den besten Zeiten erreichte Deutschland einen Wert von 1,6. Heisenberg, Einstein, Bosch, Röntgen, Planck, Ehrlich, Haber. Diese Namen sind ähnlich prägend für Deutschland wie die Namen der großen Unternehmer der Vergangenheit. Sie markieren eine Zeit, in der in Deutschland auch öffentlich über Forschung und Entdeckung gesprochen wurde, in der Fortschritt bejubelt wurde wie später ein Sieg der Fussballnationalmannschaft. Die Voraussetzungen dafür wieder zu schaffen ist eine zentrale Aufgabe, um die Zukunft des Standorts Deutschland zu sichern.

Dabei müsste auch die geltende staatliche Verfasstheit in diesem Bereich in den Blick genommen werden. Der Satz »Bildung ist Ländersache« ist in Deutschland unumstößlicher als die Newton'schen Gesetze. Leider aber führt diese Verfasstheit nicht (mehr) zu optimalen Ergebnissen. Sie jetzt anzugehen und zu verändern, wäre in einem Land, das sich in einer Zeitenwende wähnt, ein Gebot der Stunde. Und apropos Bildung: Es gibt noch einen banal wirkenden, aber zentralen Punkt, der der Revision bedarf. Die Beherrschung der englischen Sprache. Sie ist bei vielen Deutschen weiter erstaunlich schlecht. Bisher hat das noch keinen ganz gravierenden Schaden angerichtet. Aber die Vorstellung auch der Bundesregierung, sie könne zur Behebung des Fachkräftemangels bis 2030 mehrere Millionen Menschen ins Land holen, ohne dass bei uns mehr Englisch gesprochen wird, ist abenteuerlich. Ich bin überzeugt, dass das Englische in vielen Bereichen zumindest eine Zweitsprache werden müsste: an Universitäten, auf Baustellen, in Krankenhäusern – und nicht zuletzt in unseren Amtsstuben. Denn dass High-Potentials, Menschen mit viel Potenzial auch für die deutsche Wirtschaft, lieber erst mal Deutsch lernen, als ohne Sprachbarriere gleich nach Kanada, in die USA oder nach Australien zu gehen, ist ein Wunschtraum.

Die Büchse der Pandora

Angela Merkel war fest überzeugt. Immer wieder ließ sie in Gesprächen durchblicken, dass es nur wenige Dinge gibt, mit denen man China beeindrucken kann. Eins davon: mit technologischem Know-how. Mit Vorsprung durch Technik. Wäre es also eine größere Sicherheitsgarantie, wenn man technisch an der Spitze steht, als wenn man ein gestärktes Militär hat? Merkel jedenfalls war sich sicher: Durch herausragende Produkte und Verfahren, die in China nicht imitiert werden könnten, erwerbe man sich den Respekt dieses großen, ehrgeizigen und mächtigen Landes – und dessen Wunsch, mit uns zusammenzuarbeiten, um letztlich Zugang zu bekommen zu unseren westlichen Technikweisheiten.

Die vorhergehenden Abschnitte haben gezeigt, dass dieser einst bestehende große deutsche Vorsprung abnimmt beziehungsweise Geschichte ist. Berliner Spitzenbeamte beklagen hinter vorgehaltener Hand immer wieder: Jeden Tag würden weitere Züge in Forschung und Produktion abfahren, bei denen wir in Deutschland den Anschluss verpasst haben und nur noch hinterherschauen können. Und bei denen es fast aussichtslos erscheint, in das Rennen überhaupt noch einzusteigen. Batterietechnik. Biotechnologie. Künstliche Intelligenz. Wer hier erst mal begonnen hat, voll in der Entwicklung engagiert ist, der erzeugt schnell finanzielle oder intellektuelle Gewinne, die die Umsetzung und auch Finanzierung der nächsten Schritte erleichtern. Und wo die Konkurrenz große Nachteile hat, wenn sie den Startschuss verpasst hat. Deutschland hat viele Jahrzehnte, ja ganze Generationen lang von wissenschaftlichen Erfolgen statt von Bodenschätzen oder einem rein auf billige Massenproduktion ausgerichteten System gut gelebt. Doch bei anstehenden nächsten großen Entwicklungen steht es eher an der Seitenlinie des Geschehens.

Das liegt auch an einer Kultur der Reglementierung. Dass Carl Benz das Auto zum Erfolg machen konnte, war nicht zuletzt der Tatsache geschuldet, dass er es im öffentlichen Raum testfahren konnte. Dass ihm niemand verbot, mit seiner Metallkutsche durch Mannheim zu kurven. Es hätte ja durchaus einiges passieren können: Menschen hätten angefahren werden können, Marktstände beschädigt. Der Lärm und das Abgas waren sicher eine Belastung für die Nachbarn. Und überhaupt: Hat der Fahrer Ruhezeiten eingehalten? War sein Auto versichert? Wer hätte ein Auto versichern sollen, bevor das Auto erfunden war? Blinker hatte das Ding auch nicht. Die Aufzählung ist nicht ganz ernst gemeint. Sie soll nur zeigen, in welcher Welt wir heute leben. Unter welchen Bedingungen unsere Wissenschaftler und Unternehmer die Zukunft suchen müssen. Wir sind reglementiert, oft aus guten Gründen. Aber wenn Deutschland sich nicht nur stückchenweise in die Zukunft tasten möchte, sondern einen großen Sprung schaffen will, dann muss unsere Regelungsdichte auf den Prüfstand. »Wir haben eine toxische Mischung aus Fördergeldern, die keiner mehr überblicken, und aus Verboten, die keiner mehr kontrollieren kann«, klagt ein deutscher Ministerpräsident. Wenn man das wieder ändern will, dann müssen Unannehmlichkeiten und sogar Schäden zwangsläufig Teil der Kalkulation sein. Beim Ausbau der erneuerbaren Energien geschieht das bereits mit vereinfachten Genehmigungsverfahren, denen wohl, so bitter es ist, auch Gelbbauchunken zum Opfer fallen werden.

Doch aus meiner Sicht sollten noch viel weitergehende Diskussionen geführt werden. Solche, bei denen Technikoptimisten mit leuchtenden Augen die Chance auf ganz neue technologische Entwicklungen sehen – und bei denen Pessimisten die Öffnung der Büchse der Pandora fürchten. Um etwa die Künstliche Intelligenz voranzutreiben, braucht es riesige Datenmengen. Sie sind das Gedankenfutter der Maschinen, auf ihrem Weg, selbstständig immer schlauer zu werden. Riesige Datenmengen kommen aber nur zustande, indem man riesige Datenmengen sammelt und dann zugänglich macht. Genau da aber sind wir in Europa und in Deutschland insgesamt zu ängstlich. Datenschutz ist ein ganz besonders starker, historisch begründeter deutscher Glaubenssatz. Doch das krampfhafte Festhalten an dieser starken Reglementierung schneidet uns ab von den Chancen der Zukunft.

Ich bin überzeugt, dass die heute umstrittenen Technologien ohnehin entwickelt werden. Von irgendjemandem auf diesem Planeten. Wir schauen oft verächtlich auf diese Möglichkeiten, sehen drohende Massenüberwachung und den gläsernen Menschen. Wir sind wie einst die Mannheimer, die Benz auffordern, sein Dreirad in den Neckar zu werfen, schließlich gibt es genug Pferde. Wir sehen häufig nicht mehr in erster Linie die Potenziale. Und auch nicht, was wir verlieren, wenn wir diese Potenziale nicht nutzen. »Elektrizität war die technische Umsetzung der Muskelkraft, millionenfach verstärkt«, erklärte mir einmal der Gründer des Tech-Magazins *Wired*, Kevin Kelly. Er gilt als einer der größten Denker auf dem Gebiet des Fortschritts, als ein »weitsichtiger Tech-Guru«, so die *New York Times*. Wie kaum ein anderer kann Kelly technologische Entwicklungen antizipieren, verstehen und gedanklich strukturieren. Und er sagt: »Die Kraft der Elektrizität war gewaltig, verglichen mit allem, was bis dahin zur Verfügung stand.« Was er damit meint: Man könnte größte Bedenken haben – gegen die Nutzung von Strom. Was damit alles passieren könnte. Unfälle, Brände – nicht auszudenken. Und trotzdem ist Elektrizität heute ein zentraler, selbstverständlicher Teil unseres Lebens, etwas, was viele Dinge leichter macht. »Künstliche Intelligenz ist nun die technische Umsetzung von Gehirn und Nervensystem. Auch ihre Leistungskraft potenziell millionenfach gesteigert«, erklärt mir Kelly auf einem Kongress in Amsterdam. Wollen wir auf das Supergehirn verzichten, wo wir die künstliche Superkraft der Elektrizität so völlig normal nutzen? Die Angst ist groß vor autonomen Systemen, die autark und ohne uns handeln. Die selbstständig mit Drohnen Menschen töten könnten. Vor Maschinen und Systemen, die am Ende vielleicht sogar den Menschen für überflüssig halten könnten. Aber ist das eine rationale Debatte? Ich finde, wir sollten – wir müssen – wieder mehr Risiko eingehen, Forschung erlauben, Beschränkungen lockern. Nur so kann Deutschland, kann Europa mit seinen nur rund fünf Prozent der Weltbevölkerung weiter eine starke Position auf diesem Globus behalten.

Aber die Vorzeichen sind gerade anders: Wir fühlen uns innovativ, wenn wir in Deutschland oder viel häufiger in Brüssel »als Erste weltweit« Regulierungen für die Techniken von morgen präsentieren. Wir haben nicht die neue Technik, aber das Gesetz dazu. Was andere gerade erfinden wollen, haben wir schon beschränkt. Das ist ein Verständnis von einem Wissenschafts- und Unternehmensstandort, der wohl weder einen Wilhelm Conrad Röntgen hervorgebracht hätte noch einen Werner von Siemens. Die Zukunft wird erfunden werden, so oder so. Wir sollten wieder diejenigen sein, die es tun.

Ihr Einsatz, bitte!

Das Karlspreis-Europa-Forum in Aachen ist eigentlich nicht der Ort, an dem man in größere Diskussionen über Finanzmathematik einsteigt. Meistens geht es in der alten Kaiserstadt um die ganz großen, historischen Linien. Um Erweiterungen der EU, um die Reform ihrer Verträge. Um kulturelle Vielfalt von Rom bis Riga. Oder um die Frage, warum man in Polen unter Rechtsstaatlichkeit partout etwas anderes versteht als in Brüssel. Das stimmt gut ein, vermittelt Bedeutsamkeit, am Vortag der Verleihung des Internationalen Karlspreises an einen großen Europäer. Angela Merkel hat ihn bekommen, Emmanuel Macron, Jean-Claude Juncker ebenfalls. 2023 waren Wolodymyr Selenskyj und das ukrainische Volk die Preisträger.

Am 21. Oktober 2021 aber ist das anders: Es geht tatsächlich mal ums schnöde Geld. Am Vormittag dieses Herbsttages diskutieren beim Karlspreis-Europa-Forum unter anderem EU-Kommissar Virginijus Sinkevičius, der Vizepräsident der Europäischen Investitionsbank, Kris Peeters, die Publizistin Diana Kinnert und der Investor Dr. Klaus Hommels. Das Thema ist wie so oft bei dieser

Veranstaltung weit gefasst:»Auf dem Weg zu mehr Nachhaltig-keit«. Besprochen wird die Frage, wie der Green Deal gelingen kann, Europas Entwicklung hin zu einer Wirtschaft, die kaum oder kein klimaschädliches CO_2 mehr ausstößt. Aber die Disku-tanten gehen ins Detail. Es wird nicht darum gestritten, ob sich durch europäische Anstrengungen überhaupt signifikant etwas an der weltweiten Klimaentwicklung ändern lässt. Auch nicht darum, ob das symbolische Vorangehen Europas zwingend nötig ist, um den Rest der Welt zum Mitmachen zu bewegen. Und auch nicht darum, mit welcher Technik sich denn nun am besten die Welt von morgen gestalten lässt. Stattdessen kreisen die Diskutanten schnell um den Faktor, der oft der entscheidende ist: Geld. Davon sollte ja zunächst einmal ausreichend vorhanden sein. Die gewal-tige Summe von 750 Milliarden Euro will die EU mobilisieren, um nach Corona die Wirtschaft anzukurbeln – und dabei zugleich investieren: in grüne Technik und in eine moderne digitale Infra-struktur. Doch schnell machen die Diskutanten deutlich, dass das nicht reichen wird. Sie fordern aber nicht einen weiteren, größeren europäischen Topf, sondern sie wollen, dass die gigantischen pri-vaten Vermögen in Europa genutzt werden.

An der Diskussion beteiligt sich aus dem Publikum heraus auch ein Vertreter des Versicherungskonzerns Generali. Er beschreibt, dass in Europa mehrere Billionen Euro Kapital zur Verfügung stünden, die kaum genutzt werden: Sie schlummern in Renten-und Lebensversicherungen. Die Regulierungen der Finanzaufsicht seien hier nach der Finanzkrise rund um das Jahr 2010 so restrik-tiv geworden, dass sich das Geld für Banken, Fondsgesellschaften oder eben Versicherungen kaum rentabel einsetzen lasse. Es sei zwar sinnvoll, mit den Ersparnissen von Menschen besonders vor-sichtig umzugehen, aber auch deren künftige Renten würden durch die gesetzlich auferlegte Vorsicht mickriger ausfallen, als sie es müssten. Der Versicherungsexperte macht deutlich, dass den EU-Staaten und Deutschland volkswirtschaftlich viel an möglicher

Modernisierung entgehen würde, obwohl es eigentlich Geld im Überfluss gebe. Mit der Lockerung einiger Vorschriften ließe sich ein wahres Investitionsfeuerwerk starten, darüber besteht nach kurzer Diskussion erstaunliche Einigkeit in Aachen.

Ich habe dieses Argument schon öfter gehört. 2019 erzählen mir junge Studenten bei einem Besuch an der Universität in Groningen, dass ihre Zukunft, sobald sie vielversprechend würde, kaum in Deutschland oder in der EU liegen werde. »Was hier gut ist, ist die kostenlose Ausbildung«, sagen sie ganz nüchtern. »Aber wenn es uns gelingt, die Idee für ein kommerziell erfolgreiches Unternehmen zu entwickeln, dann gehen wir damit in die USA.« Selbst mit 21, 22 Jahren kennen sie die Mechanismen der Start-up-Welt sehr genau. Zwar gebe es in Europa ganz zu Beginn einer Unternehmensentwicklung Fördergelder. Fünfstellige, manchmal auch sechsstellige Beträge seien gut zu bekommen. Aber wenn eine Firma richtig erfolgreich werde, koste die Weiterentwicklung wahnsinnig viel mehr Geld. Und genau da entsteht dann die fatale Lücke. Studien zeigen: Von allen Finanzierungen oder Beteiligungen, bei denen jungen Unternehmen mehr als 50 Millionen Dollar zur Verfügung gestellt werden, entfällt nur ein Prozent auf die EU. Pensionsfonds und Versicherungen fallen bei uns aus genannten Gründen weitgehend als Geldgeber und Investoren aus. Auch das Konzept des Wagniskapitals, sich an einer Firma zu beteiligen, dadurch das Eigenkapital zu erhöhen und gezielt an der Steigerung des Firmenwerts zu arbeiten, ist bei uns weniger durchgesetzt. Unsere Mentalität kennt eher: staatliche Fördergelder am Anfang, Bankkredite später.

Fördergelder können in der Gründungsphase der Start-ups tatsächlich helfen, aber sie sind kein Dauerinstrument, vor allem nicht bei Unternehmen, die über viele Jahre des Aufbaus kontinuierlich teilweise große Verluste machen. Warum öffentliche Gelder für ein immer mehr Geld verbrennendes Start-up mobilisieren, wenn man nebenan beim Kindergarten spart? Und gegenüber dem jeweiligen Rechnungshof kann eine Regierung nur mühsam begründen, wieso man das Feuerwerk offenkundiger Risikoinvestitionen einer jungen Firma auch noch mit Steuergeld anfacht. Genau diese immanente Nichtprofitabilität beim Unternehmensaufbau macht auch die Bankfinanzierung oft schwierig, ungeachtet des Umstands, dass die zu zahlenden Zinsen eines Bankkredits die junge Firma noch zusätzlich belasten. Aber just diese Lücke zwischen den ersten Förderungen der Idee und dem Übergang zu einer sehr teuren, mit vielen Risiken versehenen Entwicklung eines zukunftsträchtigen Unternehmens müsste Deutschland, will es denn ein Hightech-Hub werden, schließen. Mit mehr Anreizen, auch steuerlich, hier Geld einzusetzen. Und mit weniger Regulierung für die, die das wagen wollen. Oliver Samwer, einer der erfolgreichsten Gründer von Technologiefirmen in Deutschland, wird folgendes Zitat zugeschrieben:»Für ein Geschäft braucht man eine Idee, einen Gründer und Kapital. Man kann allerdings fehlendes Kapital nicht durch eine bessere Idee ersetzen.«

Kapitel 10

EUROPAS INTEGRATOR

Frauenpower

Dass man in Europa unerhörte Dinge schaffen kann, dafür steht in Brüssel eine einzelne Frau. Eine, der fast niemand etwas zugetraut hatte. Eine, die unter großem Streit und nur mit haarscharfer Mehrheit in ihr Amt kam. Und die es doch geschafft hat, großen Staaten wie Frankreich oder Deutschland in fundamentalen Krisen, bei Covid, während des Ukraine-Krieges, die Richtung vorzugeben. Die Führung gezeigt hat, ins Risiko gegangen ist. Die trotz der möglichen politischen Probleme begonnen hat, Ungarn und Polen wegen mangelnder Rechtsstaatlichkeit Gelder zu blockieren. Die anfängliche Kritik hat abperlen lassen. Und die Resultate produziert hat.

Es ist eines ihrer vielleicht sechs, sieben typischen Outfits. Wie Uniformen trägt Ursula von der Leyen ihre Hosenanzüge auf. Manchmal farblich angepasst, je nach Anlass. Die blaue Bluse und der gelbe Blazer etwa. »Sie sieht aus wie eine lebende, atmende Ukraineflagge«, schreibt ein amerikanisches Magazin. Doch diesmal wirkt von der Leyen edler gewandet. Strahlend weiße Bluse, lachsfarben diesmal der Blazer. Dazu eine Perlenkette, schlicht, elegant. Ursula von der Leyen lacht ihr strahlendes, für manche kühl wirkendes Gewinnerlächeln. Dabei kann sie auch ganz menschlich-mitfühlend sein. Nach einem langen Flug ohne Verpflegung bietet sie Reportern schon mal Müsliriegel aus ihrer Handtasche an. Doch jetzt wirkt sie bedeutend und herausgehoben, fast unnahbar. Das Outfit ist dem Anlass angemessen. Das Bild ist am 6. Dezember 2022 im US-Magazin *Forbes* zu sehen. Darüber die Überschrift: »Meet The World's Most Powerful Woman: Ursula von der Leyen, President Of The European Commission«. Ursula von der Leyen, die mächtigste Frau der Welt? Die Frau, die als Ex-Verteidigungsministerin in ihrer Heimat gerne mal als »Flintenuschi« geschmäht wird? Oder bewundert, wegen ihrer Karriere mit sieben Kindern – und wegen des Paradigmenwechsels in der deutschen Kinderbetreuung, den sie als Familienministerin unter Angela Merkel einleitete: mit Elternzeit und Kita-Anspruch.

Bei ihrer Nominierung zur Kommissionspräsidentin im Sommer 2019 wurde von der Leyen von allen EU-Staaten unterstützt. Nur die damalige Bundeskanzlerin Angela Merkel musste sich enthalten. Viktor Orbán war »vdL« noch zu vermitteln – dem Koalitionspartner SPD nicht. Dass nun die Frau aus Burgdorf bei Hannover angeblich die mächtigste des Planeten sein soll, ist nicht nur wegen ihrer polarisierenden Wirkung in ihrem Heimatland erstaunlich, sondern auch, weil von der Leyen eigentlich nur den Job einer Art obersten Zuarbeiterin der EU-Regierungschefs hat. Zugegeben: Zuarbeiterin mit einer großen Schreib- und Denkabteilung. Gern hält man sich im Brüsseler Berlaymont-Gebäude, dem Sitz der EU-Kommission, für die Regierung Europas. Tatsächlich aber liefert die Kommission nur die Gesetzesvorlagen, die dann vom EU-Parlament und dem Rat der Europäischen Union, also der Vertretung der Mitgliedsstaaten durch deren Fachminister, verändert, verschärft, verwässert oder verworfen werden.

Von der Leyens Vorvorgänger, der Portugiese José Manuel Barroso, galt in diesem Amt als braves Ausführungsorgan. Jemand, der Gesetzestexte apportierte, wenn Sarkozy oder Merkel danach verlangten. Ihr direkter Vorgänger Jean-Claude Juncker veränderte zwar die Struktur und Arbeitsweise der EU-Kommission. Ganz bewusst aber versuchte er auch, weniger zu tun. Bürokratieabbau war sein Motto. Weniger Vorschläge, weniger Gesetze, weniger Brüssel. Dabei hatten sowohl Barroso als auch Juncker zumindest die Gravitas als Ex-Regierungschefs: Sie kannten ihre Gegenüber, sie hatten die Gipfelnächte selbst erlebt. Und auch, wie dann im Morgengrauen Entscheidungen fallen. Sie wussten um die Mechanismen, sie waren aus dem gleichen Holz geschnitzt wie die Regierungschefs der EU-Mitgliedsstaaten. Sie hätten mächtig sein können.

Ursula von der Leyen brachte nichts von dieser Erfahrung mit. Und doch hat sie es geschafft, die EU so zu formen, dass man die klein gewachsene Frau jetzt mit den Begriffen »mächtigste« und »der Welt« assoziiert. Und dass ihr männliches Pendant auf Staatsebene mit den gleichen Attributen beinahe bewundernd von ihr spricht: Für Joe Biden, den mächtigsten Mann der Welt, ist von der Leyen nur schlicht »Ursula«. Von der Leyen macht in Brüssel Furore, doch ihre Heimat Deutschland hat damit erstaunlich wenig zu tun. Denn als zentrale Figur auf europäischer Ebene erschaffen wurde von der Leyen vom französischen Präsidenten Emmanuel Macron, nicht von Strategen im Kanzleramt. Wie wenig Deutschland auf die Besetzung von Spitzenposten in der EU und weltweit durch eigene Landsleute drängt, wundert in Brüssel schon lange viele. Nicolas Sarkozy etwa nominierte in seiner Zeit als französischer Staatspräsident seinen Landsmann Dominique Strauss-Kahn für die Spitze des Internationalen Währungsfonds IWF, obwohl Strauss-Kahn von der sozialistischen Konkurrenz kam. Egal, Hauptsache, Franzose. Die Bundesbankpräsidenten Axel Weber oder auch Jens Weidmann hätten viele in der EU für gute Präsidenten der EZB, der Europäischen Zentralbank, gehalten. Von Berlin entschlossen gefördert wurden sie nie. »Angela Merkel möchte wohl keine anderen starken Deutschen neben sich haben«, war ein Erklärungsansatz rund um den zugigen Kreis-

verkehr Rond Point Schuman im Herzen des Brüsseler Europa-
viertels. So kommt es, dass von der Leyen heute in Brüssel wie eine
Staatenlose wirkt. Nicht wie eine Statthalterin Berlins. Sie schert
sich wenig um Zuständigkeiten, sondern geht die Dinge pragmatisch, aber mit großer Wucht an. Neben Covid-Impfstoffen, Russ-
land-Sanktionen und dem Versprechen, sich für einen baldigen
Beitritt der Ukraine zur EU einzusetzen, ist für mich ihr Proze-
dere im Umgang mit Tunesien exemplarisch.

Als Beobachter reibt man sich entgeistert die Augen, als von der
Leyen im Sommer 2023 plötzlich mit einer Delegation in Tunis an-
reist. Zwei Regierungschefs, die Italienerin Giorgia Meloni und
der Niederländer Mark Rutte, sind Teil ihres Gefolges. Man muss
sich das wirklich auf der Zunge zergehen lassen: VdL führt, die
Regierungschefs folgen. Nicht anders herum. Von der Leyen ist
gekommen, um die Situation an den EU-Außengrenzen zu ent-
schärfen. Nur rund 130 Kilometer übers Mittelmeer sind es von
Tunesien bis zur italienischen Insel Lampedusa. Die geringe Ent-
fernung ist der Grund, warum von hier aus viele Flüchtlinge aus
Afrika die Überfahrt über das Mittelmeer wagen. Von der Leyen
bespricht mit Präsident Kais Saied, wie sich das ändern lässt. Der
Deal ist offensichtlich: weniger Flüchtlinge, weniger Schlepper –
dafür Geld aus Brüssel. Doch Saied bleibt zurückhaltend. »Tunesien ist nicht der Grenzwächter Europas.« Man geht auseinander.
Aber nur wenige Wochen später ist von der Leyen in der gleichen
Konstellation, wieder mit Meloni und Rutte, erneut in Tunis.
Diesmal wird ein Deal zumindest verabredet: Tunesien winken
900 Millionen Euro. Dass Saied wegen Menschenrechtsverletzun-
gen scharf in der Kritik steht, weiß von der Leyen genau. Aber sie
handelt mit Blick auf das, was Europa jetzt offenbar braucht. Die
Zahl der ankommenden Flüchtlinge ist deutlich gestiegen. Italien
hat eine rechtsgerichtete Regierungschefin, der man zutrauen
könnte, sämtliche Häfen zu schließen. Um eine dramatische Zu-
spitzung zu vermeiden, hilft die EU-Kommission ihr nun in Per-

son der Kommissionspräsidentin mit einem Tunesien-Deal:»Wir haben vereinbart, dass wir beim Grenzschutz, bei Rückführungen und bei der Bekämpfung der Grundursachen unter voller Achtung des internationalen Rechts zusammenarbeiten werden«, sagt von der Leyen bei der Pressekonferenz in Tunis. Das gibt Meloni Zeit zum Durchatmen, verringert womöglich die Zahl der ankommenden Flüchtlinge, verhindert im besten Fall, dass noch mehr Menschen ertrinken. Es ist typisch für von der Leyens Vorgehen: Sie hat ein klares, konkretes Ziel. Hier: die Zahl der Flüchtlinge zu reduzieren. Sie kennt die möglichen Hebel, mit denen sie es erreichen kann. In diesem Fall: Geld. Sie hat keine Skrupel, wenn nicht alles perfekt aussieht: Saied ist niemand, mit dem sich andere gern händeschüttelnd ablichten lassen. Die Kommissionspräsidentin aber will den Deal. Daher kümmert sie sich oft nicht darum, ob sie für eine bestimmte Frage überhaupt zuständig ist. Oder ob sie womöglich die Grenzen ihres Amtes überdehnt. Der Tunesien-Deal wird hinterher kritisiert. Von der Leyen habe den Rat, also die Mitgliedsstaaten nicht eingebunden. Diese hätten üblicherweise eine mindestens fünfwöchige Frist zur Stellungnahme, bevor Absichtserklärungen unterschrieben werden dürften.»Eine hochgradige Respektlosigkeit«,»völlig inakzeptabel«, solche Stimmen sind zu hören. Und überhaupt: Eine außenpolitische Rolle kommt der EU-Kommissionspräsidentin formal gar nicht zu. Aber von der Leyen wartet nicht auf Josep Borrell, den etwas verschlafenen Hohen Beauftragten der EU für Außen- und Sicherheitspolitik. Sie reist nach Washington und Kiew, nach Tunis und Brasilia. Sie ist mittlerweile das Gesicht Europas. Sie wird weltweit als Repräsentantin der EU wahrgenommen. Man muss das alles nicht gut finden. Vor allem, weil bekannt ist, dass Tunesien keine Skrupel hat, Flüchtlinge buchstäblich zurück in die Wüste zu schicken. Man kann – wie viele EU-Kommissare und Beamte ihres eigenen Hauses – auch genervt sein von von der Leyens Geltungsdrang. Aber ich erkenne an: Sie versucht, Ergebnisse in überschaubarer

Zeit zu produzieren. Sie ist pragmatisch, statt die Bedenken zu bedenken. Es gibt also eine Politikerin mit deutschem Pass, die in der EU führt – auch wenn die Umsetzung des Tunesien-Deals in diesem konkreten Fall vom Präsidenten in Tunis später wieder infrage gestellt wird.

Doch deutsche Führung, in dem Sinne, wie sie Europa guttun würde, ist das natürlich nicht. Die muss schon aus dem Kanzleramt kommen. Ich erwarte mir mehr Orientierung, mehr Ambitionen und auch mal kontroverse Vorschläge aus Berlin zur Lage und Entwicklung Europas. Bitte nicht falsch verstehen: Deutsche Führung wird nicht gebraucht, weil sie deutsch ist. Weil deutsche Ideen womöglich besser wären als portugiesische oder dänische. Das sind sie natürlich nicht. Deutsche Führung braucht es, weil ohne Deutschland in der EU schon rein von der Beschluss-Arithmetik betrachtet keine Veränderung denkbar ist. Und weil alles, was in Brüssel geschieht, gemessen an der Bevölkerungszahl vor allem Bürger und Bürgerinnen der Bundesrepublik betrifft. Von der Leyen zeigt immer wieder, dass man mit Ehrgeiz und klaren Zielen einiges in Europa bewegen kann. Sie schafft das, obwohl sie »nur« die Kommissionspräsidentin ist. Wie viel mehr könnte man erreichen als deutscher Bundeskanzler, der ähnlich zielstrebig vorginge? In dem Amt, dessen Inhaber man wohl ohne Übertreibung als den mächtigsten Mann Europas bezeichnen darf? Und dessen Vorgängerin Angela Merkel auch schon auf dem Titel von *Forbes* firmierte: als mächtigste Frau der Welt.

Schönen Dank für die Frage

Am 10. Dezember 2021 steht Olaf Scholz im Pressesaal der EU-Kommission, im Brüsseler Berlaymont-Gebäude. Die großen Videoprojektoren werfen schwarz-rot-goldene Minifähnchen an die

Wand hinter ihm, jeweils harmonisch gepaart mit einem EU-Sternenkranz auf blauem Grund. Alles sieht ein wenig improvisiert aus, das Design nicht überzeugend. Die Farben sind nicht wirklich satt, sondern ziemlich verwaschen. So wie früher in der Schule, wenn der Lehrer mit dem Overheadprojektor hantierte. Es musste aber auch alles ganz schnell gehen: Gerade drei Tage ist es her, dass Scholz gemeinsam mit den Grünen und der FDP in Berlin den Koalitionsvertrag unterzeichnet hat. Gerade zwei Tage ist es her, dass er zum Kanzler gewählt wurde. Und jetzt gleich: Brüssel. In Europas Hauptstadt blickt man gespannt auf den Mann, der jetzt angeblich Angela Merkel sein soll. Und von dem man so wenig weiß, obwohl er bis vor zwei Tagen als Deutschlands Finanzminister amtierte. Er ist vielen einfach irgendwie durchgerutscht, nicht groß aufgefallen, dieser Olaf Scholz. Die Neugier wird noch gesteigert durch den 177 Seiten starken neuen deutschen Koalitionsvertrag mit dem Titel »Mehr Fortschritt wagen«. Denn was dort über die EU geschrieben steht, hat es in sich: »Eine demokratisch gefestigtere, handlungsfähigere und strategisch souveränere Europäische Union ist die Grundlage für unseren Frieden, Wohlstand und Freiheit.« Oder: »Als größter Mitgliedsstaat werden wir unsere besondere Verantwortung in einem dienenden Verständnis für die EU als Ganzes wahrnehmen.« Und dann viel konkreter: »Die Konferenz zur Zukunft Europas nutzen wir für Reformen. Erforderliche Vertragsänderungen unterstützen wir. Die Konferenz sollte in einen verfassungsgebenden Konvent münden und zur Weiterentwicklung zu einem föderalen europäischen Bundesstaat führen, der dezentral auch nach den Grundsätzen der Subsidiarität und Verhältnismäßigkeit organisiert ist und die Grundrechtecharta zur Grundlage hat.« Für manch einen klingt das so, als hörte man von ferne: »Vereinigte Staaten von Europa«. Kann das sein?

Nun ist die Gelegenheit nachzubohren. »Im Koalitionsvertrag stehen Worte, die hier in Brüssel haben aufhorchen lassen«, beginne ich meine Frage an Scholz. »Manche finden sie visionär, noch viel mehr finden sie unrealistisch. Da steht: Vertragsänderungen. Da steht: Verfassungskonvent. Da steht: föderaler Bundesstaat.« Ich kann es selbst nicht glauben, was da über meine Lippen kommt. Und noch weniger, dass die neue Regierung diese Begriffe in ihr Programm aufgenommen hat. Sie sind, böse gesagt, die Buzz-Words im Bullshit-Bingo der europäischen Integration. In jeder Sonntagsrede verwendet, von niemandem ernsthaft in Erwägung gezogen. Oder ist selber ein Zyniker, wer so pessimistisch ist? Ändert sich das jetzt? Gibt es demnächst nicht nur an der Spitze der EU-Kommission deutsche Führung, sondern auch aus dem Berliner Kanzleramt? Zwei Norddeutsche – als Avantgarde Europas? »Meine Frage an Sie ist«, spreche ich weiter Richtung Kanzler: »Werden wir in Ihrer Amtszeit mindestens eins dieser Elemente erleben? Wird es Vertragsänderungen geben? Oder ist das ein Kapitel, das schnell beiseitegelegt wird, weil das ein oder andere Land das sowieso nicht mitmachen wird?«

Scholz lächelt ein bisschen verschmitzt: »Sie sehen an der von Ihnen zitierten Passage, dass das wirklich eine sehr proeuropäische Regierung ist, die Deutschland jetzt hat. Und wir fühlen uns den Gedanken, die dort niedergelegt sind, verpflichtet. Klar ist, dass wir das in enger Kooperation und in enger Absprache mit vielen anderen voranbringen müssen. Was in Europa möglich ist, das werden wir ja sehen. Es gibt ja jetzt auch Debatten über die Zukunft Europas, die ohnehin stattfinden. Insofern bin ich sehr froh über diese eindeutige Positionierung.« Scholz macht keinen Hehl daraus, dass aus seiner Sicht ein Mehr an Europa sogar populär ist. »Aus der Rezeption in Deutschland kann man ja entnehmen, dass das wahrscheinlich sogar die entschiedene Mehrheitsmeinung der Deutschen ist.«

»Schönen Dank für die Frage«, leitet Scholz meist seine Antworten auf Journalistenfragen ein, mit denen er nichts anfangen kann. Leider bietet sich mir nie Gelegenheit, mich mit einem genauso ironischen »schönen Dank für die Antwort« zu revanchieren. Für eine Replik, mit der ich nichts anfangen kann. Auf den ersten Blick scheint Scholz mit seiner Antwort den Koalitionsvertrag zu bestätigen. Aber er nimmt die beiden zentralen Begriffe, »Verfassungsänderungen« und »föderaler Bundesstaat«, selbst nicht auf. Stattdessen verweist er auf die laufende Konferenz zur Zukunft Europas, die – so viel ist zu dem Zeitpunkt schon klar – gar nichts bewegen wird. Und er baut sich Hintertürchen ein, indem er darauf hinweist, welche Rolle andere Länder spielen werden. Die Frage, ob irgendetwas in seiner Amtszeit konkret passieren wird, beantwortet er gar nicht.

Ein paar Monate später bin ich in Berlin auf einem Abendempfang. Hier erfahre ich, wie im Kanzleramt wirklich über das Thema gedacht wird. Ein führender Mitarbeiter aus der Regierungszentrale ist zugegen. »Föderaler europäischer Bundesstaat«, frage ich ihn, »meinen Sie das ernst?« Die Antwort ist an Abgebrühtheit nicht zu überbieten. »Wissen Sie, wie so ein Kapitel des Koalitionsvertrags zustande kommt? Da setzen sich Leute, die in Brüssel ohnehin schon leben und arbeiten, in einer Arbeitsgruppe zusammen und schreiben das auf, was sie schon immer wollten. Und irgendwann muss dann eine Einigung über den ganzen Koalitionsvertrag her. Niemand möchte, dass in dem Moment alles an den Formulierungen über Europa scheitert. Es gibt genug andere Streitpunkte. Ganz reale. Bei den Steuern, den Finanzen, beim Wahlrecht. Also bleiben die europäischen Träume einfach drin. Ob es wahr wird oder nicht, hängt ohnehin nicht an uns allein.« Der Beamte schaut mich so an, wie es sein Chef später in einem anderen Zusammenhang formuliert: »Da wusste ich gar nicht, wie traurig ich gucken sollte.«

Europa also als Hirngespinst und Fußnote? Ich schaue nach, wer genau in der Arbeitsgruppe für das Europa-Kapitel vertreten war. Vertreter der SPD waren die Europaparlamentarier Udo Bullmann, Jens Geier, Gaby Bischoff und der langjährige Europa-

Staatsminister im Auswärtigen Amt und heutige Vorsitzende des Auswärtigen Ausschusses im Bundestag, Michael Roth. Allem Anfang wohnt ein Zauber inne. Aber europapolitisch hält dieser Zauber bei der Ampel, das wird mir an diesem Abend klar, vielleicht nicht allzu lang.

The Future is Europe

Es ist eines der größten und prägnantesten Murals in ganz Brüssel. In grellen Farben, hellblau und gelb auf grauem Grund, ist die ganze Hausfassade besprüht.»The Future is Europe«, steht dort unübersehbar. Der belgische Künstler NovaDead hat hier, direkt neben dem ARD-Europastudio, zur Farbdose gegriffen. 30 mal 20 Meter misst die Wand, das Kunstwerk selbst bringt es auf gigantische 520 Quadratmeter. Direkt neben meinem Arbeitsplatz, direkt neben der großen Einfallstraße Rue de la Loi, über die täglich Zehntausende Menschen in die Stadt kommen. Und direkt in Sichtweite zur EU-Kommission und zum Europagebäude, wo die EU-Gipfel stattfinden.»The Future is Europe«, geschrieben in großen eckigen Buchstabenklötzen. Wie herausgemeißelt aus einem Steinbruch. Obendrüber wacht ein Vogel, er soll Frieden und Freiheit symbolisieren. The Future is Europe – für manche in Brüssel wirkt das wie ein Witz, angesichts der täglichen Querelen in dieser Stadt, angesichts der Blockaden und kleinteiligen Streitereien um Gelder und Regulierungen. Für andere hingegen klingt es wie eine Mahnung, zu kämpfen für dieses Europa, das viel Wohlstand und Frieden gebracht hat.

Ich habe diesen Schriftzug viele Male gesehen. Für mich war er immer schlicht: eine Feststellung. Ein Fakt. Nichts, über das man diskutieren muss. Nicht mal in den Jahren der langen Brexit-Verhandlungen, als Großbritannien die Future nicht mehr in Europe sah. Als es den Fehler beging, sich von seinen direkten Nachbarn zu isolieren. Gerade diese Jahre haben, wenn man sie so intensiv erlebt hat wie ich, den Satz noch mehr unterstrichen: The Future is Europe.

Ich bin davon überzeugt, dass wir unsere Zukunft am besten gestalten können, wenn wir das gemeinsam mit unseren Nachbarn tun. Das gilt für jedes einzelne EU-Land, für keines aber so extrem wie für Deutschland. Denn die Art, wie wir in Deutschland leben, wie unsere Exportwirtschaft strukturiert ist, erfordert, dass unser Land Einfluss auf diesem Globus hat. Und Einfluss in unserer direkten europäischen Nachbarschaft. Beides wird über die EU ermöglicht. Es gibt viele Probleme, die sich für Deutschland nur in diesem Rahmen lösen lassen.

Das fängt bei der grundsätzlichen Leistung eines Staates an: Sicherheit für seine Bürger zu gewährleisten. Die EU mit ihren Vorgängerorganisationen hat das nach dem Zweiten Weltkrieg in erstaunlicher Art und Weise geschafft. Wir sind verzahnt miteinander, brauchen den jeweils anderen. Die zivile, wirtschaftliche, kulturelle Verbindung hat sichergestellt, was mit vielen Armeen und Bataillonen früher nicht gelungen ist. Dass wir uns nicht mehr gegenseitig überfallen. »Was wäre Europa ohne die EU-Gipfel, ohne die regelmäßige Verständigung auf höchster Ebene?«, frage ich im Frühjahr 2023 den luxemburgischen Premierminister Xavier Bettel. »Vielleicht noch immer ein Schlachtfeld«, antwortet der, ohne zu zögern. »Wir sollten nicht vergessen, dass es auch jetzt immer noch Konflikte und Spannungen zwischen einzelnen Ländern gibt. Vor 100 Jahren«, sagt er, »wäre das vielleicht im Krieg geendet. Insofern: Gott sei Dank, dass wir diese Art der Zusammenarbeit heute haben.«

Doch um Frieden zwischen den EU-Staaten allein geht es mittlerweile nicht mehr. Seit Russland den Krieg in der Ukraine begonnen hat, sind auch wieder Bedrohungen von außen denkbar. Ein Angriff auf einen europäischen Staat. Die Balten und Polen haben das schon lange gepredigt. Wenn man sich nun auch als Westeuropäer damit beschäftigt, wird einem niemand mehr den Vorwurf machen, paranoid zu sein. Mit der Ukraine wurde kein EU-Staat angegriffen. Und dennoch sieht man nun, wie sehr die militärischen Fähigkeiten der EU-Staaten zusammen gesehen, gedacht und genutzt werden. Als die Entscheidung getroffen war, Leopard-Panzer zu liefern, war es egal, welches Land die Panzer besaß. Sie wurden als ein großer europäischer Vorrat betracht, aus dem an die Ukraine abgegeben wurde. Aus Portugal. Aus Polen. Aus Deutschland. Mit Ausnahme der Bestände in Griechenland, das sich durch die Türkei bedroht fühlt und deshalb nicht bereit ist, Waffen zur Verfügung zu stellen. Für den Rest war klar ersichtlich: Wir sitzen alle in einem Boot. Gleiches gilt für die Lieferung von 155-Millimeter-Granaten, von Stinger-Flugabwehrraketen, von Haubitzen. Europas Armeen wurden wie ein großes, zentrales Warenhaus betrachtet. Und wenn das in einem solchen Konfliktfall so ist, in dem einzigen Moment, wo es wirklich drauf ankommt – warum organisiert man das Militär dann nicht gleich so?

Schon im Kapitel »Die USA Europas« sollte deutlich geworden sein, wie sehr sowohl Deutschland, aber auch die EU- beziehungsweise NATO-Staaten davon profitieren würden. Der Versuch, einzeln und selbstständig eine Armee vorzuhalten, die einen Angriff zum Beispiel aus Russland abwehren könnte, wäre wohl zum Scheitern verurteilt. Auf jeden Fall wäre er wahnsinnig teuer. Schon jetzt werden die anstehenden Aufgaben für die Modernisierung der Armeen bittere finanzielle Einschnitte in vielen anderen Lebensbereichen bedeuten. Möglichst weitgehende militärische Autarkie einzelner Staaten für das Szenario einer Invasion aber wäre ruinös. The Future ist Europe. Gemeinsam planen und einkaufen muss das Ziel sein – und zwar wie in Arbeitsgruppen. Marinefähigkeiten hier. Minenräumen da. Spezialkräfte dort. Panzer und Artillerie wieder hier.

Aber kann man so sehr auf andere Länder bauen, dass man in

einem entscheidenden Feld wie der Sicherheit komplett auf sie angewiesen ist? Der Krieg in der Ukraine hat für mich gezeigt: Man muss es. Denn wenn man es nicht tut, steht man allein viel, viel schwächer da. Realistischerweise wird diese verstärkte Koordination und tiefere Verzahnung in der NATO beginnen. Alle anderen Ansätze, eine echte europäische Armee aufzubauen, würden sonst schnell am Widerstand von Ländern wie Polen scheitern, die auf keinen Fall einen Ersatz zur Präsenz der USA wollen. Und auch nichts, was nur danach aussehen würde. Mittelfristig aber sollte eine sichtbarere europäische Struktur entstehen. Nicht als die Auflösung aller nationalen Armeen, als Verschmelzung zu einer großen europäischen Armee, sondern als eine Art 28. Armee der 27 Staaten. Eine, die ausgestattet und ausgerüstet ist für Kriseneinsätze.

Im Sommer 2023 hat der WDR eine repräsentative Umfrage in Deutschland beauftragt. Das Ergebnis von infratest-dimap: 53 Prozent der Deutschen sind mittlerweile für eine europäische Armee. Genau darauf spreche ich Ursula von der Leyen an. Als frühere Verteidigungsministerin merkt man ihr an, dass sie über diese Frage schon oft nachgedacht hat. »Ich habe immer gesprochen von einer ›Armee der Europäer‹. Weil ich finde, dass es wichtig ist, dass wir uns viel besser untereinander abstimmen. Ganz viele Mitgliedsstaaten sind selbstverständlich in der NATO. Und es ist gut, dass wir die NATO haben«, sagt sie. »Aber die NATO ist nicht überall. Und es gibt durchaus Szenarien, wo die Europäische Union gefragt ist. Und dann müssen wir in der Lage sein, auch aktiv zu handeln. Und deshalb ist der Gedanke einer ›Armee der Europäer‹ einer, den wir vorantreiben müssen. Ich glaube, das sind jetzt solche Zeiten, wo solche potenziellen Reformen großen Schwung bekommen.« Doch von der Leyen macht auch die Grundvoraussetzung für ein solches Zusammenwachsen deutlich: »Die große und schwere Frage ist: Wer fällt die Entscheidung, diese europäische Armee einzusetzen?«, sagt sie. »Da muss es noch viele Diskussionen geben. Denn ich habe hohen Respekt vor der Verantwortung, die man übernimmt, wenn man Männer und Frauen in ein Krisengebiet schickt. Weil es getragen werden muss auf der europäischen Ebene, aber auch auf der nationalen Ebene. Weil es um Leben und Tod gehen kann.«

Einen ganz ähnlichen Punkt machte Angela Merkel bei einem Interview, das ich am 24. März 2017 in Rom mit ihr führte. Die Staats- und Regierungschefs waren für einen Festakt in die Ewige Stadt gekommen, um den 50. Jahrestag der Unterzeichnung der Römischen Verträge zu feiern, einem der wichtigsten Verträge für all die Zusammenarbeit, die wir heute EU nennen. Eigentlich eine gute Gelegenheit für ein bisschen Optimismus und vielleicht gar ein bisschen Visionäres. Aber nicht bei Merkel. Sie hatte den trockenen Blick für die Gegenwart. Für sie machte es keinen Sinn, über eine EU-Armee zu sprechen, wenn es keine gemeinsame EU-Außenpolitik gibt. Weil dann nie klar wäre, für welche Ziele die EU-Armee überhaupt eingesetzt würde. Auch Heiko Maas beklagte die fehlende gemeinsame Linie in Europa während seiner Zeit als deutscher Außenminister immer wieder. Doch konkrete Versuche, daran etwas zu ändern, waren in der Amtszeit der Regierung Merkel nicht erkennbar.

Am 4. Mai 2023 immerhin trifft sich auf Initiative von Annalena Baerbock ein Kreis mit einem seltsamen Namen. Noch bevor die Tagung der Außenminister in Brüssel beginnt, setzt sich frühmorgens die »Group of Friends on the use of Qualified Majority Voting in EU Common Foreign and Security Policy« zusammen. Mit dabei sind Belgien, Finnland, Frankreich, Deutschland, Italien, Luxemburg, die Niederlande, Slowenien und Spanien. »Nicht alle waren Feuer und Flamme«, erzählt mir hinterher ein eher skeptischer Diplomat. »Ein paar wollten auch nur dabei sein, damit dort keine Dummheiten passieren.« Immerhin wird anschließend eine gemeinsame Erklärung veröffentlicht: »Das Ziel der Gruppe ist es, die Effektivität und das Tempo unserer Entscheidungsfindung in der Außenpolitik zu verbessern. Die EU muss ihre Prozesse und Prozeduren anpassen, damit wir ein stärkerer internationaler Akteur werden.«Und weiter:»Die Gruppe möchte das auf eine pragmatische Art und Weise tun, mit praktischen Schritten und auf Grundlage der Möglichkeiten, die der EU-Vertrag bereits vorsieht.« Der letzte Satz spielt auf ein Wort an, das für mich über die Jahre zu einem Reizwort geworden ist. Die sogenannte Passerelle-Klausel (deutsch: Übergangs- oder Brückenklausel) im Vertrag von Lissabon. Sie ist, vereinfacht gesagt, ein Verfahren zur Änderung der EU-Verträge ohne große Änderung der EU-Verträge. Die Klausel besagt, dass die Staaten einstimmig entscheiden können, dass Entscheidungen, für die im Vertrag ursprünglich Einstimmigkeit vorgesehen war, künftig mit Mehrheit getroffen werden können. Man muss dafür also nicht unbedingt den EU-Vertrag ändern, mit allen Problemen, die das mit sich brächte: Referenden, Verfassungsänderungen, höchstrichterliche Entscheidungen. Es genügt, einmal – wenn auch einstimmig – zu entscheiden, dass ab sofort die Mehrheit reicht. Passerelle-Klausel. Tausendmal ist mir dieses Wort begegnet. Ausgesprochen von Jean-Claude Juncker, von Angela Merkel, von Heiko Maas. Immer als Ausrede dafür, dass man Dinge verändern kann. Könnte. Nur: Nie ist jemand über die Passerelle gegangen. Auf dem WDR-Europaforum 2019 hatte Heiko Maas im Interview mit mir angekündigt, die Passerelle-Klausel binnen eines Jahres zu nutzen, um die Entscheidungsprozesse im Kreise der Außenminister und -ministerinnen zu beschleunigen. Ich habe versäumt, ihn zu fragen, binnen welchen Jahres. Noch immer tagen die Freundeskreise.

Ich bin überzeugt davon, dass die EU langfristig mehr Integration braucht – vor allem in den Bereichen, in denen es nach außen agiert. Nur als ein Block von 450 Millionen Menschen werden wir weltweit eine Rolle spielen – auch wenn selbst diese 450 Millionen nur fünf Prozent der Weltbevölkerung ausmachen. Mehr Mehrheitsentscheidungen bergen zwar das Risiko, dass nicht alle Länder in jedem Punkt voll hinter einer Entscheidung stehen. Schlicht, weil sie überstimmt wurden. Aber deshalb müsste der Einführung von Mehrheitsentscheidungen auch noch ein anderer, mindestens so radikaler Schritt folgen: die Abschaffung der nationalen Außenministerien. Genauso, wie man es auch mit den nationalen Handelsministerien gemacht hat, nach dem die Kompetenz für den Außenhandel komplett nach Brüssel übertragen wurde. Ich finde, das funktioniert ganz gut. Der EU ist es gelungen, hier ein Global Player zu sein. Sie ist mächtig, setzt international Standards, kann jedem anderen Verhandlungspartner weltweit auf Augenhöhe begegnen. Und das alles passiert geräuschlos und effizient in Brüssel, obwohl es – gerade für Deutschland – bei der Handelspolitik um den Kern unseres Wohlstands geht. In der EU ist der gut aufgehoben. Denn Deutschland macht sich durch diese Konstruktion größer, als es alleine ist. Und noch viel mehr gilt das für kleinere EU-Staaten wie Slowenien oder Ungarn. Dieses Beispiel sollte uns Inspiration sein, an die eigene Stärke zu glauben, sobald man gemeinsam auftritt. Dass man Souveränität gewinnen kann, indem man sie teilweise aufgibt. Viele mögen einwenden: »Die Außenministerien aufgeben? Unrealistisch!« Ich aber würde sagen: Notwendig, wenn man die Außenpolitik ernsthaft zusammenführen will. Nebenbei: Es gab mal eine europäische Politikergeneration, die die D-Mark, den Franc und die Lira abgeschafft hat. Ich vermute, das war auch ziemlich unrealistisch.

Get out the vote

Ursula von der Leyen führt die EU-Kommission und letztlich die EU derzeit mit großem Ehrgeiz und viel Pragmatismus. Was aber passiert, wenn statt einer fast schon hyperaktiven Politikerin wie von der Leyen ein trägerer, konfliktscheuer Kommissionspräsident ins Berlaymont einzieht? Und wenn die Zeiten sich vielleicht so beruhigen, dass der Handlungsdruck nachlässt? Wenn die jetzt so klar auf der Hand liegende Erkenntnis, dass sich Europa anpassen, ändern und weiterentwickeln muss, verblasst? Wenn die von Olaf Scholz propagierte Zeitenwende tatsächlich real ist, dann muss, meine ich, ihre Umsetzung mehr sein als ein spontaner Kraftakt. Dann müssen langfristig Weichen gestellt und Strukturen geändert werden. In Strukturen, die bleiben – unabhängig von den Politikertypen, die gerade an der Spitze stehen. Auf kein Land kommt es dabei so an wie auf Deutschland. »Für Deutschland ist es künftig vielleicht eines der wichtigsten außenpolitischen Ziele, dass die EU immer eine Position findet. Fast schon egal welche. Nur mit einer handlungsfähigen EU kann Deutschland weltweit Einfluss haben«, sagt mir ein Mann, der lange für einen Bundespräsidenten gearbeitet hat. Das hieße: Deutschland als Integrator, als Ermöglicher. Früher war diese Rolle oft auf das Bezahlen reduziert. Scheckbuchpolitik à la Helmut Kohl, mit Milliarden aus Deutschland konnte manches Problem gelöst werden. Nun aber bekommt diese Aufgabe eine andere, eine politische Dimension.

Im Juni 2023 treffen sich in Luxemburg die EU-Innenminister. Seit fast zehn Jahren tut sich nichts in der EU-Asylpolitik. Das Thema wird in Brüssel als »toxisch« bezeichnet. Bloß nicht anfassen, sonst gibt's politische Verätzungen. Doch nun wächst der Druck, sich zu kümmern. Die Zahl der ankommenden Flüchtlinge ist hoch. Die Länder am Mittelmeer sind überfordert und winken viele Migranten – trotz gegenteiliger Rechtslage – unkontrolliert nach Norden durch. Wegen dieser sogenannten Sekundärmigration haben wiederum Staaten wie Frankreich, aber auch Deutschland, Grenzkontrollen eingeführt, die es laut Schengen-Vertrag im grenzenlosen Europa gar nicht mehr geben sollte. Es ist ein Dilemma. Die Südländer werden die Praxis des Wegschauens und Durchwinkens nicht ändern, solange die Nordländer ihnen nicht einen Teil der Flüchtlinge abnehmen. Und ihnen zudem finanziell helfen. Der Norden hingegen kontert: Wenn wir das machen, kommen noch mehr Flüchtlinge. Deshalb können wir nicht in dieser Form helfen. Was wiederum die Südländer weiter dazu ermuntert, Flüchtlinge nicht korrekt zu registrieren, sondern eben möglichst schnell Richtung Norden weiterziehen zu lassen. Die Katze beißt sich in den Schwanz, Europa dreht sich im Kreis.

In genau diesem Moment nun liegt in Luxemburg ein Vorschlag auf dem Tisch, der beide Wünsche verbindet. Innenministerin Nancy Faeser spricht schon vor ihrer Anreise von einem »historischen Momentum« und einer großen Chance. Mehr Kontrolle und schnellere Asylverfahren im Süden, aber notfalls auch mehr Solidarität und Verteilung von Flüchtlingen in den Norden, in die ganze EU. Für Deutschland ist das angedachte neue System nicht ideal. Viele Kritiker aus Menschenrechtsorganisationen, Kirchen und Parteien begreifen es als eine maximale Verschärfung. Manche sprechen gar ganz pauschal von der Abschaffung der Asylrechts. Weil bei Umsetzung des Vorschlags auch Familien mit Kindern für mehrere Wochen an der EU-Außengrenze in Aufnahmeeinrichtungen festgehalten werden können. Orte, die manche als Gefängnisse bezeichnen. Dennoch sagt Deutschland: Ja. Für viele in Brüssel ist das höchst überraschend. Immerhin hat Deutschland eine Regierung, an der die Grünen als zweitstärkste Kraft beteiligt sind. Und deren Wähler gar nichts von dieser harten, kühlen Art der Migrationspolitik halten. Die Spitzenpolitiker der Grünen in der Regierung hätten Deutschland dazu zwingen können, sich in Luxemburg zu enthalten. Sie tun es aber nicht. Nachdem die Entscheidung gefallen ist, herrscht tagelang Empörung.

Für mich jedoch kommt Deutschland hier seiner Verantwortung nach, ist in der Realität angekommen. Es tut, was es tun muss. Nicht mit Geld, sondern indem es bereit ist, politisch Prügel einzustecken. Ein Nein zu den Vorschlägen hätte vor allem Annalena Baerbock und Robert Habeck in ihrer Partei viel Ärger erspart.

Aber es hätte dazu geführt, dass eines der schwerwiegendsten Probleme der EU erneut für viele Jahre unbearbeitet geblieben wäre. Es hätte der italienischen Regierungschefin Giorgia Meloni, die als »postfaschistisch« beschrieben wird, einen Vorwand gegeben, auf das unsolidarische Brüssel zeigen zu können. Es wäre ein Freibrief gewesen für das Schließen der italienischen Häfen für Schiffe mit Flüchtlingen an Bord. Und damit für noch mehr Ertrunkene. Während meiner ganzen Zeit in Brüssel hat niemand ernsthaft geglaubt, dass eine Migrations- und Asylrechtsreform möglich sein könnte. Nun ist sie zwischen den Mitgliedsstaaten verabredet. Und weil damit der Beweis erbracht wurde, dass das prinzipiell doch geht, muss die nächste Anpassung jetzt vielleicht nicht wieder 10 oder 15 Jahre auf sich warten lassen. Das Thema ist in den Bereich des politisch Gestaltbaren zurückgeholt worden – auch weil Deutschland es ermöglicht hat und sich nicht auf die sonst so beliebte bequeme Scheinlösung der Enthaltung eingelassen hat.

Eine Enthaltung Deutschlands bei Abstimmungen mit qualifizierter Mehrheit in der EU wirkt de facto wie ein Nein. Denn in Deutschland leben rund 19 Prozent der EU-Bevölkerung. Bei einem Beschluss mit qualifizierter Mehrheit müssen 15 Staaten mit mindestens 65 Prozent der Bevölkerung Ja sagen. Und zwar 65 Prozent der Grundgesamtheit. Nicht nur 65 Prozent von den Staaten, die mit Ja oder Nein stimmen, die sich also konkret und mit eigener Position an der Abstimmung beteiligen. Eine deutsche Enthaltung entfaltet also immer eine Wirkung, auch wenn sich Deutschland scheinbar neutral gibt. Denn ein neutrales Verhalten Deutschlands entzieht den Unterstützern eines Vorschlags einen Großteil der Stimmrechte, die nötig sind, um auf die erforderlichen 65 Prozent zu kommen. Oder anders ausgedrückt: Von den 36 Prozent, die man braucht, um eine Entscheidung zu stoppen, liefert Deutschland mit einer Enthaltung unfreiwillig schon den Großteil: nämlich 19 von 36. »The German Vote«, die deutsche Enthaltung, darf also keine Option mehr sein. Deutschland muss sich entscheiden – und dann die Meinung formen. Pro oder kontra.

Mein Eindruck aus vielen Jahren in Brüssel ist, dass die europapolitische Interessenvertretung Deutschlands in Brüssel sehr professionell abläuft. Die Ständige Vertretung der Bundesrepublik und gerade Botschafter Michael Clauß genießen bei Diplomaten und selbst Journalisten anderer Länder hohes Ansehen. Doch viel zu selten wird – und dieser Fehler liegt in Berlin – eine Strategie sichtbar. Ein größerer Plan. Ein Ziel jenseits des gerade vorliegenden Richtlinienentwurfs. Beim deutschen Ja zum Asylkompromiss hat man diese deutsche Verantwortung für ein Funktionieren, ein Weiterkommen Europas endlich gespürt. Regelmäßig gegen eigene Interessen wird natürlich kein Land arbeiten. Aber was sind die eigenen, konkreten, wirklich grundsätzlichen Interessen der Bundesrepublik? Und haben die sich in der Zeitenwende nicht verändert?

Um zu illustrieren, wie man mit Entscheidungen führt, die nicht unbedingt dem eigenen Plan entsprechen, gibt es in der politischen Welt derzeit ein sehr plastisches Beispiel: die Zusage von US-Präsident Biden Anfang 2023, Abrams-Panzer in die Ukraine zu schicken. Aus diversen technischen und militärischen Gründen hielt Biden das eigentlich für nicht sinnvoll. Nur durch diese Zusage aber ließ sich der deutsche Kanzler Olaf Scholz dazu bewegen, die viel wichtigeren Leopard-Panzer für die Ukraine freizugeben. Und das wiederum wollte Biden unbedingt. Deshalb sagte Biden Ja. Der US-Präsident hat also eine Entscheidung getroffen, die zumindest auf den ersten Blick zum Nachteil der USA, entgegen ihren Interessen war. Doch Biden hat sich dazu entschlossen, um die westliche Welt zusammenzuhalten und der Ukraine effektiv zu helfen. Das Gesamtergebnis dessen, was dadurch ermöglicht wurde, war wertvoller als der Nachteil der konkreten Entscheidung. Diesen sehr strategischen Blick wünschte ich mir gelegentlich in Berlin.

Wenn Deutschland ein funktionierendes Europa will, eines, das die deutsche Position, den deutschen Einfluss in der Welt vertreten und schützen kann, dann wird es viel öfter so denken und handeln müssen, wie Biden es tat. Etwa, wenn es um Rüstungsprojekte geht, bei denen früher sehr genau abgewogen wurde, wer wo was zusammenschraubt, damit für den einzelnen beteiligten Staat ja kein Nachteil daraus erwächst. Künftig kann der Erfolg Portugals oder Polens noch viel stärker ein Erfolg auch für Deutschland sein. Die Fragestellung wird folglich immer weniger lauten: Wie steht Deutschland mit einer Entscheidung da? Sondern: Wie stünde Europa mit der Entscheidung da? Und welches Ergebnis wäre für uns wichtiger? Kleiner Hinweis: The Future is Europe.

Perfekte Bedingungen

Man kann sich das gar nicht vorstellen. Ein Millionstel von einem Millimeter. Ein Nanometer. In dieser Welt wirkt ein Staubkorn wie der Himalaya. Es ist also kein Wunder, dass wir nie eine Drehgenehmigung bekommen haben beim niederländischen Unternehmen ASML (Advanced Semiconductor Materials Lithography) im Örtchen Veldhoven bei Eindhoven. Kein Zugang, um einmal selbst zu sehen, wie die Technik aussieht, um die die ganze Welt konkurriert. Die Technik, die eine zentrale Rolle spielt bei dem, was manche heutzutage »Chip-Wars« nennen, die Kriege um Computerchips. Ein Staubkorn hier wäre der Super-GAU. ASML stellt selbst keine Chips her, sondern die Maschinen, die für die Fertigung der Halbleiter benötigt werden. Und genau dabei darf keine Störung auftreten. Denn alles läuft in der winzigen Nanowelt ab. Alles ist so klein, dass man schon Kopfschmerzen bekommt, wenn man nur darüber nachdenkt. Wenn man versucht, sich die Größen vorzustellen. ASML baut im Prinzip Diaprojektoren, mit denen Baupläne für Chips auf sogenannte Waver belichtet werden, hauchdünne Siliziumscheiben. Es gibt keinen anderen Anbieter weltweit, der dafür ein solches Know-how besitzt. Für so kleine Strukturen braucht es besonders kurzwelliges Licht, Extreme UV-Light. In der Natur kommt das nicht vor. Aber die Niederländer haben einen Weg gefunden, es technisch zu erzeugen und zu nutzen. Beteiligt sind ein superstarker Laser, Zinn, ein luftleerer Raum, diverse Spiegelsysteme, Edelgase. Und natürlich absolute Präzision, immer gleiche Temperaturen, selbst bei Transport und Aufbau der Maschine. ASML ist eines der wichtigsten Unternehmen für die Halbleiterindustrie und die wiederum eine der wichtigsten Branchen für das Funktionieren unserer modernen Welt aus Smartphones, elektronischen Steuerungen, autonomen Autos, Hightech-Medizin, Supercomputern. Obwohl das so ist, ist es weder den Großmächten USA und China noch dem Halbleitergiganten Taiwan gelungen, den Niederländern Konkurrenz zu machen und selbst ein ASML aufzubauen.

Genau das muss man jetzt im Hinterkopf behalten, wenn auf EU-Ebene in einer Großoffensive die Versäumnisse der vergangenen Jahre aufgeholt werden sollen: »European Chips Act«, ein Gesetz für mehr Halbleiterfertigung in Europa; »European Raw Materials Act«, der Versuch, die Rohstoffsicherheit in der EU zu erhöhen; »RePower EU«, ein Plan, die Abhängigkeit von vor allem russischen fossilen Energien zu verringern. Fast schon im Wochenrhythmus hat die Kommission neue Vorschläge präsentiert. Brüssel übernimmt damit beherzt und strukturiert einen wichtigen Teil der anstehenden Modernisierung und Neuorientierung in Europa. Deutschland kann das nur begrüßen und unterstützen. Denn all die übergreifenden, großen Probleme dieser Zeit, die diesen Gesetzesinitiativen zugrunde liegen, lassen sich nur auf europäischer Ebene sinnvoll angehen.

Im deutschen Interesse ist es, die Fertigung von Halbleitern, die heute zu überproportional großen Teilen in Taiwan stattfindet, wieder näher an die deutschen Fabriken heranzuziehen. Nur so ist eine zumindest verringerte Abhängigkeit von geopolitischen Ereignissen wie einem möglichen Konflikt zwischen China und Taiwan zu erreichen. Doch das Ziel kann und sollte nicht sein, alles in Deutschland aufzubauen. Selbst die umjubelte Ansiedlung der Intel-Chipfabrik in Magdeburg bedeutet nicht, dass Deutschland »autark« würde. 30 Milliarden Euro werden die Amerikaner investieren, rund zehn Milliarden davon sollen als Fördergeld von der öffentlichen Hand kommen. Aber gerade der Hightech-Bereich ist gekennzeichnet von hoher Spezialisierung und Arbeitsteilung. Eine Chipfabrik stellt am Ende zwar die Chips her, aber sie funktioniert nicht ohne die Siliziumscheiben, die Wafer, die vor allem aus Südkorea, China oder Taiwan kommen. Sie funktioniert nicht ohne Maschinen wie die von ASML aus den Niederlanden. Sie kann auch nicht ohne extrem reine Edelgase arbeiten, durch die der Laser geleitet wird. Diese Gase werden ebenfalls nur von wenigen Firmen weltweit vertrieben, etwa von Air Liquide aus Frankreich. Und zu guter Letzt braucht es natürlich Ingenieure, die die winzigen Schaltkreise, die da aufs Silizium belichtet werden sollen, überhaupt entwerfen können. Diese Ingenieure für das sogenannte Chipdesign sitzen noch immer hauptsächlich in den USA. Das bedeutet: Eine Fabrik allein verringert noch nicht die Abhängigkeiten, auch wenn wir es gern so hätten.

Gerade das Thema Halbleiter zeigt, dass trotz allen politischen Drucks und trotz des Einsatzes immenser Geldmengen wie in China jahrzehntelange Forschung nicht auf Knopfdruck nachgeholt werden kann. Das gilt es auch politisch zu berücksichtigen. Statt dem Impuls zu folgen: Alles muss in Deutschland passieren, sollte gerade die Bundesrepublik die vielversprechendsten Ansätze in ganz Europa sehen. Und dort grenzübergreifend die weitere Entwicklung fördern. Das Aufholen von Rückständen in diesem Hightech-Bereich ist sehr schwierig. Denn wer den globalen extremen Wettbewerb und die Arbeitsteilung durch vorrangig national motivierte Eingriffe aufhebt, läuft Gefahr, auch die Innovationen zu stoppen. Perfekte Bedingungen für ein starkes Deutschland wären daher ein forschendes und ein ökonomisch erfolgreiches Europa. Mit vielen ASMLs in unserer Nähe. Dazu aber muss man noch stärker bereit sein, gemeinsame europäische Gelder nicht proportional zu verteilen – sondern immer dorthin, wo wirklich Potenzial ist.

Brüssel ist so langweilig

Edi Rama hat sich schick gemacht. Sonst eher mit Sneakers und ganz in Schwarz gewandet, hat Albaniens Regierungschef heute sogar die Krawatte umgebunden. Es ist ein großer Tag für sein Land. Am 6. Dezember 2022 stehe ich Rama am frühen Morgen in der Hauptstadt Tirana gegenüber. Die Stadt ist geschmückt mit den Porträts großer Europäer. Helmut Kohl und Charles de Gaulle grüßen in der Fußgängerzone. Rama empfängt heute deren etwas weniger visionäre Nachfolger: Olaf Scholz. Emmanuel Macron. Mark Rutte. Europas Staats- und Regierungschefs sind erstmals auf dem Westbalkan zu Besuch, in einer Region aus sechs Staaten, die seit rund 20 Jahren EU-Mitglied werden wollen. Doch trotz anders lautender Versprechungen geht nichts voran. Nun also kommen die politischen Führer der EU nach Tirana. »Albanien und der Westbalkan sind Rock ’n’ Roll«, sagt Rama vor Beginn der Tagung in unser Mikrofon. »Nicht so langweilig wie Brüssel.« Doch genau dieser Rock ’n’ Roll ist auch das Problem. Denn für viele besteht der Westbalkan-Rock-’n’-Roll aus organisierter Kriminalität, Korruption, mangelnder Pressefreiheit und einem oft autokratischen Regierungsstil. Und ist damit genau der Grund, warum es so lange nichts geworden ist mit den europäischen Ambitionen.

Der heutige Westbalkan-Gipfel ist jedoch Ausdruck dessen, dass man auch in Nord- und Westeuropa erkannt hat: So kann es nicht bleiben. Immerhin befindet sich die Region – bestehend aus den Ländern Serbien, Kosovo, Montenegro, Bosnien und Herzegowina, Albanien und Nordmazedonien – nicht irgendwo weit weg, am Rande der EU. Die Länder liegen zumindest geografisch mittendrin. So wie die Schweiz. Sie sind umschlossen von Kroatien, Ungarn, Rumänien, Bulgarien und Griechenland. Ein großes Loch auf der EU-Karte. Ein Loch, in dem Moskau und Peking um Einfluss kämpfen. Die Westbalkan-Staaten sind ein schmerzhaftes Symbol dafür, dass die EU Dinge verschleppt. Sich nicht durchringen kann. Den Elan verloren hat. Keinen Druck ausübt. Nicht mal, wenn es um kleine Länder mit zusammen nur rund 16 Millionen Einwohnern geht, die in ihrer unmittelbaren Nachbarschaft liegen.

»Wir wollen Weltpolitik spielen«, sagt mir ein Brüsseler Mitarbeiter des Europäischen Auswärtigen Dienstes. »Aber wir trauen uns nicht zu, diese Länder zu integrieren. Wir haben Angst, dass diese Kleinstaaten die EU von innen zerstören könnten. Weil sie noch mal anders drauf sind als Orbán.« Er meint damit wohl, dass politische Erpressung noch mehr die Brüsseler Beratungen lähmen könnte, wenn sich Serben und Kosovaren im Ratsgebäude gegenübersäßen. Ich teile seine Skepsis. Und doch stimme ich zu: Es muss eine Entscheidung her. Denn die Länder machen zusammen nur etwas mehr als drei Prozent der EU-Bevölkerung aus. Bei der Wirtschaftsleistung ist es nur rund ein Prozent. Und damit soll das »geopolitische Europa« nicht fertigwerden? Ganz ähnlich sieht die Lage bei Moldau aus, einem Nachbarland Rumäniens. Ebenfalls ein potenzielles EU-Mitglied. Und ebenfalls ein Zwerg. Bei der Ukraine, auch sie seit Kurzem Beitrittskandidatin, sprechen wir hingegen von ganz anderen Dimensionen. Das Land ist flächenmäßig doppelt so groß wie Deutschland, hat ungefähr so viele Einwohner wie Polen.

Beide Blöcke, der Zwergenblock des Westbalkans als auch der ukrainische Riese, würden die EU tatsächlich grundsätzlich verändern. Albanien und Co. dadurch, dass ihre Aufnahme gleich sechs neue potenzielle Veto-Staaten in den Europäischen Rat bringen würde. Staaten, die untereinander noch immer tief zerstritten sind und die diese Streitigkeiten dadurch austragen könnten, dass sie Entscheidungen für die ganze EU blockierten. So wie das gelegentlich Kroatien und Slowenien getan haben. Oder in anderen Zusammenhängen Ungarn, Griechenland, Zypern. Die sechs Westbalkan-Staaten sind aufgrund ihrer Anzahl also eine Gefahr für die jetzt schon schwierige Entscheidungsfindung im Rat.

Die Ukraine hingegen ist nur ein einziges Land. Eines von 27. Großbritannien ist raus, die Ukraine rein – arithmetisch wäre das auf den ersten Blick kein Problem. Doch die Aufnahme der Ukraine würde die wirtschaftliche und vor allem landwirtschaftliche Struktur der EU umwälzen. Schon jetzt wehren sich polnische Bauern dagegen, dass Getreide aus der Ukraine über Polen exportiert wird. Mit den niedrigen ukrainischen Preisen können sie nicht mithalten. Die Ukraine ist die Kornkammer Europas, der Boden sehr fruchtbar. Einmal in der EU aufgenommen, wären sämtliche Landwirte Europas dieser starken Konkurrenz ausgesetzt. Eine Blockade ist dann nicht mehr möglich. Auch die Vergabe von EU-Geldern würde sich radikal verändern. »Polen, Tschechien, die Balten haben erst für einen Beitritt der Ukraine getrommelt. Bis sie gemerkt haben, dass dann der gesamte EU-Haushalt nach Kiew fließen würde. Der Rest Europas wäre Nettozahler«, sagt der Beamte. Denn die Ukraine ist riesig, die Agrarsubventionen wären gigantisch. Dazu der Wiederaufbau eines vom Krieg zerstörten Landes. All das würde Hunderte Milliarden Euro verschlingen – die dann nicht mehr zur Verfügung stünden für Warschau oder Budapest.

Was ist nun der richtige Weg? »Es ist fast 20 Jahre her, dass in Thessaloniki miteinander beschlossen wurde, dass diese Länder

Mitglieder der Europäischen Union werden können und sollen«, sagt Olaf Scholz mit Blick auf die Westbalkan-Staaten an diesem milden Dezembertag 2022 in Tirana. »Wir sind nicht da, wo wir uns das damals vorgestellt haben. Insofern ist es wichtig, dass jetzt neuer Schwung in diese Beratung und Diskussion gekommen ist und dass wir den Beitritt dieser Länder schnell organisieren.« Ich höre die Worte, aber ich bin nicht überzeugt. Den Beitritt schnell organisieren? Deutschland gilt traditionell eher als Freund der Erweiterungen. Nicht zuletzt deshalb, weil es dadurch neue, gut angebundene und unter ähnlichen bis gleichen Gesetzen arbeitende Produktionsstandorte für die deutsche Wirtschaft erschließen konnte.

Doch Deutschland sieht auch die Probleme. Die beschriebenen arithmetisch-politischen bei den EU-Gipfeln und die ganz konkreten auf Berliner Straßen, wo Clans vom Balkan eine ganz eigene, oft ziemlich gewalttätige Welt aufbauen. Das Schicksal der Ukraine wird zunächst noch in einem Krieg ausgefochten. Um das der Westbalkan-Staaten zu definieren, bräuchte es aber schon jetzt mehr deutsche Führung. Ein klares Ja aus Berlin, nicht nur grundsätzlich und vage, sondern verbunden mit einem eher kurzfristigen Zeitplan. Auch ein Nein zu einem Beitritt könnte eine Antwort sein. Es würde viele Unklarheiten beseitigen, auf allen Seiten. Man könnte sich der Lösung konkreter Probleme widmen, statt Träumen nachzuhängen, die niemand wahr werden lassen will. Doch so viel Ehrlichkeit trauen sich weder die EU noch Deutschland zu. Stattdessen wird bei Terminen wie in Tirana die Melodie der Annäherung und der »gemeinsamen Zukunft« gespielt. Und danach überlässt man es der EU-Kommission, den Stillstand zu betreuen.

Wenn Deutschland ein integriertes Europa will, wie es der Koalitionsvertrag sehr deutlich formuliert, dann müsste hier die Arbeit beginnen. Mit der klaren Ambition, mit mehr Druck und mit mehr Angeboten an einer Aufnahme des Westbalkans zu arbeiten – in überschaubarer Zeit. Von höchster Stelle oder mit dem Segen von höchster Stelle müsste ungeduldig eine Lösung im Streit zwischen Kosovo und Serbien gesucht werden, dem zentralen Hindernis für eine Annäherung aller Staaten der Region an die EU. Es müsste entschieden werden, ob es bei der Erweiterung weiter wie bisher einzig und allein um die Erfüllung konkret benannter, oft bürokratischer Kriterien etwa im Bereich der ökonomischen Regulierung, des Justizsystems oder des Wettbewerbsrechts geht. Oder ob daneben nun auch übergeordnete, geopolitische Überlegungen treten dürfen, die notfalls schwerer wiegen als die traditionellen Checklisten der Beitrittskapitel. Eine Überholspur in die EU sozusagen, aus vorrangigen Gründen.

Diese Entscheidung zu treffen würde großen Mut erfordern – und zunächst eine öffentliche Positionierung Deutschlands. Denn die Einführung zusätzlicher politischer Kriterien weckt ungute Erinnerungen an die überstürzte Aufnahme Griechenlands in den Euro. Den gleichen Fehler macht niemand gern zweimal. Aber vielleicht sind diesmal die Gründe auch wichtiger und stärker als damals? Und handelt man historisch blind, wenn man die geografische Vollendung der EU nur von der Erfüllung technokratischer Benchmarks abhängig macht? Zudem müssten die Arbeiten beginnen, auch die EU-Länder auf neue Mitglieder vorzubereiten, indem man das neben der Migrations- und Asylpolitik zweite komplett verminte Politikfeld in Brüssel wieder betritt: das der EU-Verträge. Worüber soll in Brüssel entschieden werden? Und wie, nach welchen Verfahren? Einstimmigkeit oder Mehrheitsprinzip? Fest steht: Eine vergrößerte Europäische Union müsste sich auf jeden Fall reformieren, um die Aufnahme der Westbalkan-Staaten und der Ukraine verkraften zu können. Aber auch eine Union, die geografisch unverändert bleibt, die einfach nur effizienter werden will, bräuchte nach mehr als 15 Jahren Lissabon-Vertrag dringend modifizierte, der Zeit angepasste Strukturen.

Verträge

Diese Chance kommt nicht wieder. Im Sommer 2022 schlägt die Bundesregierung vor, 750 Milliarden Euro auf den Tisch zu legen. »Ich war sprachlos. Ich hätte nie gedacht, dass Merkel jemals so einen Schritt geht«, sagt mir ein irischer Diplomat. Das Corona-Virus hat den Kontinent im Griff. Ausgangssperren und Lockdowns haben zu einem beispiellosen Wirtschaftseinbruch geführt. Nun soll Geld fließen: ein großer Teil in Form von Geldgeschenken, der Rest in sehr günstigen, langfristigen Darlehen. Die Einrichtung des 750 Milliarden Euro schweren Corona-Fonds war die perfekte Gelegenheit, Europa nicht nur finanziell einen Impuls zu geben. Geld kann bekanntlich viele Interessenunterschiede ausgleichen. Und das Geld kam und kommt im Fall von NextGenerationEU zu großen Teilen aus Deutschland. Der ganze Fonds würde ohne Okay aus Berlin nicht existieren. Doch die Chance, dieses gewaltige Finanzpaket mit einer Veränderung der EU, mit der Forderung nach neuen Verträgen zu verknüpfen, ließ die Bundesregierung unter Angela Merkel ungenutzt. Stattdessen blockierte am Ende noch Ungarns Premier Orbán die Annahme des Pakets, wenn nicht die Hürden für eine Kürzung der Gelder abgesenkt würden.

Zu Beginn des Buches habe ich oft von deutscher Arroganz gesprochen. Die Konstruktion von NextGenerationEU war jedoch einer der Momente, wo ich mir mehr deutsches Fordern, ja Härte und Bluffen gewünscht hätte: Wir Deutschen springen über unseren Schatten. Es gibt gemeinsame Schulden in Europa, etwas, wogegen sich Berlin immer gewehrt hat. Viele Länder bekommen nun Dutzende Milliarden Euro geschenkt. Aber dafür – das hätte der Deal sein können und sollen – werden nun die Grundprobleme einer oft blockierten EU angegangen. Passiert ist das leider nicht. Stattdessen sah es sogar kurzzeitig so aus, als würde man daran scheitern, 750 Milliarden Euro zu verschenken, weil erneut die Empfänger die Regeln diktierten. »We did it. Europe is strong. Europe is united«, mit diesen Worten von EU-Ratspräsident Charles Michel nach vier Tagen Verhandlungen begann am 20. Juli 2020 mein Bericht in der *Tagesschau*. Aber auch wenn Michel so euphorisch war: Ich sah wenig Grund zur Freude. Sondern eine riesige, verpasste Chance, die so schnell nicht wiederkommt.

Die Metapher eines gemeinsamen Essens nutze ich jedes Mal, wenn Besuchergruppen zu uns ins ARD-Studio kommen. »Warum ist die EU immer so langsam, warum ist das alles so zäh?«, werde ich regelmäßig gefragt. Von Lehrerinnen, Erziehern, angehenden Journalisten, Handwerksmeistern oder Schülern und Schülerinnen. Und ich antworte dann jeweils mit einer Geschichte: »Stellen Sie sich vor, Sie würden jetzt, nach Ihrem Besuch bei uns, Mittagessen gehen«, fange ich an. Die Besuchergruppen, die da vor mir stehen, zählen meist um die 20, manchmal auch 30 Personen. Ungefähr so viele also, wie die EU-Mitgliedsstaaten hat. »Und jetzt suchen Sie ein Restaurant. Der eine oder andere von Ihnen kennt sich gut in Brüssel aus, macht einen Vorschlag. Aber es ist klar: Sie gehen alle nur in das Restaurant, wenn jeder von Ihnen zustimmt. Auch die, die gar keine Ahnung haben. Sagt einer aus Ihrer Gruppe Nein, müssen alle ein anderes Restaurant suchen.« Den Besuchern wird so langsam einiges klar. Das kann dauern mit dem Mittagessen. Aber wir sind noch nicht am Ende: »Jeder von Ihnen ruft auch noch mal zu Hause an. Und fragt dort nach. Bei Ihrem Mann, Ihrer Frau, Ihren Kindern oder Freunden. Wenn dort jemand Nein sagt, sagen Sie auch Nein. Denn das sind in meiner Analogie Ihre Koalitionspartner oder wahlweise Ihre Verfassungsgerichte.« Die Besucher schauen mittlerweile ziemlich ratlos, manche schmunzeln. »Und jetzt frage ich Sie«, setze ich zur Pointe an: »Wie lange wird es dauern, bis Sie heute Mittag essen?« Meistens herrscht betretenes Schweigen in der Runde. Der Lacher kommt erst, wenn ich sage: »Und wenn Sie dann einem Brüsseler erzählen, in welchem Restaurant Sie schließlich waren, wird der Sie entgeistert anschauen und fragen: Warum seid Ihr denn ausgerechnet dorthin gegangen?«

Die kleine Analogie macht deutlich, woran die EU krankt. Die Gemeinschaft arbeitet weiter so, als bestünde sie aus sechs oder zehn Mitgliedern. Da mag eine Entscheidungsfindung nach dem von mir »Modell Mittagspause« genannten Prinzip noch möglich sein. Aber bei derzeit 27 Staaten, demnächst vielleicht 33, 34 oder 35 Mitgliedern? Es ist ein Anachronismus. Erst recht, wenn man davon ausgeht, dass eine funktionierende EU entscheidend sein wird für eine glückliche, reiche und starke Zukunft der einzelnen Mitgliedsstaaten.

»You can't have your cake and eat it«, wurde den Briten bei den Brexit-Verhandlungen immer wieder gesagt. Doch genau das wollen auch viele EU-Staaten. Und noch viel mehr: deren Staatsangehörige. Sie alle verlangen schnelle Entscheidungen. Sie alle beklagen zähe Verhandlungen. Aber: Sie alle wollen ihr Vetorecht. Sie wollen möglichst viel – vermeintliche – Selbstbestimmung. Viele nationale Politiker sind deshalb nicht bereit, das Risiko einzugehen, ein Umdenken anzustoßen. Sie fürchten, dass die Bürger und Bürgerinnen ihres Landes nicht goutieren würden, nationale (Blockade-) Macht an die europäische Ebene abzugeben. Dabei ist es ja nicht mal eine gestaltende Macht, die sie in Brüssel haben. Das Veto ist nur die Macht, Nein zu sagen. Etwas bewegen, aufbauen, erneuern, gestalten kann man damit nicht. Viele nationale Politiker wollen trotzdem nicht dafür werben, dass sich diesbezüglich etwas ändern sollte. Sie sind nicht bereit zu erklären, was man bei einer Reform Europas gewinnen könnte. Auch die Bundesregierung tut das trotz des sehr weitgehenden Textes über Europa im Koalitionsvertrag nicht. Olaf Scholz versteckt sich hinter Bestehendem. Die Konferenz zur Zukunft Europas solle etwas bewegen. Es gebe ja die Passerelle-Klausel. Sie wissen schon: mein persönliches Wut-Wort. Jetzt müsse man erst mal pragmatisch handeln, heißt es immer wieder. Die größeren Schritte könne man erst angehen, wenn die aktuelle Krise bewältigt sei. So ungefähr klingen deutsche Regierungsvertreter seit Jahren.

Doch dieser Moment, der eine, perfekte Zeitpunkt für eine umfassende Reform, kommt nicht. Das zeigt die Erfahrung der letzten 15 Jahre. In Europa ist immer Krise. Helmut Schmidt, ein großer Kanzler unseres Landes, hat Deutschland mit seinem berühmtesten Satz leider ziemlich geschadet. »Wer Visionen hat, sollte zum Arzt gehen«, soll der Hamburger gesagt haben. Man kann ihn sich gut dabei vorstellen, wie er das so ausspricht und dann an der Zigarette zieht. Der Satz ist in seiner Kürze und Prägnanz so schlagend und scheinbar unbestreitbar, dass das Land der Dichter und Denker nun von jeder politischen Vision Abschied genommen zu haben scheint. Wirkliche Ideen, wie sich Europa verändern sollte, wie die Entscheidungsprozesse im Europäischen Rat verändert werden müssten, welche Kompetenzen vollständig nach Brüssel übertragen werden sollten und welche vielleicht auch wieder in die nationalen Hauptstädte zurückgeholt werden könnten, hört man aus Berlin schon lange nicht mehr. Visionen sind was für den Doktor. Und vielleicht noch für Emmanuel Macron.

Dabei hätten visionärere Pläne, von Berlin konkret formuliert, glaubhaft vorgetragen und mit Nachdruck vertreten, eine gewaltige Wirkung in Europa. Im Jahr 2027 muss ein neuer mehrjähriger Finanzrahmen für die EU stehen, der danach wieder sieben Jahre gültig ist. 2027 ist es vielleicht auch an der Zeit, konkreter darüber zu sprechen, was aus dem Westbalkan, der Ukraine, Moldau, der Erweiterung der EU wird. Und bis zu diesem Zeitpunkt müsste auch ein Plan auf dem Tisch liegen für Vertragsänderungen, wenn man sie denn will. Denn dann gibt es einen großen Korb an Interessen. Und die können ausbalanciert werden. Doch Deutschland wird dieser Verantwortung bisher nicht gerecht. Und das schadet Europa. Der Bundeskanzler formuliert höchstens normativ Ziele. Dass Europa Sicherheit für seine Bürgerinnen und Bürger garantieren muss. Dass Putin nicht durchkommen darf mit seinem Angriffskrieg. Dass man gemeinsam Frieden und Wohlstand sichern müsse. Doch wie? Wie? Wie?

Bei seiner Rede an der Karlsuniversität in Prag am 29. August 2022 hört sich Scholz so an: »Selbst die europäischen Verträge sind nicht in Stein gemeißelt. Wenn wir gemeinsam zu dem Schluss kommen, dass die Verträge angepasst werden müssen, damit Europa vorankommt, dann sollten wir das tun.« Doch ob er selbst zu diesem Schluss gekommen ist, dass die Verträge geändert werden müssten, damit Europa vorankommt, lässt Scholz offen. Er sagt auch nicht, ob sich andere bei ihm melden sollen, wenn sie denn zu dem Schluss kämen. Oder wie genau man das »gemeinsam« herausfinden will. Für mich wirkt Scholz' Aussage wie das emotionslose Abhaken eines Punktes, den man eben gesagt haben muss in einer Europa-Rede.

Aber es ist zu wenig. Denn wenn es um die Grundstruktur, die Verfasstheit Europas geht, kommt es ganz besonders auf Deutschland an. Von Estland oder Malta wird der Impuls, die EU grundlegend zu verändern oder zumindest deutlich weiterzuentwickeln, mit großer Wahrscheinlichkeit nicht kommen. Schon im nächsten Satz seiner Prager Rede rudert Scholz sogar noch weiter zurück. »Abstrakte Diskussionen darüber führen uns aber nicht weiter. Wichtig ist vielmehr, dass wir uns angucken, was geändert werden muss, und dann konkret entscheiden, wie wir das angehen. Form follows function: Dieser Anspruch moderner Architektur gehört als Grundsatz dringend auch in die europäische Politik.« Auch das ist ein Muster deutscher Rhetorik im Allgemeinen und Scholz'scher Rhetorik im Besonderen. Abgebrühter zu sein als andere, einen klareren Blick zu haben. Sich nicht in »abstrakten Diskussionen« zu verlieren, zu verzetteln in europäischen Hirngespinsten. Man kann diesen Satz des Kanzlers durchaus als Seitenhieb auf Frankreichs Präsident Macron verstehen. Auf einen Mann, der anders als Merkel oder Scholz zumindest einmal weitreichende, konkrete Vorschläge gemacht hat, als er ein eigenes Budget, also einen eigenen Haushalt, für die Eurozone gefordert hat. Oder einen Eurozonen-Finanzminister. Macron hat sich in seiner Sorbonne-Rede 2017 zumindest die Mühe gemacht, einige lose Enden in der Entwicklung der EU aufzunehmen und im Geiste durchzuspielen, wie man sie verknoten könnte. Die Tatsache etwa, dass 20 EU-Staaten eine gemeinsame Währung, eine Zentralbank, einen Leitzins haben. Aber weiterhin 20 verschiedene wirtschaftspolitische Sichtweisen und 20 verschiedene Steuersysteme.

Für Scholz sind es offenbar »abstrakte Diskussionen«, solche klaffenden Widersprüche anzugehen. Oder er hat nicht den Mut, weil er das Scheitern fürchtet. »Du bist mutig. Den Mutigen passiert nichts«, hat Ernest Hemingway in *A Farewell to Arms* geschrieben. Ich wünschte, Scholz würde Hemingway lesen. Die gleiche zaghafte Denkweise reflektiert auch ein Satz, den Scholz 2023 im Europäischen Parlament in Straßburg formuliert: »Wer nostalgisch dem Traum europäischer Weltmacht nachhängt, wer nationale Großmachtfantasien bedient, der steckt in der Vergangenheit.« Auch das haben viele Beobachter, mich eingeschlossen, als verächtlichen Kommentar auf Frankreich, auf die Ex-Kolonialmacht und »Grande Nation«, auf Macron, auf seine Idee von »strategischer Autonomie« Europas gedeutet. Der französische Präsident kann sich die EU durchaus als ein globales Machtzentrum vorstellen – zwischen den USA und China. Was Scholz' Idee ist, wurde mit diesem Satz allerdings nicht klar. Nur, dass der Kanzler es nicht gut findet, in der Vergangenheit festzustecken.

Auch auf die Gefahr hin, mich zu wiederholen: Europa braucht eine geänderte Arbeitsgrundlage. Die Arbeit an einem neuen Vertrag müsste jetzt, spätestens nach der Europawahl 2024 beginnen. Weil die Vollendung dieser Arbeit lange dauern wird. Deutschland steht als großes Land in besonderer Verantwortung, der Entwicklung nicht nur beizuwohnen, sie abzuwarten. Sondern sie anzuschieben, zu gestalten und notfalls auch Druck zu machen, sie durchzusetzen. Mehr Mehrheitsentscheidungen. Vollendung der Eurozone zu einem echten Wirtschafts- und Währungsraum. Die Einführung europäischer Anleihen im größeren Stil, um in der Welt der Kapitalmärkte endgültig und dauerhaft Weltspitze zu sein. Und um das Kapital anzulocken, das es braucht, um technologisch führend zu bleiben. Klarere Sanktionsmöglichkeiten für alle Länder, die Verträge brechen. Bis hin zu einer Ausschlussmöglichkeit aus der Gemeinschaft. All dies sind sinnvolle Ansatzpunkte für eine grundlegende Reform der EU. Sie vorzuschlagen bedeutet nicht, dass sie sofort umgesetzt werden. Jeder einzelne dieser Punkte wird heftigst diskutiert und erbittert bekämpft werden. »Wenn Europa diese Fragen aber nicht angeht«, sagt mir der Finanzminister eines kleinen Landes, »dann sind wir wie ein Schwimmer im Fluss. Wir denken, wir schwimmen im Moment nur nicht weiter. Aber in Wahrheit treiben wir rückwärts.« Genau das, zurückzutreiben, kann für Deutschland in der Zeitenwende keine Option sein.

NACHWORT

Das also wird er sein, mein neuer Kosmos. Nach vielen Jahren in Brüssel wechsele ich nach Berlin, als Chef des ARD-Hauptstadtstudios. Der Nachmittag ist entspannt, die Luft frisch, die Sonne scheint mild. Nach einer Wohnungsbesichtigung spaziere ich an der Spree entlang, von Alt-Moabit zurück in Richtung Mitte. Oft bin ich in dieser Stadt gewesen. Doch heute, wahrscheinlich wegen der vielen Gedanken an meine neue Aufgabe, springen mir so deutlich wie nie die gewaltigen architektonischen Dimensionen unseres Regierungsviertels ins Auge. Das gigantisch groß wirkende Kanzleramt. Ein Bau, so scheint es, unter dessen weit gespannten Betondächern sich Riesen bei Regen unterstellen könnten. Die wuchtigen Betonriegel der Bundestagsbüros. Das Jakob-Kaiser-Haus, das Paul-Löbe-Haus. Das monumentale Reichstagsgebäude mit den riesigen Deutschlandflaggen. Wer hier lebt und arbeitet, so vermute ich, der kann als Politiker schnell dem Irrglauben erliegen: Deutschland ist der Nabel der Welt.

Die Gebäude verströmen eine Aura von Größe und Unerschütterlichkeit. Vor allem, wenn man das Brüsseler Kontrastprogramm kennt. Die eher bescheidene Machtfassade, die sich unseren Ministerinnen und Ministern bietet, wenn sie ins dortige EU-Viertel einbiegen. Vom Flughafen kommend, geht es für sie in der Wagenkolonne kurz die Avenue de Cortenbergh hinab. An deren Ende: der Rond Point Schuman, ein ganz normaler Kreisverkehr, das unspektakuläre und gerade bei Regen ziemlich hässliche Herz der EU. Rechts können die Gäste aus Berlin beim Blick aus dem

Fenster der Limousine kurz einen Blick auf den Auswärtigen Dienst der EU erhaschen. Es könnte auch der Sitz einer Sparkasse sein, die Eingangstür ist keine fünf Meter breit. Gleich daneben, die Fahrzeit im Blaulicht-Konvoi dürfte nicht länger als fünf bis zehn Sekunden dauern, liegt das Berlaymont-Gebäude, der Dienstsitz Ursula von der Leyens. Und dem wiederum gegenüber stehen die beiden Gebäude des Europäischen Rats, wo sich die Minister treffen und die EU-Gipfel stattfinden. Das ist im Prinzip die EU. Die Fassaden aller vier Gebäude liegen jeweils kaum 100 Meter voneinander entfernt. Getrennt werden sie von Straßen, die offen sind für den ganz normalen Brüsseler Straßenverkehr.

Die EU passt also – klammert man den wenige Hundert Meter entfernt liegenden Komplex der Parlamentsgebäude einmal aus – um einen mittelgroßen Kreisverkehr. Sie ist definitiv kein Landschaftspark der Macht wie der, den die Bauten in der deutschen Hauptstadt formen. Wer also aus Berlin kommt, der kann zumindest architektonisch den Eindruck haben, dass die EU etwas Kleines ist. Putzig unprätentiös. Vielleicht arbeitet dieses Bild tatsächlich unbewusst in uns. Vielleicht ist es einer der Gründe, warum viele unserer Politikerinnen und Politiker die EU nicht so ernst nehmen, wie sie es tun sollten.

Unsere europäischen Nachbarn hingegen nehmen alles, was in Deutschland geschieht, sehr ernst. Unser Land steht im Blickpunkt: nicht mehr wegen der deutschen Stärke, sondern wegen der aktuellen deutschen Schwäche. Die Sommermonate 2023, in denen ich dieses Buch geschrieben habe, sind rasend schnell vergangen. Der Redaktionsschluss naht. Und ich muss feststellen: Die Lage der angezählten Bundesrepublik ist jetzt, im Oktober, nicht besser geworden. Im Gegenteil: Täglich kommen neue Hiobsbotschaften dazu.

Gerade haben Terroristen der palästinensischen Hamas ein in Ausmaß und Brutalität nie dagewesenes Massaker an Israelis verübt. Es tobt bereits der nächste Krieg, der die ganze Region in Brand setzen könnte. Gefährliche Funken fliegen schon bis zu uns: Hass auf den Straßen von Paris, Brüssel, Berlin. Ein Bild verstörender als das andere. »Die Welt ist aus den Fugen geraten«, diesen Satz höre, lese, fühle ich in diesen Tagen immer wieder. Niemand weiß, wie viele palästinensische Flüchtlinge womöglich bald zusätzlich kommen könnten. Der britische Geheimdienst MI5 warnt vor mehr Anschlägen. Und Deutschland ist erneut gefragt, wegen seiner historisch engen Verbindung mit dem Staat Israel. »Nur Scholz kann die Geiseln retten«, haben Angehörige von verschleppten Israelis auf ein Plakat geschrieben. Sie zeigen es beim Besuch des Bundeskanzlers in Tel Aviv. Die Bundesrepublik sichert Israel volle Unterstützung zu, notfalls, so klingt es durch, sogar militärische. Das führt zur nächsten Sorge: Fordert uns dieser neue, jüngste Konflikt so sehr, dass die Unterstützung für die Ukraine darunter leidet?

Auch wenn beim Nahostkonflikt die Emotionen kurzfristig vielleicht noch höher schlagen: Ich bin überzeugt, der Krieg, der unser Schicksal, unsere Zukunft wirklich prägt, wird gerade zwischen Lugansk und Odessa geführt. Im spanischen Granada habe ich Präsident Selenskyj Anfang Oktober, wenige Tage nach dem Beginn der Kämpfe im Nahen Osten, gesehen. Er ist angereist zum Gipfel der »Europäischen Politischen Gemeinschaft«. Noch nie in den vergangenen anderthalb Jahren des Krieges, so empfinde ich es, wirkte er so nachdenklich, so besorgt. Nicht, als ich ihn kurz nach Kriegsbeginn, im Frühjahr 2022, in den Katakomben des Präsidentenpalasts in Kiew sah. Nicht Anfang 2023, als er mit viel Jubel in Brüssel empfangen wurde. Nicht, als ich im Frühjahr in Moldau und im Sommer in Vilnius Gelegenheit hatte, ihm kurz eine Frage zu stellen. Selenskyj spürt die absurde Situation: die Konkurrenz zweier Kriege um Aufmerksamkeit. Eine Konkurrenz, die das Überleben seines Landes noch mehr in Gefahr bringt. Zumindest in diesen Tagen ist die Ukraine tatsächlich nur noch

Thema Nummer zwei auf den Tagesordnungen der EU- und NATO-Treffen. Nummer eins ist der Nahe Osten.

Verglichen mit Selenskyjs existenziellen Sorgen sind die jüngsten ökonomischen Hiobsbotschaften über Deutschland in diesem Herbst fast schon unbedeutend. Aber sie kommen in schnellem Rhythmus. Die deutsche Wirtschaft wächst als einzige große Volkswirtschaft nicht. Im Gegenteil: Sie schrumpft sogar, prophezeit der Internationale Währungsfonds. Die Industrie fordert nun einen verbilligten Strompreis, auch wenn das zu großen Wettbewerbsverzerrungen in Europa führen könnte. Der Kanzler will das nicht. Er trägt vorübergehend eine Augenklappe und versucht, mit einem Deutschland-Pakt für schnellere Genehmigungen die Probleme zu lösen. Der *Economist* fragt, wie schon vor 20 Jahren auf der Titelseite, ob Deutschland erneut der kranke Mann Europas sei. So dürfte es wohl weitergehen, das ist der beunruhigende Eindruck. Deutschland steht da wie ein benommener Boxer, der hart einstecken musste, und unsere Nachbarn fragen sich besorgt, ob das Land das durchsteht. Und was ein K. o. für sie selbst bedeuten würde.

Dabei gibt es auch einen unerwarteten Lichtblick in diesen Tagen, ein Lebenszeichen für Europa: In Polen kann der frühere EU-Ratspräsident Donald Tusk nach der Wahl im Oktober womöglich die nächste Regierung anführen. Trotz aller unfairen Mittel im Wahlkampf, trotz einer regelrechten Hexenjagd gegen Tusk muss die bislang amtierende PiS-Regierung wohl die Macht abgeben. Das bedeutet: ein tendenziell Gleichgesinnter, jemand, der Europa liebt und die EU versteht als Ministerpräsident in Warschau – es ist eine gewaltige Chance für Deutschland und Europa. Denn womöglich besteht nun zumindest für eine kurze Zeit die realistische Möglichkeit, dass das lange eingeschlafene sogenannte Weimarer Dreieck aus Frankreich, Deutschland und Polen neue Impulse für die EU geben könnte.

Wenn die größten Vertreter der romanischen, der germanischen und der östlichen Länder in der Europäischen Union gemeinsam einen Plan für die Zukunft erarbeiten könnten, dann hätte das enorme Schubkraft und vielleicht sogar etwas Unwiderstehliches für die ganze Gemeinschaft. Man darf gespannt sein, ob vor allem die Bundesregierung den Zauber dieses Moments erkennt. Und ob sie die Kraft hat, sich angesichts multipler Krisen um diese Chance überhaupt zu kümmern. Über EU-Verträge zu philosophieren scheint abwegig in einer Zeit, wo der Nahe Osten brennt, wo Putin barbarisch in der Ukraine wütet, wo die Wirtschaft einen Weg in die Zukunft sucht und Rechtsextreme in den Umfragen von einem Rekordwert zum anderen stürmen. Wenn man aber weiß, wie viele Sterne günstig stehen müssen, um Europa ein bisschen zu verändern, dann darf Berlin diese seltene politische Konstellation nicht ungenutzt verstreichen lassen.

In den letzten Jahrzehnten haben wir Deutschen oft genug mit Sorge, Unverständnis und ein bisschen Spott auf andere europäische Staaten und Völker geblickt: die Griechen, die vermeintlich nicht mit Geld umgehen konnten. Die Franzosen, stecken geblieben in der blockierten Arbeitswelt der 1980er Jahre. Die Briten, völlig verrückt geworden mit ihrem Brexit. Nicht zuletzt Polen und Ungarn, bei denen wir europäische Werte in Gefahr sahen. Doch nun sind wir das Sorgenkind Europas, das Land, auf das man gebannt schaut.

Ich bin langfristig nicht pessimistisch. Auch für den Wirtschaftsstandort Deutschland gilt, was der Schriftsteller Mark Twain einst schrieb:»Die Nachrichten über meinen Tod sind stark übertrieben.« Denn wir Deutschen haben viele Stärken: Wissen, Ehrgeiz, Genauigkeit, Ideenreichtum, Ausdauer. Die Frage ist nur, wie lange es dauert, bis wir uns neu erfunden und aufgestellt haben. Ob wir über die Kraft für eine längere Durststrecke verfügen. Wir leben in einem Land, das nach meiner Einschätzung so stark wie lange nicht mehr um sich selbst kreist. Zugleich hat sich unser politischer und gesellschaftlicher Diskurs deutlich verschärft. Es brodelt viel glühend heißes Magma unter der Oberfläche unserer seriösen Nüchternheit. Die AfD liegt in Umfragen bundesweit nun bei über 20 Prozent.

Auf ihrem Europaparteitag in Magdeburg gibt der thüringische Parteichef Björn Höcke ein Interview bei den Kollegen von Phoenix. Dabei greift er die EU fundamental an. »Wir haben die klare Zielsetzung: Die EU ist nicht reformfähig und muss in einen neuen, europäischen Staatenbund, der neu gegründet wird, überführt werden.« Und außerdem: »Diese EU muss sterben, damit das wahre Europa leben kann.« Früher hätte man darüber gelacht: Deutschland war Dreh- und Angelpunkt, das Scharnier der Europäischen Gemeinschaft. Und jetzt: Die Forderung nach dem Todesstoß ausgerechnet aus Deutschland? Solche Töne kamen bislang von Marine Le Pen aus Frankreich oder von Matteo Salvini aus Italien. Doch nun ist es zumindest nicht mehr ausgeschlossen, dass sich auch in Deutschland die Stimmung dreht, sich veränderte Mehrheiten ergeben. Die EU »sterben« zu lassen würde Europa ins Chaos stürzen. Und ich habe mehr als einmal in diesem Buch gezeigt: Europa sind vor allem – wir.

Ich würde mir daher durchaus einen gewissen Kampfgeist wünschen. Den Willen zu zeigen, dass der AfD-Mann nicht recht hat, wenn er sagt, die EU sei nicht reformfähig. Es zu beweisen – nicht um der AfD willen, sondern weil es wichtig ist für uns und unsere Kinder. Jetzt ist die Einsatzbereitschaft all jener gefragt, die an Europas Bedeutung glauben, aber müde geworden sind, für seine Weiterentwicklung zu streiten.

Deutschlands Glück hängt, davon bin ich fest überzeugt, auch daran, dass es seine Interessen in der Welt vertreten kann – in einer Welt, in der von 100 Menschen gerade mal einer aus Deutschland kommt. Die restlichen 99 sind Chinesen, Afrikaner, Inder, Nord- und Südamerikaner. Einer von 100. Das ist die globale Realität für unser Land. Und gerade wegen dieser Größenverhältnisse ist es wichtig, dass Deutschland als Teil, besser: als zentraler Teil einer starken EU auftritt. Das wären dann immerhin fünf Europäer auf 100 Erdenbürger. Auch keine Mehrheit, aber so wird man vielleicht noch gehört.

Die Botschaft aus Berlin an den Rest der EU muss deutlicher werden, und sie muss lauten: Für eine funktionierende EU ist Deutschland gern bereit, finanzielle und auch politische Zugeständnisse zu machen. Weil der Nutzen die Kosten deutlich übersteigt. Die Botschaft sollte aber auch sein: Für eine nicht funktionierende EU ist Deutschland nicht bereit, Kompromisse zu machen und zu zahlen. Genau das wurde in dieser Klarheit aber kaum je von einem deutschen Kanzler ausgesprochen. Stets war der moralische Impetus der »historischen Verantwortung« für das »Friedensprojekt« größer als der realistische Blick auf die aktuellen oder doch zumindest künftig absehbaren Dysfunktionalitäten der Gemeinschaft. Genau das, so denke ich, hat Europa geschwächt. Es hat den Raum mit eröffnet, in dem heute die AfD in Deutschland oder der Rassemblement National in Frankreich gegen Brüssel wettern. Die Sorge vor dem möglichen Vorwurf eines deutschen Diktats hat manche deutsche Regierung davor zurückschrecken lassen, unangenehme Wahrheiten auszusprechen und die dahinterliegenden Probleme der EU anzugehen.

Frieden, Sicherheit und Wohlstand für Deutschland und Europa entstehen heute nicht mehr im traditionellen Koordinatensystem zwischen Frankreich, Großbritannien, Deutschland und Russland. Frieden, Sicherheit und Wohlstand werden heute in einer Welt der globalen Schwergewichte entschieden. Zwischen den USA und China, Russland und eben den Staaten der EU. Nur möglichst geeint haben wir in dieser Welt überhaupt eine Stimme. Das ist der große Unterschied zu den grundsätzlichen Überlegungen jener Zeit, als die EU erdacht wurde, als es vor allem darum ging, die Interessen Frankreichs und Deutschlands auszubalancieren.

Heute gibt es ganz andere Probleme. Es gilt, auf diese deutlich veränderte Welt zu reagieren, die EU voranzubringen, dafür auch den politischen, diplomatischen Konflikt und die harte Diskussion mit den Nachbarländern zu suchen. Das ist kein Verrat an der friedensstiftenden und ausgleichenden Ursprungsidee der Gemeinschaft. Im Gegenteil: Es ist die konsequente Weiterentwicklung dieser Idee. Eine politisch und vertraglich den Status quo bewahrende Gemeinschaft wird dagegen ihr ursprüngliches Ziel, ein friedliches und vereintes Europa zu stärken, jeden Tag ein bisschen weniger erreichen können.

Wenn Deutschland in der Vergangenheit in der EU hart auftrat, dann hat es damit meistens Dinge verhindert: Eurobonds, großzügigere Schuldenregeln. Es war der Madame-Non-Style. Nun ist es Zeit, das Gewicht wieder einzusetzen, um in der EU positiv Ziele zu erreichen. Um zu gestalten und zum Besseren zu verändern. An der generellen proeuropäischen Einstellung der Deutschen besteht nach meiner Beobachtung in Brüssel (noch) kein Zweifel. Im Gegenteil: Viele Diplomaten und Politiker aus anderen Ländern wünschen sich geradezu, dass die Bundesrepublik, anstatt schüchtern-passiv zu bleiben, die Dinge stärker formt. So wie es Deutsche in der Vergangenheit getan haben, mit Mut und Kraft im entscheidenden Moment: von Konrad Adenauer über Willy Brandt bis zu Helmut Kohl. Jetzt wäre wieder so ein Moment. Immerhin: Wir erleben eine Zeitenwende.